我成长 我快乐

一个人大女生的教育反思录

Happiness with my growth

李鲜 / 著

作家出版社

CONTENTS

目录

CONTENTS

目录

058

第二篇：
给孩子健康的身心

CONTENTS

目录

199

第四篇：写给正在奋斗的高中生

CONTENTS

目录

ADMISSION 小序

作为一个女孩，
我很幸运我出生在这样一个家庭里。
感谢我的父母，
让我拥有各种各样的经历，
让我目前 20 年的人生非常精彩。
虽然时常有争执，也会乱吼乱叫，
但是我对父母的爱一如既往的深。
虽然我没能考进最好的大学，
但是我无悔于这些年的学习和生活。
我并不是一个被教育得多么成功的孩子，
父母也常说“好失败”之类的话，
但到头来他们还是会感慨这些年伴我一同成长的故事。
我也一样。
在追寻幸福和人生价值的路上，
我和父母一直同行，
而且越成长越快乐！
这些年，
我和教育的那些事儿，
我想可以作为诸位家长和孩子的借鉴，
若当作一个孩子从小到大的故事或者“自传”看，也未尝不可。
那么现在，
一起来开启这段故事的大门吧！

前言
PREFACE

A people's congress, the growth of the girl's note

教育，看上去非常宏观的一个词，何为教育？

援引词典上的解释，教育是培养新生一代准备从事社会生活的整个过程，也是人类社会生产经验得以继承发扬的关键环节，主要指学校、家庭和社会对适龄儿童、少年、青年进行培养的过程。

教育向来都是被全社会所关注的事情，而教育的主体更多指家长和孩子。在过去的很多年里，“家长如何教育孩子”是被很多人研究、探讨的课题，而孩子在教育中的感受和反思，往往容易被大众忽视。

来自家长、学校等方面的教育与孩子的反馈，应该是相辅相成的两个环节。15 年前，妈妈写过一本书，从家长的角度探讨教育女孩成才的方法，现在，我则从受教育者的角度写出了自己的所感所思。

有些人也许会说，你才多大，就敢写教育类的题材？在大众眼里，孩子在教育这个话题上，还太嫩了，是一个小菜鸟。但我们真的就不能对教育有些自己的感悟么？

教育之于我们，到底意味着什么？发挥了什么作用？产生了哪些影响？对于这些问题，很多孩子也许不会花时间去想，去整理自己的想法。作为一个普通的中国女孩，虽然看上去我也没有什么资格写这些，但回首来时路，通过整理那些熟悉的故事，审视自己身边发生过的真实事例，我觉得还是有很多值得记录、有借鉴意义的事，希望在教育中的家长和孩子能从中获得一些启发。所以，我花了一些时间用文字保存下来，形成了这本书的第一部分——教育之我感。

本书的第二部分——教育之我行，是我在教育上的一次小小的尝试。

我的高中生活让我记忆犹新，高中的点点滴滴尤其是学习上的事情，我在高考后也在各种网站分享过。虽然我没考上清华北大，也没被世界名校录取，但我想将自己的高中生活分享给更多的高中生，让大家有所借鉴。我想表达的是我踏踏实实一路走来的经验和反思。

我并不想将这样的方法、这样的道路变成大家都要去遵守的通法，只要我的方法能供大家借鉴和参考就足够了，我的经验、反思能引起大家的注意、警醒就足够了。只要有那么一点点作用，我也就心满意足了。

高中要求孩子的是什么？目前素质教育的呼声越来越高，我们也看到不少高中开始搞学分制，但是面对高考，这些有用么？我们都很明白，高考分数，那铁打的分数才是唯一的标准。我知道这么说会有不少人反感，但这就是中国教育的现实，至少短期内难有改变。

除了分数，我们还要重视教育和学习过程中很多方法、理念上的问题，尽可能快乐地学习。我将自己这么多年的感悟和思考记录下来，并通过与更多高中生的交流不断探寻这些东西的价值和意义。

书中的内容是我根据亲身经历得来的，也有一些是我亲见的实例，并非像如今市面上的很多书那样，用的还是非常老套的古今中外的名人例子，或者是虚构一个例子来证明自己的观点。我不想这样，

我只想将自己的真实感受与大家分享，这样才能引起真正的共鸣。

这本书，家长可以看，孩子也可以看。作为家长，可以从书中了解孩子的想法，思考自己的教育方法是否有需要调整的地方。在我所做的反思中，可以看到孩子存在哪些潜在的问题需要解决；作为孩子，可以从中看到从小到大经历的那些事情，高中的那些学习方法，我想他们会知道如何去运用，如何总结与反思自己的过去，如何调整自己的现在，如何创造更好的未来。而我的那些经验、反思，也许会让他们有“中枪”的感觉，也许会让他们警醒，这样就足够了。

在贴吧上，在e度论坛上，有很多人看了我的经验分享，包括家长和孩子，还有官方邀请我去参加高考志愿填报大型讲座，无论是在网上还是现场，我都收获了不错的评价，这让我感觉所做的还是有价值的。虽然我没有考上清华北大，也不是高考状元，但正因为如此，我才能更全面地看待自己的过去，与大家分享得与失，而不只是“得”。

这本书，有实用方法可以具体操作，也有很多态度和习惯的问题可以经过时间来养成。我想无论是对于孩子，还是想要更好教育孩子的家长都会有所裨益。

希望这样一本结合了感和悟、思与行的书能提供一个新视角，让我们从多个角度好好审视教育这样一个看似宏观却具体而微的话题。

My education reflection

PART.1

作为孩子，从小到大的那些事情，高中学习的那些方法，我想与大家分享如何去运用，如何去总结与反思自己的过去，如何调整自己的现在，如何创造更好的未来。而我的那些经验、反思，也许会让人有“中枪”的感觉，也许会让人警醒，这样就足够了。

education

A people's congress, the growth of the girl's note

我的教育反思

我很感激我的父母从小就对我充满信心，
让我觉得我就是这世界上最独特的最宝贵的个体。

在成长路上，一个自信自爱的女孩，再加上充满信心的父母，

不得不说是最佳拍档。

- 如何迈好第一步
- 女孩成才要先飞
- 父爱如山，高大而稳重
- 母爱如海，博大而坚韧
- 朋友一生一起走

第一篇

The road to growth, from the side

成长之路，由谁铺就

第一章 如何迈好第一步

本章精彩提示

1、**什么样的父母才是孩子的最佳拍档？**我很感激我的父母从小就对我充满信心，让我觉得我是这世界上最独特的最宝贵的个体。在成长路上，一个自信自爱的女孩，再加上充满信心的父母，不得不说是最佳拍档。

2、**父母是领导者、旁观者还是参与者？**父母在孩子成长的过程中，要以参与者的形象出现，而不是领导者、旁观者的角色。我一直引以为傲的事情就是，我在学习的时候，我的父母不是不管不顾的，而是都在各自学习。无论如何，一家人一路同行，会迸发出无穷的力量。

3、**给孩子最好的礼物——信心与成才计划。**父母最应该注重的，远不是那些智力因素或者兴趣爱好的培养，而应该是对儿女性格、心理素质的培养，并随着孩子的成长，及时调整成才计划。成才计划绝不是一成不变的。我很感激我的父母能有第二阶段的转变，指导我不断调整自己的思想与计划。

我一直很开心自己是个女孩，作为女孩在世界上活得很幸福。

随着社会的不断发展，所谓的“男尊女卑，女不如男”这样的思想，慢慢淡出人们的视线，当然在农村和一些落后地区，由于经济因素的限制、环境的影响，这种思想还是很普遍。毫无疑问，我的出生对于家族来说也是极大的喜悦。从来到这个世界的那一刻起，我就在父母家人的呵护下慢慢长大，我完全没有“男女不一样”的感觉。所谓的男女不平等，还是在以后的生活中了解到的。对我来说，男女除了生理、心理上的差异外，地位上自然是平等的。

播下自信的种子

天生我才必有用，千金散尽还复来！

——李白《将进酒》

李白的这句话，影响了后世很多人。他的豪气的确是冲天的，他的潇洒后人很难做到。除了他的豪气，还有那股自信，更让后人受到鼓舞。

在学高中政治的时候，《哲学生活》这册书让很多人觉得枯燥难懂，但是书中有很多话我都深有同感，比如说意识的能动作用这一节内容——意识可以反作用于物质，可以发挥能动作用，意识具有指导、控制人的行为和生理活动的作用。良好的心态，对于人的行为确实有很大影响，比如自卑的人在做事情的时候一般都比不过自信的人。

一个自信的人，即使在极其不利的情况下仍能微笑面对种种困难。一个自信的人，即使在全天下都耻笑自己的时候，也会相信自己的力量。一个自信的人，必定是相信自己的。

女孩子的自信，在我看来比男孩子更加重要。女孩子普遍都有“脸皮薄”这个特点，而且对于外界的评价很在意。因为别人的一两句对外貌的指指点点，都有可能让一个女生去整容。因为别人的一两句流言蜚语，都有可能让一个女生作出自杀这样的极端行为。

我们活在这个世界上，外人的评价固然重要，但是信心是我们自己的，是我们必须拥有并用来调节自己的。当我们因为性别问题被公司拒录的时候，当我们因为性别问题受到各种不公平对待的时候，我们应该保持我们的自信，并理性看待这些不公正的待遇。

我一直很喜欢一个词——“当仁不让”，自己觉得自己有那个实力，就应该去尝试、去做。每次在班里选举班干部和三好学生的时候，我都会积极参加，因为觉得自己应该“当仁不让”，不想把机会错过了。在不利于自己的条件下要自信，在自己确实适合的条件下一样要自信。

我们都会很羡慕别人在讲台上、在国旗下演讲的那种气场，羡慕他们的才能，殊不知我们自己也可以做到，只要你足够自信，你就是最美丽的。在我心目中，最后成功的人，不一定是最有才能的，而是最相信自己实力的。

自信，可以说是父母对孩子进行其他教育的基石。如果孩子是一个不自信的孩子，那么家长费尽心思对孩子其他方面的培养，日后也不会发挥出作用。孩子小的时候不自信也许还有家长保护着，但是到了社会上，只能自己独自一人尝尽失败的滋味。

所以，无论我们能力如何，“自信”都是我们的有力武器。勤能补拙，我相信，自信一样可以补拙。

1. 自信的关键——成就感

很多孩子和家长都在苦恼自信心应该如何建立，这确实是一个值得琢磨的问题。自信毕竟是一个宏观的、一种心态意识层面的东西，不像学习或者工作，有具体的步骤和方法。获取自信的途径有很多，每个人的也都不一样，若从这些个性里面寻找共性的话，我觉得就三个字——成就感。

我一直认为我的自信来源于大大小小的成就感。成就感一词的意思如下：指一个人做完一件事情或者做一件事情时，为自己所做的事情感到愉快或成功的感觉。这样的成就感，往往可以带给我很大的自信。成就感是自信的资本。这种成就感来源于三个方面：一是竞争中的胜利，二是他人的肯定，三是付出很多后终于成功的喜悦和快感。

竞争是这个社会中不可避免的事情，这是一个非常残酷的事情。很多家长为了保护孩子，让孩子减少压力，便很少让孩子参与到各种竞争中去。但是，竞争确实是磨砺孩子很好的机会。我记得有一次电子琴比赛，当我紧张地踱来踱去的时候，一些女孩子却镇定自若，淡定地调整服装妆容，为比赛做准备。了解后才知道，这些女孩子都是经常参加各种比赛的，多大的比赛在她们眼中也只是小事情了。她们的经验和比赛的成就感让她们的心态更加平和。

竞争必然有输有赢。很多人都会说重在参与，但是输赢就是有区别的。在竞争中获得胜利的人，一定是受到关注和赞扬的，这会大大提升人的自信。这也是我觉得竞争能给人带来成就感的重要原因。记得每次在班干部选举中成功当选自己想做的职务的时候，我都会很有成就感。每次考试后得到一个还不错的排名，或者说高考后成功上了一所自己理想中的大学，在和别人交流时那种成就感，也是让我自信的资本。

也许有的人会说，这不就是胜利后炫耀显摆的那种快感吗，有什么好提倡的？是不是炫耀显摆我们暂且不去评判，但是经过竞争之后，你的实力得到确认，那种快感的确就是成就感，也的确能让自己更加相信自己。从提升自信这一方面来说，这无可厚非。

再来看看他人的肯定这一点。虽然说我们有的时候不能那么看重别人的看法，谁又知道那是讽刺还是谬赞呢？这种带有主观色彩的话也许并不可尽信，但是我们也不能忽视。自信本身就是一种带有主观色彩的心理素质，用同样带有主观色彩的肯定来提升，并没有什么问题。

家人和他人的肯定都很重要。有些父母害怕孩子得到表扬之后骄傲自满，于是不能时常对孩子表示肯定，总是当着孩子的面打压孩子，认为这样能起到激将法的作用。也许一次两次确实可以，但是长此以往，缺少肯定的孩子会变得越来越自卑，觉得自己什么都干不好，连爸妈都不会肯定自己。到这时，家长再做什么都晚了。

我对我的父母很感激，他们总是会表达出对我的肯定。虽然他们和别的父母一样，会时不时地在他人面前或者在家里数落我，说我还差得远，但是更多的时候他们也认同他人的赞同，也会对我做得好的事情表示肯定。记得小时候和别的叔叔阿姨一起出去玩的时候，我都会把自己最近看的书和故事讲给大家听，尤其是历史方面的。每次叔叔阿姨都会赞叹我那么小年纪却有这样的阅读量，父母在这个时候也会表示肯定，说我的确喜欢看这些历史方面的书，记忆力也好。叔叔阿姨还有爸妈对我的肯定，让我很有成就感，并坚定了自己对历史的爱好，也让我性格变得开朗，敢于在别人面前谈论自己的看法。

第三点就是付出很多之后收获成功的那种喜悦和快感。这一点其实是最值得珍视的，既能让我们知道天道酬勤，付出了总会有收获，又能让我们知道，这样的喜悦和快感让我们很有成就感，让我们能更加相信自己的实力。

很多人也许会质疑我第一点所说的竞争是否能够起到提升自信的作用，毕竟如果竞争失败了，那么也是有可能严重挫伤自信心的事情，那么这个第三点也许就是最好的补充了。也许我们会在一次两次三次竞争中失败，会体会到失落和不自信的低潮，但是如果我们能够及时调整过来，重新去努力，那么之后得到的成功将是更加宝贵的财富，会极大地提高自信，也会对我们的人生产生很大的影响。毕竟这样的经历，一两次就足以记忆深刻，会让我们具备屡战屡败、屡败屡战的精神，也会让我们在失败时少做质疑自己能力的事情。

这样的事例，在我们的日常生活中很常见。以我自身来说，在电子琴考级考到第六级的时候，没有成功考过。当时的自己也是很低迷的状态，一直以来老师也说我弹得不错，家长也总是在肯定我，而这次的失败挫伤了我的积极性和我的信心，让我对继续学下去也有了些怀疑，是不是以后的考级我也都会不合格呢？这让我觉得很疑惑。后来在老师和家长的鼓励下，我还是继续坚持练习，并且比以前更加认真，花了更多时间和精力到练琴上。第二年的七级考试，我顺利通过了。那次得知结果后，我眼泪都出来了，那种付出辛苦后得来的成功是我期待已久的，喜悦的泪水也说明了这份成功的重要性。自那之后我再也没有怀疑过我在乐器上的能力，而是更加努力地勇往直前，每次弹琴的时候总是带着自信的笑容。那次辛酸后的成功，让我记住了这样的成功很有意义，让我很有成就感，也让我变得更加自信。

看完这些，很多人可能觉得，这有什么？说是成就感，其实也都是建立在虚荣心之上的东西罢了。那些所谓的竞争中的胜利、他人的肯定、付出后的成功，看重的无非就是满足虚荣心而已。自己觉得有荣誉了，脸上有光了，当然就觉得自信了。

对于这种声音，我自己也苦恼过一阵子。虚荣心向来是一个贬义词，在批评人的时候总是喜欢说你虚荣心太强，太好面子，喜欢炫耀显摆。其实想想在这些让自己获得自信的事情中，哪一项少得了“虚荣心”的帮助？

但是无论什么事情，我都觉得不应该绝对地看待。如果说能通过满足“虚荣心”的手段来得到成就感、获得自信，这也是一件好事。只要是生活在这个社会中的人，没有看破红尘，就总会有虚荣心。喜欢被表扬讨厌被批评，这更是正常的人性。与其排斥和责骂，倒不如将其用到积极向上的一面来。

在竞争中获得胜利，我们满足了自己的“虚荣心”，也用最客观的标准认证了自己的实力。在他人的肯定中，我们满足了自己的“虚荣心”，也让自己得到了他人主观上的更加有感染力的肯定。付出后的成功，我们满足了自己的“虚荣心”，也让自己相信经过付出，总会得到回报，总会提高自己的实力。

无论如何，“成就感”都是自信中至关重要的三个字。家长在培养孩子的时候，也应该注重从这三个方面的培养。

2. 鼓励孩子去突破自己

家长对孩子的鼓励，必然是树立自信的关键所在。然而这种鼓励不仅要体现在孩子做得好的事情上，同样也要多鼓励孩子去做那些他不敢做，或者是不擅长做的事情。有的时候恩威并用也是好使的一招。

我的一项现在看来也很重要的技能——游泳，就是在小学的时候学会并被父母鼓励去做的事情。也许在北方，到这个年龄还不会游泳是很正常的，但是在深圳这样的海滨城市，小学时不会游泳会被认为是很奇怪的事情了。父母觉得这是一项必须要会的技能，也是一种锻炼方式，就送我去学游泳。

其实第一次去学的时候我还是很有信心的，觉得挺好玩的，但是那个暑假没学几次就因为发烧没有继续下去。到两年后的暑假去学，已经很有抵触感了，觉得自己就是不适合游泳，怕水，而且还会因此生病。但是在家长的鼓励下，我还是决定去试试。这一次是学会了，但是对游泳始终没有多大的兴致，也觉得自己游不到多好。

之后的每个暑假，爸妈都会带我去游泳馆游泳，尽管我没多大兴致，但是他们总是鼓励我去游。每次游泳的时候，每游一个来回，父母总会肯定我的游泳能力，鼓励我继续锻炼。慢慢的，我觉得游泳也是挺有乐趣的一个运动，锻炼效果挺好的，而且父母都对我表示肯定，我还是有能力的。

通过游泳这件事，我发现通常孩子不敢做的、没有自信去做的事情，并不意味着以后都做不好，而是需要被鼓励，尤其是父母的鼓励。也许这种鼓励只是一种善意的鼓励，也许孩子的水平并没有那么好，但是这种肯定会让孩子减少对这件事情的恐惧感，也会多增添一份自信和乐趣。

3. 不放过每个小契机

一些家长总认为得做出一些惊天动地的事情，或获得一些大奖才是真的成功。

只有在这个时候，他们觉得才可以表扬鼓励孩子了，而在其他很多小事上，都吝惜自己的肯定。这会让孩子感到缺乏肯定，会让他们产生一种错觉——除了那种大的成功，别的事情都不值一提。这除了会让孩子产生自卑心理，也会在他们心中埋下为了得到大的成功可以不惜一切的错误种子。

我的父母很注重生活中的一点一滴，他们会在我做得不错的时候表扬我、肯定我，让我得到认同。平时在家里，跟着音乐顺口哼唱歌曲的时候，妈妈总会对我的歌声表示肯定，即使我自己觉得唱得很烂。在讨论一件事情的时候，他们总会对我的话表示肯定，觉得我很有想法，很有深度，即使我自己觉得就是最普通的、很幼稚的想法。这种小事上他们都能注意到，让我觉得自己确实有一些值得注意的发光点，让我更加相信自己的能力。

哪怕是幼儿园里的一朵小红花，哪怕是老师的一句表扬，哪怕是生活中的小细节，都是值得父母注意的。

自信本来就是一种心理层面上的东西，所以那些值得被纪念的成功，无论大小，都应该被家长记住，不时地拿出来鼓励孩子更加奋发，提升孩子的自信心。勿以善小而不为，其实在这里也可以说勿以事小而忽略。注重细节，注重在小事上的鼓励，对于孩子的影响会是潜移默化的。

4. 作为孩子，尤其是女孩，我们更要自信

除了家长和外人的评价，对于我们来说，自我调节也是非常重要的，毕竟我们的心掌握在自己手里，我们的心理也由自己掌控。

想说两点对女孩子的建议。

第一，在遇到挫败的时候，迎难而上，不畏艰难和别人的言语，屡败屡战，最后得到的自信更加珍贵。

女孩子容易在遇到挫败的时候自暴自弃，觉得自己没有能力做这件事情，于是就增强了自卑感。这也是现在的孩子缺乏自信的一个原因——抗挫折能力弱。其实并不是这样，有的时候，经历了一次挫败，经过良好的调整，下一次就会收获到成功和信心。

让我记忆犹新的是关于数学和上课发言的事情。小学的时候，我总是害怕数学，觉得数学要么就是不会做，要么就是会做但是粗心大意做错了，有一段时间我觉得数学就是学不好。不过好在这段时间里，父母并没有对我责备什么，反而是给我准备了很多草稿纸，一些辅导书籍，让我自己慢慢去摸索。记得他俩在这个时候跟我说过，“终于把一道难题做出来的那种成就感特别舒服”。为了提高数学，每次的作业题我都会在草稿纸上反复演算，并且会想各种方法，争取找到最适用的。终于在五年级的时候，我学会了用方程，在做应用题的时候通常比其他同学要快。那种经历了努力付出后得到的成功，的确让我很有成就感，我也很感谢父母在那个阶段不断的鼓励。

再说课上发言这件事情。有一段时间，我每次被点到回答问题，得到的答案和老师的都会有出入，也会招来很多同学的反对。那个时候我特别害怕课上发言，宁愿做一个沉默的孩子也不愿意自己的观点被别人否定。但是到了后来，每次上课前我都会认真预习课上的内容，慢慢地，老师上课的问题都是我很拿手的问题，我还会举手起来回答。中学的老师也不再像小学的老师一样那么根据规定答案来判定，而是会听完我的看法，并且给出中肯的评价。久而久之，我不再害怕起立回答问题，而是会抢着去回答问题。

第二，善于发现自己身上的闪光点，不要因为一个方面的不足而否定全部。

女孩子是很容易走极端的一个群体，很容易因为一个方面的事情而否定自己的全部。而培养我们的自信，就要避免走极端，有一双善于发现自己美好的眼睛。

其实，我觉得自己有很多缺陷，比如外貌并不出众，性格上有很多弱点，能力

也有很多欠缺，但是无论如何，我都会寻找那些值得我铭记、值得我拥有成就感的闪光点来点亮我的自信之光。

外貌不出众对很多人来说都是个困扰，毕竟是个女孩子，但是我一直相信内在美还有性格等各方面的美比外貌更加重要。一个女孩子受到大家的欢迎，外貌只是一时的，想要在各方面都有所发展，性格和内在才是最重要的。而且在学生时代，学习成绩也是证明自己实力的最好标准。

到了社会上，也许你的性格并不像有的人那样风风火火，那样善于交际，但是踏踏实实工作，勤奋地去努力弥补自己的缺陷，总有一天你会大放光彩。

我们每个人都是最独特的，都有自己的闪光点，不可能每个人都像明星那样受人欢迎、受人关注。在这个方面自己做不好，并不代表在别的地方也不行。所以，作为女性，我们要相信自己总会有闪光点让自己生存在这个社会中，绝对不能因为某个方面的缺陷，因为受不了别人的流言，就做出极端的行为。

家长在培养女孩子的时候，也应该培养她们坚强的性格和知足常乐的心态。只有坚强的女性，才能经得起大风大浪，才能最后获得成功。只有知足常乐的女性，才能发现自己身上的发光点，知足于现在所拥有的东西，才会更有自信面对纷繁复杂的社会生活。

爱默生说过："自信是成功的第一秘诀。"爱因斯坦也说过："自信是向成功迈出的第一步。"如何迈好这第一步也是家长和孩子应该思考的。无论如何，对于我来说，自信的女孩永远是最美丽的。

描绘好成长蓝图

在信心之后，一个成才计划就要被提上议程了。

其实，到现在为止，我也不能很明确地知道父母为我量身定做的成才计划到底是什么。

是成为一个伟人，像毛泽东、邓小平这样的人么？是成为一个业界精英，像居里夫人、钱学森这样的人么？是成为一个大富翁，像李嘉诚、比尔·盖茨这样的人么？是成为一个无论在哪个岗位都对社会对国家有贡献的人么？是成为一个过着普普通通的日子、有一个幸福美满的家庭的人么？或者，是成为一个幸福快乐的人么？

的确不明确。不过我感觉大概分成了两个阶段，中间有一次比较重要的转折。

第一阶段是在我很小的时候，父母为了培养我的语言能力、思维能力，让我在集体生活中学会适应、学会表达自己。在大多数孩子还不识字的时候父母就带我去书店耳濡目染那种学习的氛围，让我学画画、学琴、学舞，争取练就一技之长，赢在起跑线上。在我稍微懂事的时候，我就知道中国有两所最好的大学，一个叫清华，一个叫北大。在我开始上小学的时候，父母就严格规定我的玩耍时间和看电视时间，让我把大多数时间花在学习、看书、练琴上。他们还按照《哈佛女孩刘亦婷》上的培养方法，让我写日记、学英语等等，将我按照一个未来的高材生来培养，让我知道积极上进，让我知道无论做什么要去争做第一。父母时常会给我讲一些名人小时候的例子，记得最清楚的就是美国国务卿希拉里年轻的时候，每一节课都坐在第一排。在这个阶段，我感觉他们两个人真的很在乎我的学习成绩，而我也是每次考好了就乐于交差，没考好感觉就很糟糕，甚至还有考一次第一奖励十块钱的时期。这个阶段，父母应该是将我当作一个以后一定会在某个方面大放光彩的成功人士来培养的。总结一句就是，从小到大我的学习目标就是北京大学。

在这个阶段，我也收获了很多很多东西。在这样的严要求下，我养成了很多好习惯，尤其是在学习上，如果不完成任务就去玩我会产生一种负罪感。我认为这是我后来在经历转学来到一个不同的地方后还能依旧学习好的重要原因。

第二阶段，是在来北京后高二上学期将要结束时开始的。那个时候的我，成绩依旧在全年级排第三，这是第一阶段成功的产物。但是有那么一两个星期，我总是觉得压力很大。那正是实验班竞争很大的时候，我在情绪上出现了很大的波动，时不时在爸爸接我回家的时候，在车上毫无预兆地放声大哭。哭的理由我也不清楚，就是觉得累，觉得憋屈，觉得很不爽快。那时也把父母吓坏了吧，他们一定不会料到一个外表看上去天天乐乐呵呵的女孩会突然这样。在那样的情绪波动之后，他们对我的培养明显换了一种方式，就是我所说的，希望我成为一个幸福快乐的人。

尽管在这之后，我还是觉得他们有的时候很看重成绩，但是已经明显感觉到他们在很多方面的放手和松弛，给了我很大的空间。这个阶段的状态一直持续到今天。我那不太成功的高考，他们也都很淡然地接受了，虽然没能完成他们第一阶段那样“宏伟”的目标。在大一下学期那次转专业的纠结中，也是他们最终推动我做出了转专业的决定，坚定地支持我从最好就业的人力资源管理专业转到了我最喜欢的历史专业，原因就是喜欢就好，他们希望我是个幸福快乐的女孩，去学自己喜欢的东西是极其幸福的。

随着他们“成才计划”的变化，我对父母的态度也有了很大的转变。曾几何时，他们对我来说就是监工、上司的感觉，我必须要考好成绩来交差。考好了就一切好说，考不好就一切免谈。我至今都记得中考出分之后靠墙站着给我妈汇报了两个小时的考试总结，感觉挺糟糕的。到了第二阶段，我深刻地感觉到，父母才是你最坚强的后盾。老师可能会因你的学习成绩随时改变对你的态度，朋友随时有可能因为自己的利益背叛你，外人会因为对你不了解胡言乱语中伤你，只有父母，虽然平时感觉不到，但到了最后，他们还是你的支柱，只要你幸福快乐，他们觉得做出什么牺牲都是应该的。到现在，我在写一些关于父母的文字的时候，或者给他们发很长的短信的时候，还会感动到哭，这些在以前是难以想象的。

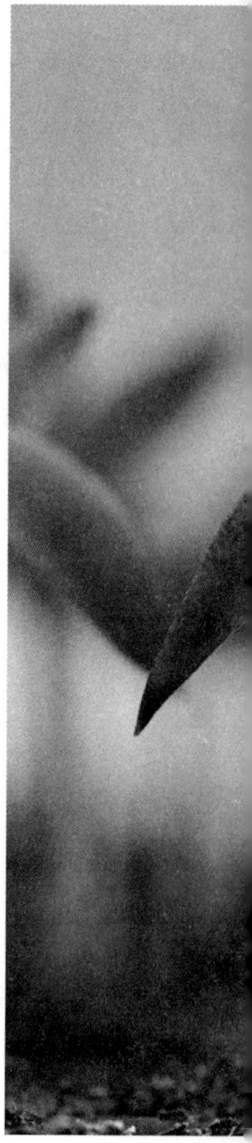

回顾父母为我设计的“成才之路”，我觉得有几点是值得归纳反思的。

第一，心理的健康成长真的是非常重要的！我最不愿意提及的中高考，不成功的原因也是多方面的，但是最大的原因我认为还是心理因素。平时的浮躁、不踏实、只求结果不求过程，让我最后吃了大亏。从小到大，父母很看重成绩，自然就忽略了另一层，就是心态。到后来发现了再扭转，可惜只能改变一点点，起不了多大的作用了。你怎么可能让一个从小到大就以考上北大为目标、把分数当命根子的人，在考试前、考试结果出来的时候不紧张、不忐忑呢？

第二，随着孩子的成长，家长需要及时调整成才计划。成才计划绝对不是一成不变的。孩子在成长中会出现各种各样的问题，会闹出各种各样的事情，当出现这些事情的时候，家长不能一味地谴责孩子，也应该看看自己的教育方法是不是出现了问题，要及时调整。我很感激我的父母能有第二阶段的转变，指导我不断调整自己的思想和计划。

第三，不要将自己的一些观念和爱好强加给孩子。如果孩子不喜欢，应该支持孩子去寻找他感兴趣的。我小时候去学习乐器，包括后来学过唱歌，其实都有我妈妈五音不全这个因素的影响。她不想让我重复她的缺点，于是就让我去学这些。不过很幸运，这也是我感兴趣的东西，所以一直坚持下来了。而父母一些传统

父母是领导者、旁观者还是参与者？

父母在孩子成长的过程中，要以参与者的形象出现，而不是领导者、旁观者的角色。我一直引以为傲的事情就是，我在学习的时候，我的父母不是不管不顾的，而是都在各自学习。无论如何，一家人一路同行，会迸发出无穷的力量。

的观念，可能会让孩子感觉到很难接受。我高二那次情绪波动，其中有一层原因就是，我妈妈永远都用她的那套标准来衡量成功与否。她认为一个成功的人就应该像她一样，每天勤劳工作，有规律地生活，严格对待自己，有点完美主义的感觉。她以前还曾经跟我说，别让我学她认识的某个人，觉得他没有进取心，没有鸿鹄之志。高二那次情绪波动的时候，我曾哭着说过，我喜欢她认识的那个人那样的生活，至少很幸福很快乐而且也不是穷光蛋。后来她就不再提及了。包括这次转专业，父母最后也转变了要学个好就业的专业的观念，选择支持我的梦想。我很庆幸有这样的父母。

第四，可能看完我对我父母的培养计划的描述，很多人会觉得缺了些什么，确实缺了些东西，那就是一些能力的培养，比如自理能力、日常交往能力、抗挫折能力等等的培养。我小时候一度因为不会系鞋带就穿不带鞋带的鞋子，家务活我也很少去做，铺床、用洗衣机等很多活我也是在大学开学前去学的。让我自己都觉得很白痴的另一件事，就是我很长一段时间只敢去麦当劳、肯德基这样的地方，因为不敢叫服务员，不敢和别人打交道。而至于抗挫折能力，我清楚地记得小学老师给我的评语是抗挫折能力有待提高。很长一段时间，我应对挫折的办法就是眼泪，很多时候都要父母的引导才能走出来，心态一直都不好。直到大学，慢慢适应这个小社会的生活后，很多能力才开始提高。不得不说，很多时候，父母还是太宠我了。

第五，成才计划必然要受到环境的限制。我记得前不久，大学的一个学弟跟我在短信中说："你当然不能理解那些一心想学金融专业的人。他们跟你们北京这些考上人大的文科生不一样，都是自己拼出来的。你如果出生在一个偏远地区，你根本不可能会有转到历史专业去的想法。"刚看到其实是很生气的，感觉被看低了，不过后来我心平气和地回了一条："对啊，我也许根本就不会喜欢上历史。"环境对人的影响的确很大，我们怎么可能要求一个来自不发达地区的人又去学琴棋书画，又去上各种各样的培训班。因时因地，这种计划都是随时可变的。

第六，父母在这个过程中，一定要是一个参与者的形象，而不是领导者、旁观者的角色。我一直引以为傲的事情就是，我在学习的时候，我的父母不是不管不顾的，而是都在各自学习，全家都是一种学习型的氛围。高三的时候，我在复习，爸妈一般都会看各自感兴趣的书，或者在忙自己的工作，再到后来会一起研究学校、专业的事情。让我觉得很安心，也很开心，有人在和我一起奋斗。如果孩子发现父母也在一起努力，往往会更加有动力，而少了很多怨言。而在孩子性格、习惯的培养上，父母潜移默化的作用更是显而易见的。我的父母在家都小心用词，很少出现脏话，在外也不抽烟不喝酒，让我也养成了这样的好习惯。在兴趣培养方面也是如此，家里浓郁的文史氛围，书架上那些被我妈妈还有我两代人翻过的文史类书籍，注定了我会爱上这些东西。

哪个父母不是望子成龙、望女成凤呢？成长路上有太多的酸甜苦辣，无论是家长还是孩子，都要调整好心态去面对这些。无论如何，一家人一路同行，会迸发出无穷的力量。给孩子最好的礼物就是信心与成才计划，也许现在孩子理解不了，但总有一天他们会发现这是人生中一笔巨大的财富。

第二章 女孩成才要先飞

本章精彩提示

1、**“起跑线”在学龄前。**俗话都说笨鸟要先飞，其实无论是聪明的鸟还是笨鸟，都要抓住先机，尽早培养。以我的亲身经历来说，小时候父母对我的培养至关重要。早期教育的好处有：学龄前孩子的学习压力小，空闲时间较多、可塑性强，基本不会有太大的反叛情绪。

2，**女孩的“起跑”优势是什么？**女孩语言方面的天赋，一定要从小开始培养，听说读写四个方面，争取一个都不能少。培养重在营造氛围，重在形式多样，重在练习和激励。文艺方面的培养，也是女孩子将来的一个优势。文艺的培养，带给孩子的不仅仅是一技之长或者素养的提高，在我看来也是锻炼胆量，提升自信，塑造性格的一个很好的途径。

3、**女孩的“短板”在哪里？**注重一些兴趣导向的培养，比如爱美和运动。爱美是女孩的天性，但把握不好就容易误导，使女孩过于喜欢穿着打扮，影响学习。而运动是女孩的弱项，父母可以强势引导，让女孩像男孩那样好动好玩。

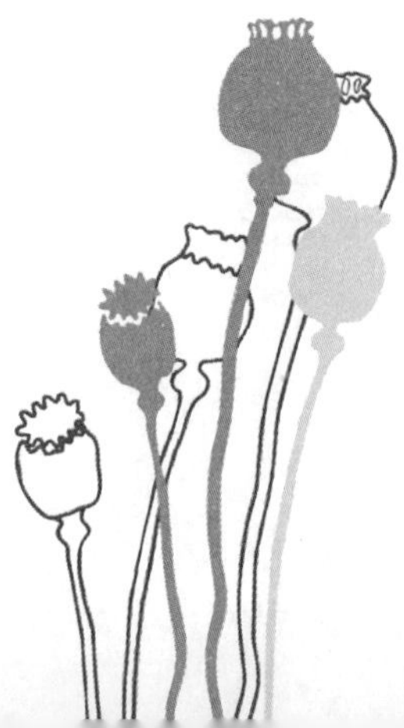

俗话都说笨鸟要先飞，其实无论是聪明的鸟还是笨鸟，都要抓住先机，尽早培养，男孩女孩都一样。以我的亲身经历来说，小时候父母对我的培养至关重要。

在我妈妈的书中看到，学龄前教育对女孩格外重要的原因有两个，一是女孩智力发育早，二是女孩要面对的问题更多。我觉得，学龄前儿童的智力开发以及能力培养不分性别，都挺重要的。现在师范大学有一个专业叫学前教育专业，我有一个此专业的同学，每周都会学习很多课程，语言类的如法语，文艺类的如手风琴、跳舞等等。现在学前教育的范围很广泛，父母对孩子在这个阶段的教育也非常看重。对于第二个原因，我并不完全赞同。我觉得所有的学前教育都是在为日后的学习和工作打基础，并不是说以后遇到问题多就需要在这个时间里好好教育，而且日后男女面临的问题我相信都是一样多的。

起跑线在学龄前

其实抓紧学龄前的那几年对女孩进行培养，在我看来有如下几个好处：

1. 学龄前孩子的学习压力小，空闲时间较多。学龄前的孩子只用去幼儿园学点最基础的东西，每天玩玩闹闹，远没有上学后的压力大。在这个阶段，可以充分利用业余时间对孩子进行其他方面的培养，这样既不会让孩子因为无聊沉迷于电视电脑，也不会让孩子因为学的东西多而觉得厌烦。小时候我还能兼顾画画、英语、电子琴、舞蹈等等，到后来就只能专注于一两项了。

2. 学龄前孩子的可塑性强。这个阶段的孩子刚开始接触到这个世界，对于社会上的事情，对于自身的认识，都处于萌芽阶段，更别提世界观、人生观、价值观了。在这个阶段，如果引导他们积极向上，注重对他们综合素质的培养，对孩子形成良好的观念有重要影响，对日后的学习和生活会有很大的帮助。这个时候父母的作用很强大，记得我就是从小被父母带到书店一起看书，后来对书一直有浓厚的兴趣。

3. 学龄前孩子基本没有太大的反叛情绪。等孩子大了，反叛情绪就会比较大。

In my experience, crucial to the cultivation of my parents as a child.

以我的亲身经历来说，
小时候父母对我的培养显得至关重要

我本身就是如此，朋友很多也是。在上学后，随着年龄的增长，越来越不愿意接受父母的安排。长大后，父母让学个东西，或者去上个课外班，一般都要反抗好久，或者压根就消极抵抗。在学龄前这个阶段，尽管孩子也会有些小脾气，也会不高兴去学习、练习，但是总体还是比较听话的，能按照父母的要求去做。我个人体会比较深，小时候父母让我练电子琴，有的时候确实没啥兴趣，但是碍于父母的权威，还是会忍气练下去。但上初中之后，父母让我练完电子琴又接着学小提琴，学了一年后实在觉得累，就敢于罢课了，觉得父母也不能把自己怎么样了，父母也没有像小时候那样硬逼着，于是小提琴就没有继续学下去。

学前教育不妨多姿多彩

培养必然是从各方各面进行的，以我的例子来说说吧。

1. 首先就是语言

从小的耳濡目染对女孩的语言培养是很重要的，无论是母语还是外语，氛围是至关重要的。

我一直挺郁闷自己不会说方言这件事情，在河南、广东、北京都生活过，妈妈还是四川人，可我就是一门方言都不会，不会听也不会说。归根结底，我觉得还是没有氛围。在河南的时候，家人都说普通话，在幼儿园也是。在深圳的时候，只有本地人才会冒出几句广东话。这导致我现在只能说普通话。

我收藏的一盘我两岁零九个月的录音磁带里，能听到那个时候爸妈教我背唐诗、教我英语单词的实况，他们在尽力为我营造一个语言学习的氛围。

里面还有一段很可爱的对话，我爸爸装作是记者，给我提各种各样的问题，让我来回答，模拟采访的场景，锻炼我的对话能力和语言组织能力。虽然那时的对话现在听起来显得很稚嫩，但确实也是一种潜移默化的培养。

当时父母还会给我讲很多童话故事，也许我不能完全理解这些故事是什么含义，也许就是模模糊糊的印象，不过那些语言在我脑海中也印下了很多痕迹。记得每次幼儿园的讲故事比赛，我都能从容面对，也很感谢父母的教育。

那个时候家里的磁带特别多，还不是现在这样的电脑、CD 时代，很多歌曲、故事都只有磁带形式的，每晚都是这些磁带伴我入睡。我会主动去模仿那里面的声音，去学习那些儿歌和故事。学英语的时候练习听力，每次我就会放一盘磁带，什么都不干，就一直听着，自己想说了就跟着说几句，对我的英语发音很有帮助。

那时父母对我的识字写字也很重视。我总是喜欢在各种地方歪歪扭扭写下自己刚刚学会的汉字，也许字迹很丑陋，现在都不堪入目，但是也没有被训斥，反而被鼓励多写。这让我在五岁的时候比同龄人认识更多的字，可以独立看四大名著的连环画版本，也能独立看一些带拼音的童话书。

综上来看，语言方面的能力，一定要从小开始培养，听说读写四个方面，争取一个都不能少。重在营造氛围，重在形式多样，重在练习和激励。

2. 文艺素养，也是女孩子的优势

在上小学前，我在河南南阳油田这个地方生活。那里的条件和大城市没法比，但是父母也是抓住一切机会让我接触各种各样的文艺活动，让我接受最好的文艺方面的教育。学龄前我学过电子琴、画画、舞蹈，还在一些歌唱比赛前接受过声乐培训。

和大多数孩子一样，我在刚开始接触这些的时候是充满热情的，觉得都很有意思，天天弹琴、画画、练舞，后来发现真的要付出很多时间和努力的时候会厌倦。在这个阶段，我很感谢我的父母，能用各种法子让我自愿或者非自愿地学下去，总算培养了我的文艺素养。我虽然嘴皮上不想承认自己喜欢这些东西，喊叫着累、无聊，但是这么多年过后，每当看到美好的图画，听到自己的手指弹出来的乐曲，看到自己跳舞的录像，总是十分满足。说到底，我喜欢这些艺术。但话说回来，如果一个孩子讨厌一个东西到棍棒底下都能继续抵抗时，那么家长也应该放手了。

其实这些文艺方面的培养，带给孩子的不仅仅是一技之长或者文艺素养的提高，在我看来是锻炼胆量、提高自信心、塑造性格的一个很好的途径。

拿电子琴来说，练习的过程虽然千篇一律，比较枯燥，而且在老是出错的时候容易打击积极性，但是每次经过每周的辛苦练习后，在老师那里得到一句“比其他孩子接受能力强，弹得好”这样的评价，对我来说是莫大的肯定，也就让我更有信心学下去。其实无论我当时的内心想着是拿这个去交差还是去炫耀，最后受益的还是自己，因为学到的那些永远是自己的。

再说跳舞，记得一次在整个油田地区举行的一次健美操或者舞蹈比赛上，我和其他小朋友代表我们幼儿园参加比赛。当时是在一个大体育馆里，我因为跳得好被安排为领舞的，是开场第一个站起来跳的角色。为了这个艰巨的任务，我出乎大人们意料地自己天天在家在幼儿园练习，去公园玩的时候还在想着动作怎么做，生怕

忘掉一丝一毫，最后获得了一等奖。那种辛苦付出而得到回报的感觉，让我记住了天道酬勤这个道理。

唱歌这个爱好估计是最锻炼我胆量的一项了。记得当时在一个饭店里有一个卡拉 ok 机，唱完了之后机器会打分。每次去那里吃饭的时候，我都会冲上去玩那个机器。一般都在底下坐着十几桌人的情况下开始唱一些耳熟能详的儿歌。能这么大胆的原因就是我的分数通常比别的小朋友的分数高，总会有很多人鼓掌夸我唱得好。从小养成的喜欢在别人面前表演的习惯，也一直持续到现在，也算是一项试胆运动吧。

3. 智力外因素的培养，比如行为习惯和性格

在这个培养上，我现在想想，就我的父母而言，有到位的地方，也有很欠缺的地方。

最欠缺的就是自理能力。如果我以后有孩子，这点一定要好好培养。现在都记得很丢人的一件事情，在幼儿园班上，老师让我们系鞋带，当别人都系好的时候，只有我一个人茫然地站着，原因就是我根本不会系鞋带，家里人为了省事就没给我买过有鞋带的鞋子。那次尴尬的场景之后，我更加讨厌鞋带，后来任性地不穿有鞋带的鞋子，直到小学几年级的时候才学会。这种情况，父母应该及时发现并及时教会孩子。再说家务，这个就更加惨不忍睹。小时候家里有保姆，叠被子、叠衣服、洗衣服从来就不是我需要考虑的事情。从小到大我的自理能力就没有提升过，到现在也只能算一个菜鸟水平，实在是很惭愧。自理都不行，就更别说帮忙做饭、打扫房间这些了。

关于我的人格性格的培养，我觉得父母很大一部分是成功的，当然人格里的缺陷是无可避免的。我自认为是一个很包容、非常能忍的人，事实也确实如此，初中、高中、大学的同学都曾经感叹过我跟什么人都能和谐相处，觉得我这个人的包容性很强。这跟我从小看过很多书、常常跑到外面旅游、见到的人和事比较多都有关系。见得多了，很多事情、很多人也就见怪不怪了。面对人与人之间的口角纠纷，我常常都是中间调停的人。比较中庸的性格也得益于父母从小到大的培养。如果说不成功的地方，就是家里的家教比较宽松，我在家的时候总是显得没规没矩的，和父母之间总会有点没大没小的。父母总是觉得我在外面也很辛苦而很包容，其实是纵容了我。现在我在家里有的时候也会和家长发生争执，是十分不应该的事情。

女孩的“起跑”优势是什么?

女孩语言方面的能力，一定要从小开始培养。听说读写四个方面，争取一个都不能少。培养重在营造氛围，重在形式多样，重在练习和激励。文艺方面的培养，也是女孩子将来的一个优势。这方面的培养，带给孩子的不仅仅是一技之长或者素养的提高，在我看来也是锻炼胆量、提升自信、塑造性格的一个很好的途径。

在行为习惯上，我觉得小时候打下了很好的基础。做事要有始有终，坚持就是胜利，这些都是妈妈时常在我耳边念叨的。勇争上游、做到最好，也是被强调的东西。喜欢学习的习惯也是那时养成的。就像企业在宣传企业文化的时候，会用一些固有信条、语言、故事、仪式来向员工灌输企业文化一样，小时候，父母也会用很多故事、名人名言、具体的事例来跟我讲这些道理。“有志者，事竟成”、“坚持就是胜利”就是最早父母激励我的信条。那些刻苦练琴最后拿到国际大奖的孩子的故事就是来教育我好好练琴的事例。安徒生童话、格林童话就是来告诉我这个世界上存在着很多真善美的故事。父母在工作中、生活中力争上游的事情也是激励我勇于竞争、勇于展示自己的实例。还有很多很多，现在想想，倒是数不清了。

还有一些兴趣导向的培养，这个最近父母也喜欢说，有些兴趣爱好的导向也没有给我灌输到，让我现在有些地方依旧很欠缺，最明显的就是对女孩子爱美还有运动这方面的兴趣爱好培养不够。小时候，爸妈最喜欢带我去的就是书店，我自己最爱去的也是书店，这直接影响到之后我的爱好。后来去商场，我永远是去书店的，从来不跟着爸妈逛。现在开始懂得打扮了，但是要比同龄的女生差一截。这点也是挺遗憾的，导致现在的我在一些话题上和别的女生没有共同语言。在体育方面也是，不爱运动可能是女孩的通病，这一点父母小时候没能及时培养，以至今天我对体育运动都不是很感冒。乒乓球、游泳会去参与，但是一般都不会主动去参与，主动去锻炼身体的意识很弱，导致体质也不很强。

我所接受的学前教育

结合上面父母对我进行的早期教育，我自己也有些体会和感受。

1. 关于坚持与放弃的问题

很多孩子在小的时候很娇气，父母让学一些特长的时候，中间肯定有消极反抗的情绪在，也会闹脾气不去学。这个时候，父母是强制着继续还是应该放手呢？这个问题的答案我想现在我也不能确切说出来。

如果放在几年前，那个时候有个情景喜剧叫《家有儿女》，里面夏东海这样的慈父我想是全中国孩子都梦想的父亲形象吧，那个时候我也觉得他是个很好的父亲，孩子不喜欢学当然应该放手了，一直硬逼着也没有什么意义。但是现在，我也得考虑很多因素了。我妈总跟我说一个例子，就是她同学的孩子，当时小时候就是学电子琴学唱歌的时候很抗拒，她同学就没让孩子再学了，结果孩子长大后也很怨家长当时没有强制她学下去，让她没有一技之长。其实，很多孩子都有这样的体会，小的时候嫌父母管教严了，没有自由，长大了之后却发现正是父母的严格管教才有了今天的成绩，而那些放任自流的家长有时也会被孩子埋怨。

所以究竟怎么把握分寸，我也很费解，只能用一句等于没有的话来说，具体情况具体分析。如果孩子厌恶的程度到了棍棒都无法迫使他继续，而他又有自己的兴趣爱好，就应该让他去追寻自己的爱好。如果孩子只是很正常的反感抗拒，我觉得父母应该软硬兼施，劝说孩子继续下去，尽力让他发现这个东西的美好之处。至少在电子琴上，我最终发现了音乐的美好，很感谢父母这些年来的支撑，无论是鼓励还是强制。

2. 培养一定要全面

就像我前面所说的一样，父母在一些事情上很重视培养，而另外一方面却又忽视了，导致我现在有些地方很吃亏。作为家长应该多借鉴别人的经验，取长补短，不能光凭自己的喜好来教育孩子。

其实像上一章所讲的母亲那种完美主义人生态度的灌输，还有这一章前面所说的在兴趣导向、自理能力等方面的培养缺失，都是教育过程中很普遍的现象。父母毕竟不是完人，自然会有自己的好恶，自然会有自己固有的理念，在这个过程中，不能要求父母改变自己的思想，不能要求父母广泛采取各种各样的教育方法，只能要求父母在发现问题之后能够及时调整教育方法和理念，尽量让孩子全面发展。

试想如果每个家长都可以在发现孩子不喜欢运动的时候培养孩子对运动的兴趣，那么孩子将减少多少不必要的尴尬时刻，将减少多少患上肥胖症的几率。如果每个家长都能在内在和外在上找到一个平衡点，会有多少知书达理的漂亮女孩出现在人们面前。如果每个家长都可以在学习和其他能力上综合培养，那么将减少多少书呆子的存在。可惜世上永远不会有百分之百完美的事情，只能靠家长们和孩子们共同努力，共同改进。

3. 最想说的一点，女孩子的骄娇二气不能惯

女孩子比男孩子有一点让家长们不知所措，那就是天生的骄娇二气。

男孩子很多时候，打一顿骂一顿就过去了，而对女孩子，有的时候父母也不敢重责，只能任着她们的性子来。我不是说要打压女孩的骄娇二气，而是家长们不能总惯着，任由其发展。

我小时候认识的一个孩子，给我的感觉就是骄娇二气很重。当然，没有指责的意思，只是现在社会上一个普遍现象罢了。她和很多娇气的小女生一样，从她小时一直到现在，我都看到了一个跟我完全不一样的女孩形象。

我一直很羡慕她，在她想要一个东西的时候，若她爸爸妈妈不想给，她的哭闹总能解决。而我小时候，早就知道哭闹也撬不开父母的钱包，于是早就放弃了这个做法。在她走累了的时候，总是能用哭闹换来父母的怀抱或者是其他代步工具，在她不愿意做什么事情的时候，也总能用各种方法逃避开。这是我所做不到的。

不过我很庆幸我的父母从来不惯我这些毛病。

社会上哪里有那么多你想要就能拿到的东西，与其不计一切代价去拿最后还失败而归，不如一开始就不想那些。社会上怎么可能有那么多人迁就你的脾气，与其闹腾得让多数人都不高兴还不如踏踏实实做人。社会上怎么可能有你想逃避就能逃避掉的事情和责任，与其试图逃避让人说三道四没有责任感，倒不如一开始就勇敢面对。小时候的教育，就是在给日后的工作和生活打基础，所以我很感激我的父母，让我很小的时候就知道骄娇二气不能给我带来任何东西。

笨鸟先飞？不，聪明的鸟一样要先飞。学前教育，希望家长和孩子都能把握好这段时间，为美好的童年开一个美好的头，为美好的人生开一个美好的头。

第三章 父爱如山，高大而稳重

本章精彩提示

1、**千万不要小瞧父亲对女儿的影响。**其实父亲可以做的真的很多，就在生活中的一点一滴，一些很小的事就会对女儿产生很大的影响。做父亲的不求关注到女儿的一切，但是也应该自觉在日常生活中注意自己的言行举止，将优秀的品质潜移默化地传授给女儿。

2、**父亲不在身边，父爱如何传递？**曾有三年多的时间，我的爸爸在外地工作，但我们坚持一周写一封英文信，沟通情况，诉说想念。那个时候，给我的感觉就是，爸爸一直都在我身边，分享着我生活中的喜怒哀乐，而我也能知道爸爸的情况。时至今日，这些邮件还好好地保存在我的电脑里，而且会一直保存下去。

3、**父亲该扮演什么样的角色？**迄今为止，在32个省市自治区和两个特别行政区里，我已经走过了25个。这点，很感谢我的父亲，他陪我“行万里路”，让我爱上了旅游。旅游是件好事，美好的回忆有一箩筐。

父爱无处不在

从小到大，无论是从电视上、报纸上、书上，还是从身边的同学那里听到的，中国的父亲在一些人眼里都是很恐怖很冷漠的存在。一般在家庭里，总是母亲在辅导孩子功课，给孩子讲故事，父亲只是在一旁忙活自己的事情，一脸冷漠的样子。母亲会倾听孩子的哭诉，而父亲永远都是漠不关心或者打打骂骂的形象。这样的场景貌似在生活中很常见，但对我来说却是非常陌生的。

见过我爸爸的人都知道，他就是一个“老顽童”、“大龄青年”的形象。现在都记得初中的时候，我和同学在学校忙事情忙到晚上八九点，爸爸来接我的时候看到我的同学，一声一声“小朋友”的喊，把我的同学逗得都乐呵呵的。高中时候，他来接我，被别的同学看到后，跟我说了一句你爸爸挺年轻挺帅的，他知道了之后乐得跟朵花儿似的，以至于后来每次我的同学见到他之后，他都要问我同学咋评价他的。

可能有人会说这样说是不是有些夸张了，不，一点都没有夸张，这就是我的父亲——一个有点天真，却又很和善、很负责、对孩子很好的老实人。

他是个好父亲，绝对是，让我从小没有生活在前面所说的那样的家庭里，也不会看到一个陌生冷漠的父亲形象。

在我们这个家庭，爱从来都不是说出来的，无论是父亲、母亲还是我，都是用行动表达出来的。

我不会忘了每次都是他带我去超市买自己喜欢的零食、去商场买衣服，我不会忘了每次生病他带着我去医院看病的场景，我不会忘了嘴里抱怨着天天当车夫的他每次依旧无怨无悔开车送我去各种地方，我不会忘了高三阶段他主物质供给、妈妈主精神供给的那段患难与共的日子，我不会忘了每次遇到困难时总能看到他那让我心安的身影……

当然我也不会忘了因为各种各样的误会而产生的争吵，我不会忘了小时候不听话时他的巴掌，我不会忘了每次被他看不惯时惹来的训斥，我也不会忘了我在伤心之余对他的那些埋怨……

很明显，这么一列，父亲的好终究是要影响我一辈子的，而他的不好终究也随着他的好被我记住，只不过会被我逐渐理解成那是他对我的爱的另一种表现。

对我来说，家庭里没有不重要的成员，父爱与母爱一样，对我影响深远。每次听到别的女孩对父亲的描述时，我都希望全天下的父亲都能像我的父亲这样，带给女儿她们所需要的东西。但是随着年龄的增长，我也明白了，每个人有自己不同的生活方式，受不同环境因素的影响，不可能都和你的父亲一样。

在这里，只想说，我从来不缺父爱。全天下的孩子也应该明白，你也不缺少，只不过你还没有感受到而已。

底下想写写我和父亲之间的一些故事，希望能对家长有些启发。

我与父亲两地书

这个恐怕是我与爸爸的故事中，让我记忆最深刻的一件事情了。

2003 年到 2004 年那一阵子，爸爸调去北京工作了一年多，那时我和妈妈还在深圳生活。因为年纪还小，那种对家人的思念便不那么明显，总有很多开心的不开心的事情冲淡了思念的心情。

不知怎么开始的，也挺偶然的，有一次爸爸就说：“反正你现在也没多少学习的压力，每周末写完作业练完琴就给我写信吧，你只要坚持写我也坚持给你回复，而且我们都用英文。”当时我正在学习新概念英语第二册，也想跟他秀一秀我的英语水平，自然是马上就答应了。我从来没觉得能坚持多久，就想着也是一件挺新奇的事情，没想到一坚持就是好几个月。写这段文字的时候，我打开了一封当年写的信，字体还是精心挑选过的，写信格式还是老实按照国外的那种格式来的，里面还有各种各样当时觉得很好看的插图。我写的每篇也就短短的 200 个词不到，爸爸回复的也就 200 多个词，但这都是那时的见证。看到这个，眼泪都快出来了。

那样的时光，放到现在，实在是难以想象。

当时每周的固定时间，我都会用来写信，有的时候是满怀喜悦地说点开心的事情，有的时候是很不开心，有的时候也很不耐烦，想着赶快凑够字数去玩别的。但不管怎样，我坚持下来了，爸爸也一样。每周他的信也许我都不会好好看，但是我知道他在守约，他和我一样在坚持，我们两个都是好样的。

无论什么事情，那个时候给我的感觉就是，爸爸一直都在我身边，也在分享着我生活中的喜怒哀乐，而我也能知道爸爸的情况，这些文字留到以后一定会很有纪念意义。结果，我等到了这一天，8 年后的今天，这些邮件还好好地保存在我的电脑里，而且会一直保存下去。

这一切，对于一个父亲来说，也许很难做到吧。当时他一个人在北京，周末要去上新东方学英语，同时还在读中国人民大学的在职研究生，应该是很忙的，但每周他都会如约给我写信，每次也会认真看我写的，即使我不是认真写的。

一个父亲这样和自己的女儿交流，是非常珍贵的吧，也是十分难得的。写信也许只是一件小事，也许只是一种传递信息的形式，但是通过写信，他让我知道了无论做什么事情都要坚持到底有恒心，他让我知道了既然承诺就一定要兑现的道理，他让我养成了有事情就跟父母沟通交流的好习惯，他让我看到了一个父亲对待女儿的永远不会消减的爱心与耐心……

想告诉各位父亲的是，也许只是小事，但是会在女儿心里留下深刻的印象，会对女儿的行为习惯造成很大的影响。试着多与自己的女儿沟通吧，通过各种各样的方式，让你们和女儿之间的隔阂慢慢消失。

相伴走遍大江南北

读万卷书，行万里路。此言不虚，让我受益匪浅！

五年前，来北京上初三的我，经历了很多让我觉得不可思议的事情。其中有一件就是转到的这个班上，有不少人除了北京和旁边的河北、天津就再也没有去过其他地方了，甚至有的人这么大了都没有出过北京市。这让我一个已经在河南、广东两个截然不同的地方生活过的孩子感到很诧异。难道在这些人看来，读万卷书就够了么？哦不对，他们的阅读量也很小。到了高中，不得不说，虽然好了一些，但是那些在应试教育里面如鱼得水的同学，在阅读量和出行记录来看，差的不是一丁半点。我曾问他们为什么不出去走走，答案不是没钱，而是为什么要出去，北京挺好的。

在这一点上，我一直很有优越感，迄今为止，在 32 个省市自治区和两个特别行政区里，我已经走过了 25 个。这点，很感谢我的父亲，他让我爱上了旅游。

还在 5 岁的时候，全家就一起去了一次川渝地区。那一次旅行，现在仅剩的就是对九寨沟美景和一些片段的记忆了。

6 岁到了广东之后，旅游的次数明显多了起来。每次“五一”、“十一”长假，

XXXX
Dongcheng district, Peking 100027
P. R. China
Mar. 14, 2004

Susan
Greenery Garden
Shekou, Shenzhen
518067 P. R. China

Dear daughter,

I am very proud of you for your good news one after another. I heard from your Ma that your teachers all praised you in the parents meeting last weekend. You are very smart and perfect! Daddy should learn from you, work and study more hard.

So Daddy are getting ready for entering for the English training class of Beijing New Oriental English School or Dell International English School. These schools are both famous English school in Beijing, even in the whole country.

Daddy went to Zhongguancun and visited the headquarter of Beijing Oriental English School. I had understood the course arranging、the way of signing up and teaching spots which are near my dorm. I had also listened a wonderful free lecture how to improve the ability of oral, and had bought many

English, etc.

This afternoon Daddy will go to Fuxingmen for entering another free lecture, which is reported by a teacher for Dell International English School. The content is also about how to speak English fluently. The teacher had ever held the host of Oscar's award party.

Sorry! The time is limited. Daddy don't have the lunch, and I have to leave office for going to there. See you next weekend. At the same time Daddy hope hearing from you quickly.

Miss you,
Daddy
Benjaminlee

XXXX XXXX
Shako, ShenZhen
P.R.China
Sunday, March 07, 2004

Daddy
XXXX
Dongcheng district, Peking 100027

Dear father,
What are you doing now? Do you have dinner? Do you work in Office? Do you watch TV? Do you study English? Do you……

This week I have many interesting things to tell you now. One is my Feet have two blisters. It's very hurt. It's very serious. I nearly can't Walk. Grandpa and I were going to the people hospital on Friday. The Doctor tells me is beriberi infected. Must clip the blisters. I think is Very hurt. But the nurse clips the blisters. It's not very hurt.

Yesterday afternoon I went to the school to studied English. This day We were learned the lesson three. Before to studied lesson three we

爸妈会组织一些出游活动，虽然只是去省内的一些地方，但也让我见识到了不同的风土人情，见到了各种各样的景色和各种各样的人。

之后的旅游，大多数都是父亲一人带着我出去的。

9 岁那年，他带着我，从河南老家出发，到内蒙古、北京、天津转了一大圈，最后回到深圳。那一次，我见到了草原、沙漠，见到了京津这样的直辖市，见到了首都的风光。早上六七点出门，一直到晚上 12 点回到宾馆，这样的旅游日程，怕是很难有人能做到吧。

16 岁那年，他带着我，从北京出发，9 天的时间里转了华东 7 个城市，江南的风光一览无余。那时我的膝盖脱臼正好一年，他依旧带着我在高强度的旅游中找到了很多乐趣，那次去过的城市让我至今念念不忘，总惦记着多去几次，那是目前为止我最喜欢的一次出行。

记得爸爸的朋友说过，跟我爸爸一起出去根本就不用操心什么，只管安心地跟着他去好玩好吃好逛的地方就对了。他总会提前查好一切资料，提前筹划好整个旅途。我为有这样的父亲而感到自豪。他的习惯同样影响到了我，现在每次出行之前，我都会主动查好和这个地方相关的资料，确保游玩时能尽兴。

旅游带给我很多收获，有一点我现在感触很深，那就是在地理的学习上。当同学们还在痛苦地背中国地图的时候，我早就将那 34 个行政区烂熟于心。当同学们还在空白的纸上画铁路线来加深记忆的时候，早就看过无数遍中国铁路交通图的我可以省去这个时间复习别的。当同学们为了《旅游地理》这本书发愁的时候，我可以很轻松地说，这个都是从我的经历中得来的，很好理解。

很感谢父亲每次都能尽量满足我的旅游要求。离开深圳前，做过的很有意义的事情就是在香港回归十周年的那天，我和他一起去了一趟香港，那天晚上在维多利亚港看到了盛大的庆祝烟花，为我 8 年的深圳生活也画上了圆满的句号，要知道那一天距离期末考试只有 3 天了。感谢他的开明！

旅游是件好事，美好的回忆有一箩筐，希望能和父亲一起继续走遍大江南北。

千万不要小瞧父亲对女儿的影响。

其实父亲可以做的真的很多，就在生活中的一点一滴，一些很小的事就会对女儿产生很大的影响。做父亲的不求关注到女儿的一切，但是父亲们也应该自觉在日常生活中，注意自己的言行举止，将自己的优秀品质潜移默化地传授给女儿。

找个像父亲一样的"另一半"

父亲的影响是多方多面的，当然也是利弊兼有的。

最先想到的，就是影响了我找男朋友和以后的择偶观念，虽然现在还没经历过。我记得我爸和一个认识的阿姨都跟我说过，以后找对象千万不能按照我爸的标准去找，因为一定是很难找到的。他经常自诩为"五好男人"，做事考虑周到细心，爱干净，勤快，喜欢管家里大大小小的事情，能带着家人孩子到处玩等等的优点，我想也是我以后找对象的标准吧，现在这样的男生的确是越来越少了。即使可能会找不到，但是也要尽量符合这些条件。不过他那极强的好奇心，以及一看不惯我和我妈就爆发的臭脾气，我想我在找男朋友时是会避免的。

然后就是对我性格的影响吧。他一直是个做事规规矩矩、认认真真的老实人。人们对我从小到大、一直不变的评价，也是老实。我和他一样，是什么就是什么，在待人接物的时候都是很老实诚恳的态度。不过有一点很可惜，他有的时候脾气会很暴躁，这一点我也是，所以家里有时可以见到我们两个对吼的场景，我的声音甚至比他的还要大。我在遇到事情的时候总是会很烦躁，心烦的时候想爆发，这些也许都和他的暴脾气有关吧。他有时会训我怎么这么暴躁，其实我觉得也有他的因素。

爸爸的审美观念也影响到我。一直以来我都是穿他给我买的衣服，他给我买什么，我就穿什么，以至于我的审美观念完全是跟着他的审美观念走的。直到 19 岁生日过后，我说我要改变形象，让他带我去买点女孩子穿的好看的衣服。在试衣服的过程中，我才发现自己也可以是另外一种样子，在试一套衣服的时候产生了分歧，最后只能屈服于他的观念没买。不过这也让我认识到他的审美观念竟然影响了我这么久，以前从未注意到穿衣打扮，今天一看才知道以前竟然就跟着他的观念过了这么多年。潜移默化的力量太强大了！

他的一些优点我很钦佩，而且很可惜我觉得我现在还没能完全学到。首先就是他的孝顺，他对爷爷奶奶、外公外婆真的很孝顺，每次都是尽力去满足他们的要求，让他们过得越舒服越好。每次都让我觉得很感动，让我觉得自愧不如。每次打电话、每次回老家，总让我觉得他在做人这方面是一个很成功的人。我想我以后也一定会像他一样孝顺长辈的。然后，就是他的爱干净，他的爱干净在家族里是出了名的，每次老人家都喜欢在聊天的时候说起他的爱干净。他常常抱怨我没学到这一点，不注重保持家里的整洁。他的爱干净爱整洁确实很值得我学习。

上面说的只是一小部分而已。其实父亲可以做的真的很多，就在生活中的一点一滴，随便一些小事就会对女儿产生很大的影响，永远不要小瞧父亲带给孩子的影响。不求做父亲的关注到孩子的一切，但是父亲们也应该自觉在日常生活中，注意自己的言行举止，将自己好的东西慢慢传授给孩子。总有一天，你会发现孩子和自己在很多方面都很相似。

父爱，永远不会缺失。父亲，一直陪伴在我的身边。

第四章 母爱如海，博大而坚韧

本章精彩提示

1、**母亲是我的“战友”**。我很庆幸，我的母亲一直和我一起奋斗。无论是刚来北京的艰难岁月，还是备战高考的难熬日子，母亲总是和我战斗在一起。她喜欢读书，也喜欢和我交流读书的体会感受。每次看着她的那些藏书，看到书上母亲留下的批注和感受，总觉得很有干劲。

2、**母亲是我的后盾**。孩子的自尊心和自信心源于肯定和欣赏。我的母亲永远都是欣赏我的，每次和她聊起各种各样的话题，都会得到她的回应和认可。记得高三大大小小的考试后，我都会第一时间给母亲发短信，及时汇报成绩和排名。那段时间，她告诉我最多的一句话就是，不管你最后考得怎么样，哪怕是失败了，还有爸爸妈妈和你在一起。

3，**母亲是我的榜样**。女性的坚强和勤奋，母亲做得很好。无论在学习上还是在大学里处理工作的时候，我都以她为榜样。母亲对我有深远长久的影响，在性格上，我是一个争强好胜的人，不甘落后；在人生态度上，要活出女性的风采，实现自己的价值，做一个幸福快乐的人。

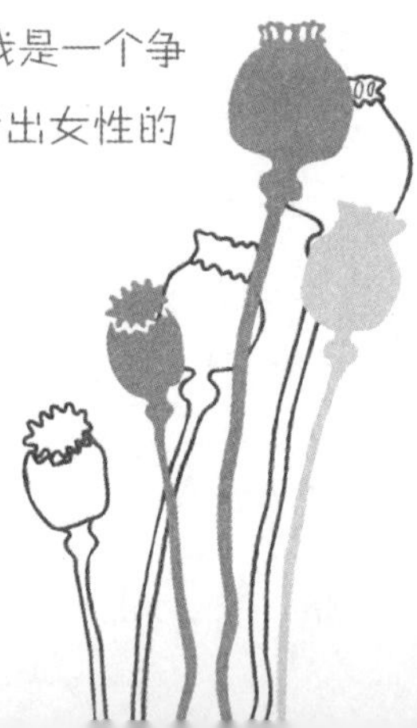

严母慈父的家庭

对我们家来说，严父慈母是不存在的，向来都是严母慈父。一般让我记忆深刻的挨训场景都是母亲留下的，父亲一般都是打圆场的。

为什么会有这样的场景，可能在我们家，母亲的女强人形象更加深入人心吧。

每天放学的时候，总能看到女同学的妈妈来接她们回家，还给她们带着各种零食。每次都听别人讲妈妈做了什么什么好吃的，妈妈在家做家务多辛苦，今天跟妈妈去买衣服了等等，然而这些“妈妈”的形象对我来说都是陌生的。

记得每次在别人问以后想做什么的时候，班里总会有人说出家庭主妇，这在我看来是很不可思议的一件事情，怎么可能就待在家里过那种相夫教子的生活？一个女性，当然要兼顾事业和家庭，做一个真正成功的人。我想这些也是深受母亲的影响吧，我一直认为，女性要在家庭中有地位，自己的工作也要成功，如果想要给孩子做个好榜样，在工作上也要努力。

严母好不好？我觉得很好。

严母也不意味着绝对的严厉严肃。同是女性，母亲对女儿的影响在某种程度上比父亲要大，对女儿的了解程度也比父亲更深，在严厉的同时也能及时注意到女儿的各方面情况，能及时解决问题。

我一直为很多同学感到遗憾。他们总是说母亲不理解他们，总是说每次回家，除了吃饭，就关在屋子里自己学习或者做其他事情，母亲也都不会插手他们学习的事情。而当母亲试图了解他们的情况时，往往都会产生冲突，最后总是不欢而散。这些情况，在我的生活中鲜有发生，也是不敢想象的。

对我来说，母亲就是我生活的一部分。她和父亲一样，无论什么时候，无论我需要不需要，他们都在我身边，注视着我成长的每一步。

母亲对我的影响很大，严母的影响力就更加强大了，无论是在兴趣爱好上还是在性格方面，当然还有其他很多方面，有好有坏吧！现在看来，我也无法评价利弊，也许在日后，我会有另外一番感受。事物永远是变化的，不要下绝对的判断。

也许有很多家长和孩子一直都纠结于对方无法理解自己，其实这是成长过程中的必经之路。我又何尝不是呢？但是到后来会发现，无论是对是错，母亲的爱都放在那里，一丝未减，有时也许是方法用词不当罢了。对于母亲带给自己的，受益的要一直用下去，觉得有缺陷的地方要尽力弥补，毕竟母亲不是圣人。

世上只有妈妈好，有妈的孩子像块宝。前半句太绝对了，因为世上还是会有其他对你好的人的，但后半句是肯定的，有这样的母亲，我觉得很幸福。

严是爱松是害——母亲的口头禅

我小时候最最羡慕的，就是同学们每天在学校都讨论前一天在家里看了什么动画片，看了什么电视剧。还有就是每个周末和假期，看到小区里面一起玩耍的小朋友，看着他们那么欢乐，我实在是很羡慕。

在时间上严格管理。现在每当和同学们提到我小学那阵子的严格管理时，都会引来一阵咋舌，在很多人看来确实是很不可思议的管理。上小学后，我每周只能在周五周六晚上看一个小时的动画片，电视剧这些对我来说都太陌生了。周末和假期都很少在小区里和别的小朋友一起玩，大部分时间都在家里写作业、看书、练琴、出去上英语或者电子琴课。现在想想，真的是很受压迫的日子，但也是学知识最快的日子。“少小不努力，老大徒伤悲。”今后，我肯定会欣慰地如此感叹。

在用钱上更是严格管理。我从来不知道零花钱为何物，我们家从来不给我零花钱。如果有，也只是偶尔给的一两个钢蹦。每次如果有怎么处理零花钱的话题，我都只能听着别人说。很多人说攒着零花钱去买自己喜欢的东西，对我来说毫无概念。至于压岁钱，自然更是全部交公。每次放学后、入校前，看到大家在书报亭买零食和杂志的场景，总是很心酸，我就只能从存钱罐里抠出那几个钢蹦而已。

在学习上就更不用说了，从小父母就把我照准重点大学的学生培养，学习上向来都是要求我力争最好的。五年级前，学习成绩一直都只能算中等偏上。五年级后不知道什么原因，他们一直喜欢说突然开窍了，一次次都能考出意想不到的高分。记得那时我为了买自己喜欢的东西，还约定过得一次第一名奖励我 10 块钱。为了让我好好学英语，我每学一首英文歌也是 10 块钱。每次考好了就不说了，每次没有考好，可是各种接踵而来的改错、反思任务。

然后就是在一些习惯上的严格管理了，最突出的就是写日记。二年级的时候，母亲带着我去挑了一个漂亮的日记本，我答应开始记日记，虽然现在看来那会儿的日记很幼稚很短很糊弄事情。虽然是日记，其实就是每天他们监督我做的一项工作罢了，每天就三行，如果有自己的感受就多几行，都要被他们翻阅。这个习惯一直坚持到离开深圳，来北京之后因为太忙，坚持了一段就没有再继续了。不过时至今日，有想记录的东西我还是会写上几笔。看到过去的那些日记，让我感触挺深的。

其实，严格管理没有错。我现在也喜欢把我能有今天归结于妈妈平时的严格管理。但是其实我们都容易忽略一点，有的时候太严格的管理，也对孩子的心理和性格造成一定的消极影响。有的时候压得太紧，一松开也许就会失去控制。比如一离开妈妈的管制，我自己的管制能力就显得很差，我在假期她不在家的时候会偷偷看电视，在她不注意的时候会偷偷从家里的存钱罐里面抠硬币出来用，在厌倦的时候就糊弄写几句日记了事。凡事也应该有个度，如果在当时能够更多获得我的认同，能让我自己早些意识到妈妈的苦心，也许效果会更好一些吧。

母亲和我是“战友”

“与天奋斗，其乐无穷。与地奋斗，其乐无穷。与人奋斗，其乐无穷。”

这是母亲很喜欢的话。与母亲一起奋斗，自然也是其乐无穷。

其实我不是很赞同父母在孩子的学习过程中放手不管。长时间来我听到一些同学的情况都是，一个人学习，父母要么看电视，要么玩自己的，从来不管不顾的，成绩什么的也都不在意。我总觉得在这种环境下成长起来的孩子，是孤立无援的，虽然可能锻炼了自己的心智，但是总觉得缺少了些什么。

我很庆幸，我的母亲一直和我一起奋斗。

我的母亲也是一个很勤奋好学的人。现在家里人聊天的时候，还喜欢提到母亲当年学英语的场景。某一年的大年三十，大家都一片热闹的时候，母亲还拿着《走遍美国》的书，听着磁带学英语。为了锻炼口语她还主动和公司里的外国员工交流。虽然后来很多她也遗忘了，但是那种刻苦精神传给了我。后来我学英语所用的《新概念英语》的书和磁带还是妈妈当年学习英语留下来的。

记得刚来北京的时候，初三那一年，我都和母亲两个人住在一个小公寓里面，只有酒店标准间那么大的一个房间里。白天我在上学，母亲在上班。晚上我回来专心复习，母亲从来不会看电视来放松一下，到楼下散步回来之后就开始看她的

母亲是我的“战友”。

我很庆幸，我的母亲一直和我一起奋斗。无论是刚来北京的艰难岁月，还是备战高考的难熬日子，母亲总是和我战斗在一起。她喜欢读书，也喜欢和我交流读书中的体会感受。每次看着她的那些藏书，看到书上母亲留下的批注和感受，总觉得很有干劲。

书，或者写写日记。两个人都是奋斗的状态，一直到该睡觉的时候。那一年，因为有母亲的陪伴，我很顺利地度过了，也考上了一个还算不错的高中。

到后来上了高中，不再住在小房间里，母亲依然没有放弃和我一起奋斗。每天回家后，饭桌上妈妈会和我一起聊聊工作学习上的事情。我去做作业后，她还是会去看书来丰富自己的视野。高三那年，我在学习，母亲也在学习。我在学习中遇到困难的时候，她总是帮我一起分析解决。她也时常会去看一些学习方法、教育方面的书籍，取长补短，告诉我一些学习的经验。

看到家中那么多的书，我想这也是母亲留给我的财富。她一直喜欢读书，也一直喜欢和我交流读书的体会感受。每次看着她的那些藏书，看到书上母亲留下的批注和感受，总觉得很有干劲。无论我做什么，总有母亲和我一起奋斗。到现在，我们有的时候还会因为同时想看一本书而争着去看。我想这是在有些家庭无法出现的吧。

一个人奋斗总比两个人一起显得单薄寂寞。精神的力量是可以传递的，尤其是当你的家人和你在同一条战线上共同奋斗的时候。当孩子在奋斗的时候，看到家长是一派安逸的景象，要么看电视，要么打麻将打牌，要么玩游戏，这种时候孩子一般都会有种不平衡的心理，总是想着赶快学完也来一起玩，那种学习的状态肯定不是一个最好状态。

永远欣赏我的母亲

很多孩子都很头疼的一件事情，就是好像永远得不到父母的认可。每次出去碰到别的孩子的父母，听到的永远都是自己的父母在夸奖别人家的孩子。每次和其他小朋友出现问题，父母都是批评自己而袒护别的孩子的。我何尝没有这种感觉呢？每次和别人一起吃饭的时候，别的家长总会夸我懂的东西多，成绩好，而父母永远都会说“哪里有，差得远呢”。每次和表妹在一起的时候，总是小姨小姨夫夸我，我爸妈则夸我表妹而“贬低”我。

其实这是中国父母的正常现象，如果时时刻刻夸赞自己的孩子未免也有点太张扬、太不收敛了。曾经我也觉得，难道自己真的那么差么？别的叔叔阿姨都看出来的事情，自己的父母为什么就是不认可、不表扬我呢？后来我才明白其中的原因。这个世界上最爱你的人永远是父母，毫无例外，只不过你没有发现他们对你的欣赏罢了。

我的母亲永远都是欣赏我的。

我特别喜欢去 KTV 唱歌，不是跟同学去，而是跟着父母去，这是很多人所不能理解的。和父母这辈的人一起去 KTV，那得有多么别扭啊，总之很多人是不可能做出这样的事情的。不过我特别喜欢和父母去，尤其和妈妈一起去。因为无论什么时候，妈妈永远都是我最热血的粉丝。我一唱就能唱三个小时，这三个小时里妈妈一般都在静静听我唱歌，给我鼓掌叫好，让我的自信心无限爆棚。每次在别人面前唱歌，我总会把这些人想象成和母亲一样的人，无论我唱什么，唱得怎么样，总会有人为我鼓掌叫好。

上初中那会儿，还在深圳的时候，我很喜欢每天晚上吃完饭就和妈妈一起在院子里面散步，一边散步一边聊我学习和生活中碰到的各种各样的事情。那时候，每次散步都是我一天中最期待的时光。因为每次和妈妈说出各种各样的话题之后，都会得到她的回应和认可。她总是喜欢说我的见解很独特，说我有自己的想法，很有思想。那个时候的交流实属难得，也实属快乐无限。

后来到了北京，有了手机，我天天都会和妈妈发短信交流。每次出成绩，或者是其他一些事情，我都会第一时间给妈妈发过去。而母亲在短信里永远都是鼓励我、表扬我、激励我再接再厉的话语，少有责备之词。上高中后，有时她每天都会给我发来非常励志的短信。当时看起来挺哭笑不得的，还和同学共享，让同学看我有一个多么极品的妈妈。现在想想，这也是母亲对我的欣赏、认可和关心。而在同学间广泛流传的这个妈妈形象，也让我觉得很自豪。

一直到现在，已经是大学生的我，总是会得到母亲的欣赏。我写的思想政治课论文，我自己都不想再读第二遍，母亲看完后赞不绝口，说我不愧是学文科的料子。之后的分数证明她是对的。每次完成班长的工作后，母亲看着劳累的我也会表扬我的工作做得好。包括这一次写作，我总是对自己的文字持质疑态度。母亲看了之后，觉得我写得好极了，很喜欢我的文字。虽然我不知道这是真是假，但是我知道，母亲一直很欣赏我。

我相信全天下的父母都是这样的。每个孩子都是世界上最独特的个体，如果母亲们能够更多地表达出对孩子的欣赏，也许会更好。作为一个女孩子，自尊心、自信心都是需要培养、需要得到肯定的。若母亲们能在这个时候用一些简单的言语鼓励孩子，那么将取得事半功倍的效果。

坚强的后盾

曾经，我还幼稚地把三种情感排成下面这种顺序：友情，亲情，爱情。这在现在的我看来，很不靠谱。应该是初中那会儿，还沉浸在被各种各样的朋友所包围的时候吧。后来慢慢明白了，最重要的永远是亲情，最坚强的后盾永远是父母。

家是最后的港湾。如果非要在父母中再说一个更加坚强的后盾，就不得不说是妈妈了。

在高三的时候，我们家的分工是爸爸负责物质供给，就是我天天吃喝学习所需要的东西都由他来提供，妈妈负责精神鼓励，就是我有心态上的问题了，觉得烦躁、踏实不下来的时候就和妈妈沟通交流。我记得高三大大小小的考试后，我都会第一时间给母亲发短信，及时汇报所有的成绩和排名。每次考好了，她和我一起分享喜悦，没考好，她也总会劝慰我不要太在意成绩，要分析犯的错误。那段时间，她告诉我最多的一句话就是，不管你最后考得怎么样，哪怕是失败了，还有爸爸妈妈和你在一起。这种精神的力量是强大的，尽管最后我还是败在了心态上，但是这种坚强的支撑力量帮助我顺利地度过了高三这一年。

上大学后，这种感觉更加明显。我是班里的班长，还是大一新生的班长，这就意味着会有各种各样繁琐的事情等着我去处理。在学校里，我觉得我有时是戴着假面具在生活，班长总是容易做出两头不讨好的事情。我没有地方可以抱怨，网络上也害怕被老师和同学看到，只能每天有心烦的事情就和妈妈打电话，总是打着打着就哭了。每次妈妈都是耐心地接电话，耐心地劝我坚强。每次周末回家的时候，她都会抱怨说我的电话快把她弄疯了。但是我知道，就算这样，她也永远是我的后盾。

再说这次的转专业事件。在是否坚持我的梦想这条路上，她最终选择支持我的梦想，放手让我去追求最初的梦想，并且也帮了我很多。记得那段时间，每次纠结的时候，都会给她打电话或者发几百字的短信给她，有时甚至是凌晨一两点的时候去骚扰她。她从没忽略我，而是每次都和我一起分析问题，争取找到方法解决问题。这次的转专业决定，如果没有她的推动，我可能还做不出来。妈妈的雷厉风行也是让我赞叹的。在转专业结果出来的那一刻，我哭了。在写纪念文章的时候，最先感谢的就是我的父母，尤其是我的妈妈。这次我明确体会到，什么叫做坚强的后盾。

总之，每个父母肯定都是会永远支持自己的孩子的。只不过，这样的支持，如果能更多地让孩子感受到就更好了。在这个社会里，孩子的压力越来越大，如果他知道总有父母的支撑，永远有个地方可以让他容身，那么他在做事情的时候可能会更加放松，从而能取得更好的成果。

母亲带给我的是什么？

母亲和父亲一样，对我有深远长久的影响。

最明显的一点是我的性格和人生态度。我是一个争强好胜的人，不甘落后，这一点和母亲很像。对胜负看得很重，所以每次在比赛的时候，或者考试的时候总是会非常紧张，容易发挥失误。只不过近些年来，随着年龄的增长和母亲态度的转变，我将所谓的胜负看得更淡了，只注重自己的积极向上就足够了。只要自己得到了锻炼，做到了最好，就可以问心无愧了。在人生态度上，就更加相似了吧——要活出女性的风采，实现自己的价值，做一个幸福快乐的人。

接下来就是兴趣导向了。我在纠结于转专业与否的时候，就跟母亲说过："您就是一个学文学的人，家里这么多年的氛围也是如此。小时候在您的影响下我接触到了历史就一直喜欢到现在，怎么可能让我改变想法去喜欢经济和管理这些东西。"从小就是母亲带着我去书店，任由我去看自己喜欢的书籍。喜欢书的兴趣爱好就是从那时候开始的。以后的日子里，买其他东西也许会被限制，但是买书从来没有被限制过。她也常常会看着我书房里那堆书发愁，"这么多书你咋看得完哦？"我只能暗笑，这不还是你培养出来的嘛。

在很多地方，她是榜样一样的人物。无论在学习上还是现在在大学里处理工作的时候，我都是以她为榜样的。女性的坚强和勤奋，我觉得她做得很好。

不过，她也有不足的地方。

最明显的一点，她觉得没有意义的事情就不想让我去做。举个例子，就是她在看韩剧的情况下，还指责我每周末看湖南卫视的那些综艺节目。她总认为她看的韩剧能告诉她很多为人处世的道理，而我看的综艺节目就是垃圾节目，除了乐呵一下就没有别的作用。因为这个，我没有少跟她发生过争执，每次都是不欢而散。她不能理解，就算是只能乐呵乐呵的节目，也有存在的价值，让我在紧张的学习中放松内心，这已经是它最大的价值了。上大学之后，每个周末晚上我会玩玩电脑、看看电视，这本来是多么正常的事情，她的固有观念就是这就叫颓废，因此也争过很多次。确实让我很头疼。

她对外在的重视明显不如对内在的重视。最近她一直在说这一点，说在我小时候没有着重培养我爱美这方面特点。每次看到表妹，还有她同事家的小姑娘，看着她们那种时髦的打扮，她总是会说太不注重我这方面的培养了。虽然有道理吧，我的确欠缺这一部分，但是人无完人，培养总是会有侧重点的，难免有遗漏的部分，何况她自身也不是那种天天研究穿衣打扮的人。

作为一个女性，我希望她自己能过得幸福，身体是幸福的本钱。她多年的劳累导致现在患上了肩周炎。每次看到她，我都觉得她一定很辛苦、很痛苦。其实她应该有属于自己的生活，属于自己的时间。为了我她的确付出了很多，为了工作也是，却也忘记了保护自己的身体健康。希望全天下的母亲，在为了家庭和事业奔波的时候，一定要照顾好自己的身体。

我的母亲是一个好母亲。虽然以后我俩的争执估计会不定时爆发，但是都不能掩盖她是一个成功的母亲这个事实。我很幸运，有这样优秀的母亲。

第五章 朋友一生一起走

本章精彩提示

1、**该矜持还是该勇敢？**很多女生会觉得交朋友很困难，没有朋友很孤独。其实不然，只要大胆一些，主动一些，就能交到很多朋友。在人生的不同阶段，我们会遇到各种类型的朋友，朋友不在多，在于互相珍惜的那份心意。

2、**异性之间有纯粹的友谊吗？**其实女孩和男孩多交交朋友没有什么不好。很多人都说，不相信男女之间会有纯粹的友情。这点我不敢苟同。友情就是友情，非常美好纯粹的东西，我和我的哥们就是这样的。

3、**网上交不到真朋友？**很多人会质疑网络的真实性，但我觉得网络上也能交到真朋友。高考后这几年在网上答疑的过程中，我认识了很多高中生，也认识了一些学长学姐。与网友的交流丰富了我的阅历，磨练了我的脾气，也交到了一些很好的朋友。

4、**朋友带给我什么？**和不同的人交朋友，我的视野开阔了，性格更加沉稳了，脾气缓和了，更加有包容性了；和朋友在一起，我学会了尊重别人，也得到了别人的尊重；和朋友的交往，让我觉得在这个社会中不是孤立无援的，尤其是遇到困难时，有人能伸手拉一把，不得不说是一件非常幸福的事情。

“朋友一生一起走，那些日子不再有，一句话，一辈子，一声情，一杯酒。朋友不曾孤单过，一句朋友你会懂，还有伤，还有痛，还要走，还有我。”

——周华健《朋友》

对我来说，朋友是？

对我来说，朋友是生活中不可缺少的一部分，也应该是我的战友。

但是朋友也有不同类型，有工作学习中的伙伴，有酒肉朋友，有闺蜜，有遇到问题就第一时间去骚扰的朋友，等等。

在人生的不同阶段，我们会遇到各种类型的朋友，朋友不在多，在于互相珍惜的那份心意。

一直很羡慕妈妈的那些闺蜜们，总是一起出游，去年国庆节还一起在河南旅游了几天。她们一起谈天说地，每次聚会都能从早聊到晚。在遇到事情的时候，总是能互相倾诉，每次打电话都是两三个小时的时间。我认为这就是朋友间的最佳状态，无论好事坏事都能一起分享。

但随着年龄的增长，发现这样的朋友确实不好找到，只能随缘了。妈妈也是在工作后才找到这样的朋友，我不着急。

从小到大，我对朋友的理解变化了不少，从玩伴到真正能理解我的朋友。从河南到广东再到北京，我碰到了不同的人，对友谊很有信心过，也迷茫过。从小学、中学到大学，对于友情的认识也有了变化，从最初认为的无话不说，可以生死与共，到后来的人常是多变的，没办法苛求对方。在我的成长中，朋友起到了很重要的影响。

下面从不同的方面来说说我对朋友的看法。

该矜持还是该勇敢？

很多女生会觉得交朋友很困难，没有朋友很孤独。其实不然，只要大胆一些，主动一些，就能交到很多朋友。在人生的不同阶段，我们会遇到各种类型的朋友，朋友不在多，在于互相珍惜的那份心意。

女孩不容易交朋友吗？

很多女生会觉得交朋友很困难，没有朋友很孤独，其实不然，只要大胆一些，主动一些，一定可以交到很多朋友的。这个就得发挥个人的主观能动性了，不能害怕，不能胆小。

自然而然就成为朋友的情况很多。比如双方父母本来就是朋友，那么双方的孩子见面时间长了，在一起玩的时间长了，自然而然就是朋友了。父母平时在外面和朋友交往的时候，也可以将孩子带去，认识更多的小朋友，拓宽他们的交友面。这种友谊的持续时间往往也很长，即所谓的故交。

在同一个环境下，日久生友情的情况也很常见。比如同桌，比如上下学都同路的同学，比如一起做一项任务的同学，比如班级里的班委们。我记得我和每个同桌都相处得很融洽，总能聊得非常开心，有事情都能互相帮忙。同路上下学的同学也是，每次在路上都是欢声笑语，旁边路过的学生看到都不免投来羡慕的眼神。小学时候，每次一起画黑板报的同学，都成了很好的朋友，每次画到很晚，总一起共享父母送来的食物，让我们的工作也变得轻松一些。

通过寻找共同爱好而成为朋友，这是我最擅长的事情了。我一直觉得自己在这方面很有心得。初中的时候，在跟班里同学还比较尴尬的时候，我就通过体育或者娱乐这样的话题，和其他同学寻找共同语言。比如一个女生，非常喜欢乒乓球，喜欢张怡宁，我正好在雅典奥运会的时候一直关注张怡宁，便和她攀谈上了，之后我们一直是很好的朋友。另外很多男同学都喜欢篮球和足球，我也会经常看体育新闻，所以就有共同话题和他们沟通，结果不久便混熟了，我还被他们尊称为“鲜哥”。

再说如何维持友谊。我觉得首先需要完善自己，尊重他人，获得别人的认可和尊重。

虽然可能很现实，但是现实就是这样，有一技之长或者在某个方面做得很好，总会引起更多人的关注，既可以增长自信，也可以获得别人的尊重。初中伊始和高中伊始，我都是靠着爱好兴趣广泛，同时学习成绩优秀，交到了很多朋友，其中一部分一直联系到今天，都是很好的哥们、姐们。在一个陌生的环境里，通过展现自己能力的途径率先让同学们记住，这不失为一个交到更多朋友的方法。而在让同伴们记住自己之后，不能摆出一副高高在上的样子，而是应该找到共同的兴趣爱好，积极交流。

其次，就是在交友过程中，一定要宽容至上。

我高一在模拟联合国认识的一个朋友后来高三的时候告诉我，她觉得我的包容性极强。因为她觉得她和我不是一类人，她是个学习上不图多好成绩、比较随性的人，我能和她一直保持着很好的关系到现在，她觉得我很强大。

包容在友谊中是非常重要的，不仅代表要容忍别人让你偶尔看不惯的地方，在你和别人发生冲突的时候也要放下芥蒂，尽力去和对方沟通和好。初中的时候，我和一个女生发生了一点误会，起因就是我在上学路上和她很讨厌的一个女生一起走了一段被她看到了，后来就冷战了一段时间，最后还是我跟她说了对不起，好几次都没话找话说，后来才逐渐和好。

然后，很重要的一点，切忌太过分以自我为中心。

既然都是人，那么肯定会以自我为中心，这点也是难免的。主观为自己，客观为他人，这点在大学也是被我们热烈讨论过的话题。

但在和朋友交往的过程中，太以自我为中心，放任自己，往往会让友情不堪一击。有的时候，吃亏是福。我在和朋友相处时，有时一些不经意的取笑、一些让我本来无法忍受的玩笑，我都会一笑而过，毕竟是朋友。在一些伤害到我个人利益的事情上，我也会睁一只眼闭一只眼。有些女孩子因为吃了一点亏，就念念不忘，不依不饶，最后友情也只能破碎。

我也经常为了友情上的问题哭，很多问题我都得自己去忍受，很多时候我都觉得自己为什么要受这样的苦。不过后来和朋友有说有笑的时候，我觉得那些忍耐都是很值得的事情，退一步海阔天空嘛。

和不同类型的人交朋友

“近朱者赤，近墨者黑”、“物以类聚”等等，这些话总会在家长的脑海中留下固有印象，孩子的朋友一定要是最优秀的、最好的，尤其是女孩子的朋友。

我觉得不然，孩子在成长的过程中，各种各样的人都会碰到，而到了社会上，更是鱼龙混杂的人都能碰到。在这个过程中，应该适应和各种类型的人交往，这样才算一个正常的成长过程，而不是一个被保护的过程。

和不同性格的人交往。每个人的性格不尽相同，锻炼孩子的包容性，就可以从这里开始。弥补孩子性格中的不足，这也是很好的方法。很热情的和很沉默的放在一起，有可能变成两个滔滔不绝的孩子。一个胆大的和一个胆小的在一起，两人的特点都能得到平衡弥补。

成绩绝不应该是决定因素。成绩好与不好，绝不应该成为朋友间交往的条件。记得小学的时候，父母每次问我朋友是谁的时候，都会问一句学习成绩怎么样啊。小的时候还好，后来再问到这个我都觉得很不耐烦。学习好又怎样，学习不好又怎样，只要人好，性格好，真心相待，那么都是我的朋友。我记得当时放学一起回家的一个男生和一个女生，学习都没有我好，甚至还差很多，但是我们都是很好相处的人，还按年龄排了辈份，一直都是很好的朋友。从他们身上，我也学到了很多，对待朋友真诚、用心，比所谓的成绩更加重要。

交朋友也要有底线。虽说应该广泛地交朋友，认识更多不一样的人，但是，当碰到让自己实在无法忍受的人时，还是应该避而远之。

我其实有一点男孩子性格，比较直爽，兴趣爱好也和不少女生不太一样，不过和女生相处还是不错的。但是那种小肚鸡肠、喜欢背后说闲话、议论别人的女生，我实在无法忍受和这样的人做朋友。

如果是实在不能与之为伍的人，那么就果断放弃吧。

我一直认为，做家长的在这个过程中，提提建议是可以的，但是不能强制孩子去做什么。对于涉世未深的孩子当然应该善意的提醒，但是强制孩子和谁交往，不和谁交往，实在不是明智之举。如果实在不好，可以多和孩子沟通解决。

异性间有纯粹的友谊吗？

很多中学生的父母，现在一听到孩子交异性朋友，还是会变得很紧张，生怕孩子在交往过程中发展出什么猫腻来。

其实女生和男生多交交朋友也没有什么不好。女孩子就算在小学、中学可以避免和男生交朋友，以后还是避免不了。很多人都说，不相信男女之间会有纯粹的友情。这点我不敢苟同。友情就是友情，非常美好纯粹的东西，我和我的哥们就是这样的。

和男生交朋友，我的目的挺单纯的。我不喜欢一些女生之间的那种小心思，觉得男生比较直来直去的，不会有那么多闲言碎语。和他们做朋友，感觉会很开心，也会有很多铁哥们的出现。我觉得在交往过程中，他们也没有把我当女生看待。

和男生交朋友，在我看来最关键的就是找到共同爱好、共同话题。一些女生觉得不可能跟男生成为朋友，原因就是男生喜欢的东西都不符合她们的喜好。而在我看来刚好相反，多去了解一些男生喜欢的东西，既开阔了视野，也交到了很多朋友。

至今我最难忘的就是初中的那群哥们儿。那时我在班上的外号是“鲜哥”。班上还有一个奇特的组织，就是“鲜帮”，那帮男生还专门把别的口号改了来当帮规。班上一半的男生都是这个帮派里的。其实能和他们成为朋友，也得感谢体育这个男生中永恒的话题。每天晚上回家吃饭的时候，正好赶上中央五台的体育新闻，我都会听着吃饭。而每天男生们讨论的话题也正好就是这个。每次讨论时我都能插几句进来，让他们觉得这个女生挺奇特的，也乐于跟我讨论下体育的事情。慢慢地，就成哥们了。

再到后来，上高中之后，我的膝盖因为暑假里脱臼了，行动一直不太方便，和班里同学相比也像一个异类，在班里也不敢和别人多说什么话。那段时间，我倒是真的感受到了没有朋友的痛苦。一次换座位之后，我同桌，还有后面的两个同学都是男生。已经没有什么信心再交朋友的我，偶然之间听到了他们在讨论足球，正好在问前一天比赛的比分，一向关注体育的我马上就说出了比分。他们都用很惊讶的眼神看着我，觉得这个平时不怎么说话的人竟然这么深藏不露。之后每次足球的话题我都会参与，他们每次踢球的时候我也都会在旁边看着，每次去朝阳公园踢球也都会叫上我去看。这些哥们一直到大学后也是经常联系的人，而且是我在遇到一些烦心事时会去倾诉去骚扰的朋友。

异性朋友在女生的成长过程中也是至关重要的，对于拓宽女生的兴趣爱好、塑造女生大气的性格有好处。家长在这种事情上不用那么紧张。

有时我们也会质疑友谊

所谓的迷茫阶段，在初三来北京之后，还有高二之后，以及上大学之后都有出现过。

刚来北京的时候，因为转进的那个班级都已经组建两年了，同学间都非常熟悉，我一个外地来的转学生，怎么可能在这里交到什么朋友呢？我和他们相处得还算不错，但有点貌合神离的感觉，只不过是同学关系罢了。初中毕业后，我和那个班的人还有老师同学就再也没有任何联系了。那个时候的我，也不知道为什么，也许是因为即将到来的中考吧，又或许是因为这个班级让我觉得难以融入，所以也没有试图去寻找志同道合的朋友。

在那个时候，我曾经想过，朋友到底是什么，到底在我心里什么才是真正的朋友？

之后的一次，就是高二文理分科之后了。那个时候进了文科实验班，就感觉到跟高一完全不一样的气氛，无论是人还是班级整体的感觉。班级里面学习氛围真的很浓，中午班上没有原来那种说笑打闹的场景，也没有谈天说地的场景，一进教室都是一片沉寂，要么是睡觉休息的，要么就是奋笔疾书在学习的。每次我都会不自觉回到原来高一的那个班去，在那里，各种欢笑打闹声让我觉得很舒服。因为这个也总有人说我没有融入新的集体。高二以及高三，我在那个班都没有能说说心里话、能互相倾诉一下的朋友，只有一些吃饭、问作业题能一起的同学而已。

也正是在那个时候，我得出了之后我跟很多高中生所说的，高中的友谊有的时候不能看得那么重。没有什么知心的朋友又怎样，该过的还是得过，高考面前，其他的都是虚的。

这些我现在看来真的是很现实的东西，不知道当时的我为什么会想到这些，也许也是对友谊产生了迷茫吧。

再后来，就是上大学之后了。在当新生班长的初期，我对大学有一种挺绝望的感觉。每次我给班里一些同学发飞信通知事情的时候，只要和他们自身相关的事情，他们绝对会第一时间回复并问这问那的。而和他们不是很相关的，即使我后面很诚恳地加上了请回复这样的字样，也总是没啥人回复。这让我觉得有一种人情淡漠的感觉。在这个时候，我对自己能不能在大学找到一个志同道合的朋友感到迷茫。如果说高中为了高考可以小小地忽略友谊的话，那么大学难道不是应该可以交到很多朋友么？

这几次迷茫，在我看来都是我对朋友这个词的定义产生了迷茫的时候，或者说我的交友标准比较理想化的结果吧。我总是希望能找到几个志同道合、互相激励、一起向前的朋友，有的时候也会因此被说成清高。

想告诉青少年朋友和家长的是，这种时期很正常，成长的烦恼也应该有在友情这方面的迷茫，只要适应了并及时调整自己，就不算是糟糕的境遇。

网络交友：熟悉的陌生人

曾经的我，根本不会在网上交什么朋友，qq 上的好友也都是现实中认识的人。

但是高考后的暑假一直到现在，我却在网上认识了很多人，有一些也成为了我心中很重要的朋友。

很多人会质疑网络的真实性，觉得网络上怎么可能会有真正的友谊，都是素不相识的人，在言语的伪装下出现在你面前罢了。那些人当作普通人聊聊就算了，没必要那么当真。

其实也不然。我觉得网络上会有真正的友谊存在。

什么是朋友？我觉得对于网友来说，一个好的倾听者，一个在交流过程中真心相待、能让你感觉到真实情感的，就是朋友。

高考后这几年在网上的答疑过程中，我认识了很多的高中生，也认识了一些大一的以及更大的学长学姐。给我的感觉就是，丰富了我的阅历，也磨练了我的脾气，同时也交到了一些很好的朋友。

这一年，我因为大学生活的不顺利而骚扰父母的次数慢慢减少，逐渐地，我也喜欢把生活中的不顺利告诉电脑屏幕那一端的网友。

我觉得，网络上的那些朋友有一个很大的优势，就是和我没有任何的竞争关系，而且就学习生活上交流，不会对我造成什么伤害。我不用担心他们会伤害到我，会透露我的秘密，会知道我的心事后对我有所不利。

也许这种朋友也是可遇不可求的吧，我们生活在现实中，对于什么事情都要辩证地看待。有网友是可以的，但是也不能当成生活的全部，毕竟只是网友，还是要注重现实中的交流和交往。但有意思的是，现在这个社会上，很多人在现实生活熟悉之前，恰恰是先在网上熟悉起来的。比如各大高校的新生群，新生们在网络上熟悉之后再到现实中见面，往往也会有不少成为很好的朋友。所以网络交友到底靠不靠谱，视情况而定吧。

不过在网络上，我也很注重自己的言行，即使有让我感到很受不了的时候我也不会发脾气，骂人更是不会出现。在网上面对那些陌生的人，也让我的脾气性格得到了磨练。可以说，更加富有包容性吧。

有朋与吾同行，不亦乐乎

最明显的一点，和不同的人交朋友，我的视野开阔了，性格也更加沉稳了，脾气也更加缓和了，更加有包容性了。朋友对我来说，成为生活中不可缺少的一个部分。

和朋友的交往，让我也发现了自己性格中的缺陷，也就是人性的弱点吧，也发现了原来自己是一个对别人要求那么高的人，是一个很自我的人。同时也发现了自己身上很闪光的点，就是很有包容性，真的是一个和事佬的不二人选。

即使在我对友谊最迷茫的时候，我也可以用以往的那些经验，和班里的绝大多数人维持一个比较和谐的关系。那种喜欢找共同话题的能力，也让有我在的地方绝对不会冷场。

和朋友在一起，我学会了尊重别人，也得到了别人的尊重。时到今日，很多同学在遇到烦心事的时候会来找我倾诉，包括平时看上去无坚不摧的铁哥们，大晚上都在聊的情况也很多，而我也乐于做一个倾听者和疏导者，替他们排解不开心的事情，甚至很多时候我自己也很不开心，却依然要劝慰他们。现在每次高中同学的聚会，我一定不会被遗忘。我不用费劲去组织，都会有人组织好了然后来拉上我。每次在吃饭的时候，他们都会让着我，让我坐最好的位子，帮我倒水。每一次聚会、聊天的时候，我们都会畅谈我们的故事，一片其乐融融的场景。

和朋友的交往，让我觉得在这个社会中不是孤立无援的。每次在需要了解一些信息、需要办一些事情的时候，我总能想到能帮助我的朋友，通过他们找到解决事情的最好方法，而他们也乐于帮助我。在茫茫人海中，成为朋友便是莫大的缘分。在遇事时，有人能伸手拉一把，这不得不说是一件非常幸福的事情。

和朋友的交往，我也得出了结论，有的朋友是可遇不可求的，要珍惜每一个朋友。像我妈妈的那些闺蜜，是很难求得的。我现在的这些朋友都是我的福分。志同道合的确是一个标准，但不是绝对的标准。有能够理解自己、倾听自己的朋友，此生足矣。

有朋自远方来，不亦乐乎。有朋与吾同行，亦不亦乐乎！

- 活力源于运动
- 刚柔相济，塑造好性格
- 重在参与，走向大气
- 人各有志，尽早立之
- 独立自主，生活更从容
- 做内心强大的自己
- 爱是一种回声

第二篇

Give your child a healthy body and mind

给孩子健康的身心

第六章

活力源于运动

本章精彩提示

1、**你愿意做“林妹妹”吗？**现在的女性，大多不再是大门不出二门不迈的家庭主妇了。她们要独立面对生活中的风风雨雨，要承担很多责任和压力。做到这些的前提是要有良好的体魄，而坚持运动则是活力的源泉。

2、**不要打压孩子“爱玩”的天性。**孩子小时候好动，喜欢玩耍，这样的天性应该被好好利用，而不是被打压掉。作为家长，应该从小培养孩子对运动的兴趣，引导他们养成健身的习惯，让孩子在以后的日子里继续坚持运动。

3、**运动带给我什么？**在运动中，可以锤炼意志，汗水和泪水磨砺了我的内心。在运动中，可以收获友谊，体育赛事和运动场上的帅哥美女是我们的共同话题，结伴锻炼让我们的心贴得更近。在运动中，可以寻找精神力量，那些世界冠军都不是一帆风顺的，找一个自己喜欢的运动员作榜样，会多一分精神力量。

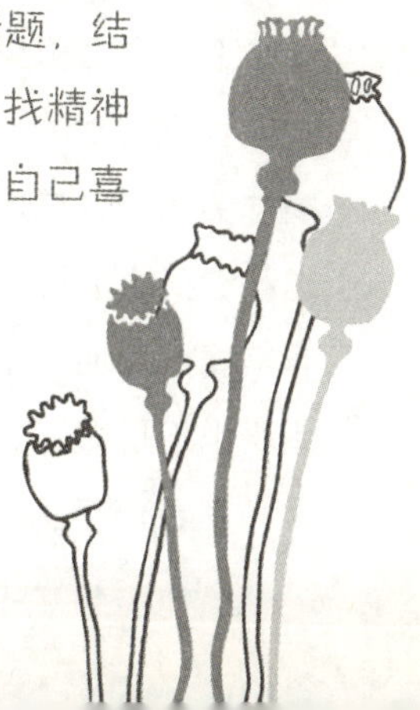

在写这一章的时候，正值伦敦奥运会期间，每天电视上都会直播重播各种比赛，新闻里对中国健儿的报道更是接连不断。这一章写作的前夜，中国游泳女队年仅16岁的小将叶诗文以打破奥运会纪录的成绩夺得了这次奥运会她的第二块金牌。谁说女子不如男，在运动赛场上，中国女将的表现让人们眼前一亮。由于我对体育的爱好，每次有感兴趣的比赛我都会守在电视机前观看，有时也会熬夜。平时自己也喜欢运动，或是散步，或是打球，或是游泳。这也是这一章的主题，培养孩子的运动意识和运动能力。

虽然当今社会有种阴盛阳衰的趋势，无论在学习还是在工作上，但是对于女性形象的认识，常会有一种错误的感觉——女性就是柔弱的，是经不起风雨的，这也与女性在运动健身这一方面的不甚重视有着很大的关系。

一提到运动、健身，我们总是会想到满是肌肉、很运动型的男性形象，而女性似乎和这个话题没有什么关系。事实上，近些年以来，女性越来越重视以运动健身来保持健康。在小区里，在健身房里，在体育场里，总能看到锻炼身体的女性身影。电视上养生节目的火爆与现实中对锻炼的重视，反映出女性对身体健康的日益关注。

现在的女性，不再是以前那样大门不出二门不迈的家庭主妇了，而是要独立面对生活中的风风雨雨，要承担很多责任和压力。林黛玉那样的形象，是一定承受不住生活中的这些事情的。再说一些女性，在工作上向来都是女强人的形象，很有能力，很得领导赏识，正是职业生涯的巅峰时期，但是往往因为一些疾病，不得不忍受着工作压力和身体不适的双重痛苦。

我觉得我的母亲也是这样的女性，工作上很有能力，干的也确实很好，意志力、精神头都十分充足，但是最近患上了肩周炎，原因就是天天在电脑前坐着，忽视了运动健身。她现在忍受着肩周炎的病痛继续工作，不能吹空调，不能吃一些东西，非常痛苦。现在母亲总会遗憾以前没有抓紧时间锻炼，也没有催我去锻炼，让我的体质也不是很好。

在我们学生时代，有一点很明确，身体是革命的本钱，没有好的身体，高考怎么可能成功度过？我见过不少因为身体状况不好导致不能顺利完成平时的学习，更严重的直接高考发挥失常，最后只能遗憾地告别自己的梦想。

重视运动，重视健身，是一种从小应该灌输给孩子的意识，也是一种应该从小养成的习惯。从一些小事中可以让孩子养成坚持体育锻炼的习惯，培养孩子对体育运动的兴趣，让娇弱的林妹妹越来越少，让健康成长的女孩子越来越多。

运动耽误学习吗？

这里又有一个纠结的地方——运动和学习，怎么在这两个中间找到一个平衡点，令很多家长头疼。很多人觉得，当然是学习更重要，运动这个事情，现在不运动也没关系了，反正高考看的也不是体育，而是文化成绩。在家长请家教补习功课、送孩子去各种各样课外班的时候，很多人会忽视了体育这方面，觉得花时间在这个上面是不值得的事情。但是事实并非如此。

每年到评“三好学生”的时候，就会有很多学生头疼自己的体育成绩。往往那些学习成绩全优的学生，有不少人体育都是刚刚合格，达不到“三好学生”的标准。每到这个时候，就有好多学生去求体育老师改一下分数，让自己顺利评上。我曾经也是这其中的一员。而北京中考里面加入的体育考试，也要算到中考总分中去，这让很多学生后悔以前没好好锻炼，到了初三还要花精力天天跑八百米，练习其他项目。高考里的体育会考，更使很多高三学生在紧张学习的时候，还要天天顶着寒风喘着粗气练体育。甚至到了大学里，大一上学期的田径课，都让很多女生感到痛苦，最后考试的时候也只能求老师给高一点的分。

这些都值得我们重视，体育是不能忽视的，不能被文化学习所掩盖。

作为家长，从小让孩子养成喜欢锻炼、喜欢运动的习惯是至关重要的。

首先，每天至少要给一部分时间让孩子出去运动。或者是和小朋友们一起玩耍，或者是骑骑自行车，或者是跳跳绳，或者是跟着大人出去散散步，总之这些户外运动都应该在每天的安排中。

我记得小时候，很遗憾的是，只有在父母认为可以的时候，我才能出去运动一会儿。很多时候，院子里的小朋友在玩耍、跳绳、玩球，我都只能在窗户边羡慕地看着他们。那时父母觉得当然是学习最重要，让我在家里踏踏实实写作业、看书、练琴。

但其实孩子每天需要一段这样的时间，不是疯玩，而是去锻炼。日复一日的运动计划，会让孩子逐渐养成出去锻炼的好习惯，到后来即使学习任务再紧张，也不会忘了锻炼身体。从小培养，也会让孩子的体质增强。

其次就是家长要参与到这些活动中去。家长的参与会给孩子更强的信心继续锻炼下去，而不是有一种自己在做家长不赞同的事情的不安感。和孩子一起散散步，一起骑自行车出去转转，一起打打球，都是很好的方式。

虽说我小时候家长对我运动意识的培养不算好，也没有给我多少空间去运动，但是平时总会一起去做一些运动。原来在深圳的时候，每天晚饭后我就会和妈妈一起在楼下院子里来来回回散步，边散步边聊最近发生的事情和自己的想法。慢慢地，散步已经变成了一种习惯。每天的这个时间我也很期待和妈妈的沟通交流。一直到现在，虽然我不常常和父母一起散步了，但是自己也会每天晚上下楼散步，听听歌，走走路，放松自己的心情。

还有的时候，我喜欢骑着自行车出去玩，有的时候是爸爸陪我去，有的时候是外公陪我去。记得有一次，让我觉得最了不起的事情，就是我和外公两个人，骑着自行车跑到十多公里以外的地方去了。一路上虽然太阳很大，虽然座椅不合适让我很难受，但是整个过程让我觉得运动真的是一件很快乐的事情，出了一身汗，看了一路的风景。

运动是件很好的事情，并没有和学习相冲突的地方。现在在大学里，家人也不会催着我去锻炼。我总是习惯在学校里面散散步，每次出去也都会步行。很多时候为了吃东西跑到最远的食堂去，同学都觉得太麻烦，我却认为多走两步也是一种锻炼。

再次就是不要打击孩子喜欢运动的积极性。

小的时候，孩子总归会调皮一些，总归会好动一些。人们常常喜欢给那些比较好动的孩子安上一个帽子——多动症。这让很多家长特别紧张，带着孩子去医院检查的也不在少数。但是事实证明根本就不是多动症，只不过是孩子的天性罢了。在这个阶段，如果让孩子觉得自己喜欢运动是一种病症的话，会让她的心里产生运动的阴影。为了避免这个所谓的病，她宁愿放弃运动，待在家里做乖乖女。在我看来，很多女生不喜欢运动的原因就是因为小时候父母教育女孩子就应该淑女，就应该知书达理，不能跟男孩子一样瞎闹。

虽然我小时候并没有太多的时间去玩耍，但是只要每次和小朋友一起玩耍、一起运动的时候，父母绝对不会来打压我的积极性，不会来干扰我，让我既参加了运动，又学会了如何和小伙伴们在一起交往，可以说是双丰收。那个年龄的孩子，如果被打击过几次，就会留下很深刻的印象，相应地在以后就会收敛自己的行为，以免再次受到打击。我很感激父母那时的支持。

孩子小时候好动，喜欢玩耍，这样的天性应该被好好利用，让孩子在以后的日子里继续坚持运动，而不是被打压掉。到孩子长大后再后悔当时没有加强锻炼，已经来不及了，因为不爱运动的习惯已经养成了。

运动意识还有运动习惯，从小的教育培养是相当重要的。家长要言传身教，以实际行动来支持孩子的运动。习惯成自然，在日后就不会出现问题。

谁说运动是男孩的专利？

说到运动，说到体育，其实小时候的那些玩耍只是最基本最初步的，毕竟还有个玩的意味在，对于强身健体也许起不到太大的实质性作用。如果想让孩子喜欢运动，还是要注重培养兴趣爱好。

现在的女孩子喜欢体育的比以前多了很多。每次讨论球赛的时候，男孩子们都会很惊讶地发现有些女生聊得比他们还开心。女生们现在也都热衷于看世界杯、奥运会，比男生的兴致一点都不低。可能有的人会说女生是伪球迷，因为更多看的是那些运动员的长相，而并不真正懂体育，也不会真的去玩这个项目。但是无论做什么，兴趣总是先行的。

有句话说的好，兴趣是最好的老师。无论做什么事情，兴趣是最关键的。没有兴趣，也许你可以硬着头皮去做，但是永远享受不到那份快乐。没有兴趣，也许你会做到很好，但是从长远来看，一定不会有别人做得好。对于运动这种可能要付出

不要打压孩子"爱玩"的天性。

孩子小时候好动，喜欢玩耍，这样的天性应该被好好利用，而不是被打压掉。作为家长，应该从小培养孩子对运动的兴趣，引导他们养成健身的习惯，让孩子在以后的日子里继续坚持运动。

辛苦和汗水的事情来说，有兴趣自然比没有兴趣要好得多，会让孩子享受到更多运动的乐趣。

在我看来，家长要培养孩子对于体育运动的兴趣爱好，送孩子去学一种或者两种运动项目，跟孩子一起看比赛、当体育迷，都是些好方法。

家长应该让孩子去学一种或多种运动，不求练得像奥运会冠军那样厉害，只是起到一个培养孩子兴趣、增加锻炼机会的作用。

在我二年级的时候，学校里开了乒乓球班，当时父母给我报名去参加。现在想想也就是一帮小朋友打打闹闹的，学学最基本的发球、步伐之类的。学完之后我打的还是不怎么样，只能说有个基本水平而已。但是那次学习让我对乒乓球产生了很大的兴趣，以后虽然不再学了，也会坚持和家人打球玩。到现在，虽然专业知识我不是很懂，一些术语我也说不明白，但是坚持打乒乓球锻炼却已经成了我的习惯。

游泳运动也是一样的。当时花了两个假期我才彻底学会蛙泳。学习的过程是很痛苦的，我也觉得自己根本不可能对这个鬼运动产生什么兴趣。但是后来，发觉自己由原来的只能游很短一段距离，变成能从这一头游到那一头，着实让我开心，对游泳也逐渐产生了兴趣。之后的每个暑假我都会时不时到游泳馆去游泳，那种在水里的感觉特别享受。

学习运动技能的过程可能是痛苦的，可能是没有太大收获的，但是只要通过这样的过程，培养孩子对运动的信心和兴趣爱好，就是一件很难得的事情。

另外，父母不应该排斥孩子看体育比赛，最好能一起看比赛。

有一种说法，就是女孩子喜欢的应该是娱乐、打扮自己等等这方面的事情，而体育运动恰恰应该是女生所排斥、是男生喜欢的东西。因此一些父母在看到孩子看体育比赛、看体育杂志、活脱脱一个小球迷的时候，总会想要打压孩子的积极性，让孩子的注意力从体育上移走。但是他们却忽略了一点，看这些东西证明孩子有兴趣，既然有兴趣就是让他们加强运动的一个机会。

拿我个人的例子来说，我喜欢看乒乓球比赛和羽毛球比赛。每次比赛里面出现漂亮的回合，我都会印象深刻，也想自己在平时锻炼中尝试一下。那种不自觉地想要模仿的心理，让我越来越喜欢这两项运动，也让我的水平得到了提升。

有的时候，家长也会跟我一起看比赛，边看比赛也会边点评一下。这种场景总是让我觉得家庭很和谐，也让我觉得喜欢运动并不是什么错误的事情，家人都是支持我的。

兴趣爱好比强制更有效果，无论在什么事情上都是这样。作为家长要坚持培养孩子的体育运动爱好。而作为女孩子，也不能因为一时的辛苦轻易放弃运动爱好的培养。

不要小看运动的力量

运动，不仅仅是强身健体的作用，对于女孩子的锻炼可谓是各方各面的，带来的帮助也是各方各面的。

1. 在运动中锤炼意志

前一章所说的钢铁般的意志，也可以通过运动来磨练。对于孩子来说，在运动中经历了汗水和泪水的洗礼，坚持到最后，就是一个很好的磨砺过程。

就用中考前辛苦练习八百米来说，那个时候我都觉得自己是个很坚强的女孩。因为本身体质的问题，在长跑的时候总是非常吃力。但是为了拿到满分，为了不给自己的中考总分拖后腿，我只能硬着头皮跑好每一次练习。记得在练习的时候，越到后来越是支撑不住。到这种时候，总是想停下来走两步，但是每次想想自己这么多年的努力，想想自己从深圳转到北京的不容易，想想自己的偶像张怡宁，想想妈妈这么多年跟我说过的坚持就是胜利的话，我就不能停下来歇着，必须加把劲冲到最后。也就是这样每次的刻苦练习，每次在快不行了的时候的自我鼓励和咬牙坚持，最后我还是满分通过了。那一阵子的练习让我觉得，自己真的是很有意志的女生。

可见在运动的过程中，我们也学会了不抛弃不放弃，学会了累了的时候也要咬牙坚持，让我们身上那种小女生的脾气慢慢被磨没了，换来的是我们更加坚毅的精神。

2. 在运动中收获友谊

在前面友谊的那一章节我也讲过，我在交朋友的时候，很多时候也利用了运动这个经久不衰的话题，让我和很多同学建立了友谊。

运动确实是社会交往的一种途径。我们看电视剧的时候经常会发现，那些公司的老板们都喜欢抱团出去打高尔夫球，在运动的同时也会谈谈生意、谈谈工作。在一片其乐融融的场合里面，心情自然也是很舒畅的，也会认识很多朋友。再看看网球、马术这些曾经的贵族运动，都是给原来的贵族们之间互相交流提供的一个机会。通过这些运动，人们能认识更多的朋友。所谓不打不相识，在运动中也一样，经常

The power of sport

运动的力量

在一起运动的人一般都是关系不错的朋友。男生那些一起打球踢球的伙伴，有几个不是勾肩搭背、有求必应的哥们呢。那些在一起讨论体育话题，或者花痴一下运动场上帅哥美女的女生们，有几个不是聊得来的朋友呢？

体育运动也是一个很培养孩子合作精神的途径。

无论是运动场上的伙伴还是运动场下一起聊体育的伙伴，都是运动带给你的朋友。在运动中，学会交朋友，懂得如何与人相处，学会团队精神，学会其他很多东西，这也是运动的另外一重魅力。

3. 在运动中寻找精神力量

追星是很多家长所排斥的事情。的确，在追星上面会花掉孩子很多时间和金钱，也容易沉迷。但是喜欢一个体育明星，并且以此为榜样，也能起到激励作用，这也是无可置疑的。

我最喜欢的体育明星是已经退役的乒乓球运动员张怡宁。她让我最佩服的地方并不是拿了多少次冠军，不是打球技术有多么的高超，而是她经历了低潮之后能够重新站起来的这份坚持和勇气。在2007年的世锦赛女单比赛中，张怡宁止步半决赛，而且是以毫无悬念的比分输给了比自己年轻很多的郭跃。那时几乎所有的媒体都倒向郭跃这个阵营，大嚷着张怡宁时代的离去，准备迎接女乒新的领军人物。就是在这种舆论压力之下，张怡宁为了自己的奥运梦想，为了在家门口拿下奥运冠军，依旧坚持训练，积极做康复训练治疗伤病，并且调整打法以适应女乒新的技术潮流。最后在 2008 年，在家门口拿到了那块奥运金牌。在 2007 年我也一度认为她会就这么消失在人们眼前，但是 2008 年她的强势回归，不得不让我对我崇拜的人又多了一份敬佩。她这种在低谷也不放弃的精神，让我一直受到鼓舞，即使自己因为学习或者因为和朋友交往出现问题的时候，我也不放弃希望，并忍受着痛苦，为了明天的美好继续拼搏。

很多人觉得自己缺少精神力量，其实在体育界中，那些取得了大大小小冠军的人，绝对不是一帆风顺的，也是经过了各种痛苦的磨砺。多看看体育比赛，多运动运动，找一个自己最喜欢的运动员作为榜样，并不是什么坏事，大家不妨去找找这样的精神支柱吧。

其实运动带给我们的远不止这些，其他的就让我们在运动中慢慢去体会吧。强身健体之外，运动常常会带给我们别样的收获。

运动，也是应该被家长所重视的，在文化素质的培养、性格品质培养的同时，运动的培养也应该进行。就像范晓萱那首很火的《健身歌》所提倡的一样，一起去健身吧，没有健康，其他的都是浮云。

第七章
刚柔相济，塑造好性格

本章精彩提示

1、**小女人，女强人？花瓶，“女博士”？**这四个词，乍一看，有好有坏，但是仔细想想，里面都包含着对女性性格缺陷的批判。在我心中，人的性格没有好坏之分，都是独特的。只不过，利用好性格中的优势部分，能够帮助我们更加顺利地得到我们想要的东西，做自己想做的人。

2、**微笑是最美的妆容。**每当我嘴角上翘、露出微笑时，我觉得这就是最美的自己。我乐观的性格也总能让朋友变得开朗。我一直相信，即使我没有众人倾慕的美貌，我的乐观、我的微笑，也能给我增添不少色彩。

3、**将善良进行到底。**做一个善良的人，也许会被别人嘲讽“伪善”，也许会被别人欺负，但是不能因此丢掉这个宝贵的品性。面对误解或嘲讽，有时我会觉得做一个善良的人太累了，但最后还是坚持下去，因为我想做我喜欢做的事，我不想因为别人的话就放弃。

有一种说法，叫做“性格决定命运”。这种说法认为，人的性格影响渗透到人的行为方式中，以至影响到人的命运。有一定道理，也有一定的理论支持。

在我心中，人的性格没有好坏之分，都是独特的。只不过，利用好性格中的优势部分，能够帮助我们更加顺利地得到我们想要的东西，做自己想做的人。

性格对于一个女生来说也是至关重要的。很多成功女性的性格都值得我们去借鉴，并取长补短。

下面就从不同方面谈谈我对女性性格的感受吧。

小女人，女强人？花瓶，“女博士”？

这四个不难见到的词，能给我们描绘出社会中广泛存在的几种女性形象吧？一想到形容女性的词，这几个就自动弹出了。

记得看过一个情景喜剧，叫《都市六人行》。里面有一集，名字叫做“小鸟依人”。男主角耗子为了显示自己男性的权威，找了一个叫依依的女朋友。这个女生就跟她的名字一样，是个小鸟依人的女生，说话细声细语的，都依着耗子。让耗子感觉很威风，满足了他的大男子主义。依依无论做什么都让耗子去帮她，下班了要接，晚上出去玩要陪，吃饭的时候要帮着夹菜，需要什么东西的时候让他去跑腿。最后耗子难以忍受，只能分手。

我觉得这就是很典型的小女人形象吧？心思非常细腻，非常依赖别人，非常妩媚谄媚，为了满足男性的大男子主义而显得很小巧玲珑并言听计从。

女强人更是常见。也是同一个情景喜剧中，女主角万珊就是一家杂志上海分社的主编。她在员工心中有绝对权威，是一个很威严的上司形象，办事雷厉风行，做事有自己的原则，将原本破败不堪的杂志社重新扶上正轨。她每天为了工作奔波，休息时间里也不忘看看心理学、成功学方面的书籍，思考着怎么提高业绩，怎么提高员工积极性，但她也有自己的苦恼，太过强势的她年满30还没有找到自己的归宿。

我觉得我的妈妈也很符合女强人的形象，而在我的潜意识里，女性就是要成为一个女强人才算成功，要有自己的尊严和事业，当然也要有幸福的家庭，这也是被家庭环境所影响的吧。

“花瓶”，近些年兴起的一个词。一想到这个词，我们总能想到娱乐圈中貌美如花的女明星。百度百科上，花瓶这一词条下的引申含义中写道：“花瓶无实用价值，只是杵在一个地方，稍不留意还会‘哐堂’一声打碎。就像美貌却无脑无能力的女人一样没有内涵。所以用花瓶来比喻同样美丽却无内涵的女人是再合适不过了。”同时她们也会有小女人那样的性格特点。

花瓶给我的感觉就是，容貌让人羡慕，但是内涵有待提高。如果可以让我选择，我不会愿意成为一个花瓶。

最后一个词，更是最近兴起的，女博士。我在转专业结束后，对以后的路就是打算一直念到女博士。结果迎来身边人的阵阵议论，有的人说：“世界上有三种人——男人，女人，女博士。”这种说法，也得到了一些人的认同。记得风靡全球的美国情景喜剧《生活大爆炸》中，像艾米、莱斯这样的智商爆棚但在生活中却有各种啼笑皆非的故事的女博士，实在让人印象深刻。这个词在我看来也可以形容那种智商很高、情商很低的女性，或者可以说是内在很丰富、外在很欠缺的女性。

读到博士对一个女性来说无可厚非，毕竟追求知识的道路没有什么错，不过在外在上，也是女博士们要注意的地方。

上面四个词，乍一看，有好有坏，但是仔细想想，也不得不说，里面还是包含着对女性性格缺陷的批判。虽然我一直觉得，每个人的性格不能用一个标准来衡量，都有各自的好，但是如果多展现出好的那一面，应该会为成长道路上减少一些阻力吧。

作为家长，对于自己的女儿，当然希望她有一个完美的性格，虽然这是达不到的，但力求全面吧，在发现问题的时候及时调整。

双性化性格之我见

有一种说法，是说将男性、女性性格的优点拿来，综合培养自己的女儿，以完善她的性格。有一定道理，要趋利避害，以达到最好效果。

一直不喜欢很多人的固有意识：男孩就是坚强如钢的，女孩就是温婉如水的。

在我看来，作为一个女生，刚柔结合才是最佳的状态。

记得在大一下学期，为了转专业后的一些事情，我和爸妈去见了北大历史系的两个研究生姐姐。其中一个温文尔雅，说话细声细语，很有古典气质。见到之后我爸就一直跟我说，看看人家姐姐那么淑女，你也跟着学学。这几年以来，这种话我都快听腻了，直接左耳朵进右耳朵出了。后来的一个姐姐就是一个很大气的姐姐，跟我的性格很像，说话大大方方的，比较豪气，很有思想。我就用这个姐姐做榜样回敬了我爸的唠叨。

我作为一个女生，虽然外表看上去大大咧咧的，很直爽，但是其实内心也是很女性的一个人，那种爱美的心思、细腻的一面，我也都有。

由此得出一个结论，决不能从外表判断一个人的性格如何。在没有仔细观察的时候，我们最好不要妄下结论。谁又能说一个外表看起来娇气的小姑娘内心就一定也是娇滴滴的呢，孰不知她可能有一个强大的内心！

做父母的也不应该随意指责孩子性格的缺陷，要注重观察，慢慢培养。有的话说多了只能造成物极必反的效果，再加上女孩子随着成长而出现的叛逆心理，接连不断的教育也许会让女孩往另一个极端发展。

最美的妆容：乐观和微笑

我不是一个擅长打扮的女生，也不是一个外貌倾国倾城的女生。我不是一个淑女，也不是一个成熟的女生。其实我自己明白作为女生，我有很多欠缺的地方。但是有一点，我可以肯定地说：我很乐观，我喜欢微笑。

如果有人问我，觉得什么时候的自己最美？我的答案也许就是很简单的：当我走在路上，微风吹过，吹起几缕发丝，我因为感到舒适而微微一笑，这个时候的自己是最美丽的时候。每当我嘴角上咧、秀出自己的微笑时，我觉得这就是最美的自己。

我们很容易发现，那些选美大赛的冠军，一般都不是容貌最漂亮的，而一定是性格最好、最乐观、最会微笑的人。演艺圈里面的明星也是如此，最受欢迎的也许不是外貌最棒的，但一定是常常挂着乐观自信的微笑。

人到中年，心态乐观、喜欢微笑的女性往往比那些天天愁眉苦脸的女性显得更年轻、更有魅力。当人们喜欢感叹女性保养能力高超的时候，往往容易忽略女性脸上一直挂着的乐观的微笑。

微笑是最美的妆容。

每当我嘴角上咧、露出自己的微笑时，我觉得这就是最美的自己。我乐观的性格也总能让朋友变得开朗。我一直相信，即使我没有众人倾慕的美貌，我的乐观、我的微笑，也能给我增添不少色彩。

乐观开朗，一直是我引以为傲的性格。我在朋友面前一直都是这样的形象。初中时的同学评语里就有乐观、阳光这两个词。尽管我的容貌不如他人，可能没有那么多所谓的追求者，但是在同学中、在老师中，绝对还是很受欢迎的。乐观的我，也总是能让别人感受到这份力量，能让我和朋友都变得开朗。

乐观的微笑在交际中显得至关重要。最常被引用的例子就是《红楼梦》中钗黛二人的对比。黛玉的美貌是众人一致认可的，但是整日郁郁寡欢、愁眉不展的她最后也只能在一片凄惨中离开人世，虽然有宝玉的爱，但是在交际方面的确做得不到位。再看宝钗，本身就是一位美女，再加上开朗的性格、乐观的态度，周旋于大观园上上下下，将园内事务处理得都很到位，和园内众人的关系也都维持在一个良好状态，最后名正言顺成为贾家的少奶奶。在做人上，宝钗确实远远胜过黛玉。

我一直相信，即使我没有众人倾慕的美貌，我的乐观、我的微笑，也能给我增添不少色彩，我的魅力也一定不输那些人。

用“坚”替代“娇”

这一节，标题就是一个字——坚，可以代表坚强、坚定、坚韧等等。

很多人都觉得，坚，应该是属于男性的代名词吧。我看绝对不是，女性一样需要“坚”。

当你跌倒了，拍拍土，重新站起来，这就叫坚强。当你在追求梦想的路上遇到了阻碍，遇到了迷茫，休整一下，不忘初心，继续前进，这就是坚定。再大的暴风雨，也不能摧毁你的意志，这就是坚韧。在我看来，拥有这些的女性，是美丽的，是值得敬佩的。

当我刚来到北京，进入一个新的环境，面临着初三的紧张学习，十分思念远方的朋友和亲人，十分怀念从前的生活，也会时常把头埋在被子里哭泣，但是哭泣解决不了任何问题。每次哭过后，我还是很倔强地抹掉眼泪，坐到书桌边继续学习。我要用我的坚强告诉所有人，我绝对不是你们眼中的弱者。后来每当有人听到这段故事的时候，都会佩服我的坚强，我也赢得了别人的尊重和赞赏。

上大学前，为了问到我们新生的宿舍区域，我在人人网上一个个向自己认识的师兄师姐提问。在骚扰了一个师姐好几次后，终于得到了确切的回答。开学后的一次例会，那个师姐当着很多人的面说我真是个执着的人。这只是一件小事。在专业上，可以说我更是一个坚定和执着的人吧。这次的转专业，虽然做决定很纠结很痛苦，手续很繁琐很头疼，但是到最后，我还是成功地克服了一切困难，坚定地去追寻自己最初的梦想了。在知道我的这一决定之后，让我惊讶的是，我周围的朋友们，没有像以前那样说出“历史专业出来能有饭吃吗？”这样的话，而是钦佩我的勇气和执着，成为了我的后援团。

最喜欢五月天的一首歌——《倔强》，里面有一句歌词，“我不怕千万人阻挡，只怕自己投降。”坚韧不拔的意志，也是女性所需要的。每次在写这个词的时候，我总会非常喜欢坚韧这两个字，这是让我觉得非常有力量、能激励我的一个词。英国政坛的风云人物撒切尔夫人，也是因她坚定不摧的意志、刚强的政治手段，被冠以“铁娘子”的称呼。

女性绝不应该用柔弱来装扮自己，柔中带刚才是最佳选择。

将善良进行到底

人性本善还是人性本恶，在哲学家的争辩中，从来没有一个定论。

不过在我看来，人性本善。而且作为一个女性，善良是天生的，是必不可少的。

特蕾莎修女是善良的代言人，她无私地帮助广大贫困人民的事例已经传遍全球。一个女性，将善良传递给每一个人，这种力量是值得赞叹的。

她说过：“即使你是一个友善的人，你还是会被有的人当成虚伪的人，但是你依旧要做一个友善的人。”这句话应该送给所有的女孩。

做一个善良的人，也许会被别人嘲讽“伪善”，也许会被别人欺负，但无论如何也不能放弃这个宝贵的品性。

高考后的暑假一直到现在，我自愿在网上给全国各地的高中生答疑，总结了自己的文科方法，在帖子里面留下了几千个帖子的回复。这个过程在很多人看来是毫无意义的，是白费工夫的，或者是炫耀自己的成绩的。我从来不在乎这些，我觉得自己的经验还是可以被借鉴的，所以我想传播给更多人。但是中间也不乏有人中伤我，有的人说我装模作样，有的人表面跟我和平相处，背地里却对我说三道四。这些伤害，每一次都让我痛彻心扉，觉得做一个善良的人太累了，要忍受这么多流言蜚语。但每一次，还是善良的心让我继续下去，因为我想做我喜欢做的事情，我不想因为个别人的话就放弃。于是，我一直坚持，如今已经一年多了。每次当我被帮助过的孩子表示感谢的时候，我都觉得很满足，这也是我的价值，不是么？善良，是我的法宝，不能丢弃。

不以善小而不为。珍惜你的善良，善良的你一定是美丽的。

性格是如何被塑造的？

影响一个人的性格有很多因素，家人、朋友、社会阅历等等。

最早的影响肯定是来自家人。前面提到过，母亲对我性格的影响很大，从小我就以她为目标，想要做一个女强人，她的坚定、勤奋都是我的榜样，而她确实也将这些品德通过生活中的一点一滴教给我。从小对我的严格要求、高标准要求，只为了让我以后能做一个性格健全的人。我觉得我的坚强、执着、坚韧都来自于家庭的熏陶。父母在性格方面给我做了很好的示范。不同的家庭，孩子的性格一定是不一样的。千金小姐和市井人家的女儿为什么会有所不同，答案也是很明显的了。

家人之外，就是朋友了。和朋友交往的过程中，一个人的性格会有很大的改变。在交友过程中，我们要学着放下自己，不要太以自我为中心，要考虑对方的感受，要以和为贵，要互相尊重，要包容对方，等等。让我感受最深的就是我的脾气变得越来越好。我珍惜我的每一个朋友，用包容心去面对个体之间的差异。

之后便是社会阅历了。大学就是一个小社会，来到这里，性格又会得到另外一重塑造。在新浪高考频道当高考专业填报志愿者时，我总会遇到这样的问题——“管理类的是不是要与人打交道，我不是一个外向的人，适不适合学这个？”面对这样的问题，我总是会回答：“大学是个大熔炉，无论你之前是什么性格，在大学里锻炼四年，到毕业的时候一定是另外一个模样。”之所以会这么说，是因为我这几年在大学改变很多。本来我也不是一个很愿意主动操心一些事情的人，也不愿意主动和不熟悉的人打交道，但是大一的班长生涯，让我改变了原来的习惯，变得更加积极主动，更加外向。我觉得我的“脸皮厚度”在大学里一定会不断变厚。所以，社会阅历也是影响一个人性格的重要因素，经历的事情越多，性格也会随之不断完善。

我还是坚持自己的观点——每个人的性格都是独特的，不能孤立地判断一个人性格的好坏。塑造一个更健全的性格，才是我们的任务所在。

第八章

重在参与，走向大气

本章精彩提示

1、**当班干部耽误学习？**担任班干部是走向社会的“学前班”。当班干部除了能锻炼办事能力，也能磨练一个孩子的性格，可以扩大交际面，是一个好处大于坏处的职务。何不让你的孩子去尝试一下呢？会有出乎意料的效果的。

2、**为何要鼓励孩子多参加比赛？**在我看来，要锻炼孩子的胆量，最有效的办法之一便是鼓励他们去参加比赛。每次比赛的经历都是宝贵的财富，让人知道什么是团队，什么是天道酬勤，怎样去克服紧张，如何面对成败……

3、**不参加公益活动？**你 out 了！公益活动，并不局限于形式，只要能表达自己的心意，为社会做一些事情，都是值得提倡的。在这些活动中，孩子的爱心和同情心会得到鼓励，也会让他们了解到自己现在的美好生活，更加珍惜生活中的点点滴滴。

人们常常会说，重在参与。其实对于孩子来说，在这个社会中，应该是必须参与，而且要把握住每次参与的机会。

这里说的参与，不单单指积极参与和自己有关的活动，也指积极地适应社会生活的一部分。参与是锻炼孩子的社会能力的一个重要途径。

我们不难发现，那些日后在社会中的成功人士，在青少年时期往往会积极参与到各种活动中。这些名人在青少年时期就在各种交际场所广泛出现，提前熟悉了社会生活，为以后的成功做好了铺垫。

我们也发现衡量现在孩子是否优秀的标准也在不断变化。在过去的很长一段时间里，很多人觉得只要学习成绩好的孩子就是最优秀的，但在后来，成绩优秀、同时热心参与各种社会活动的学生更被人们看重。我在翻看北京大学自主招生考试校长推荐名单时，发现被推荐的学生通常都是学生会或者其他大的社团的骨干成员，同时也是全校学习最优秀的那一部分学生。而在大学里这一标准更是明显，最受欢迎的一定是兼顾两个方面的学生。

女孩子通常比男孩子多了一分羞涩，胆子也会小一些，这就需要家长从小的教育开导，让女孩子也能自信从容地参与到各种各样的活动中去。

参与是生活的"通行证"

所谓的参与，如果是狭义，可以理解为参与一些社会活动，而如果是广义的，就应该是适应社会生活中的各个环节。

也就是说出去买东西、乘坐交通工具、出入各种公共场所等等这样的小事，家长也应该注意带着孩子去接触和适应。

在这一方面，我的父母也对我进行了教育，但是最后的效果，在我看来，并没有达到预期效果。

就买东西这件事情来说，在小时候我是从来不敢一个人去市场、超市这种地方的，而且也不敢自己去逛那些卖衣服的店面，只敢在学校外面的书报亭买点小零食。就连我最爱的书店，也是只敢在里面看看书，结帐都要等着父母来做。产生这种现象的原因我觉得有两个：第一是父母不放心把钱给我管理，从小就没有我来交钱的意识。第二就是我害怕和店员打交道。从小到大，买东西的时候都是父母出面，自然我就没有和店员打交道的机会，对于那些人，我自然是陌生的、害怕的。直到现在，我也没法像别的同学那样，很自然地跟店员交流，杀价更是我不敢想的事情，每次都是巴不得马上交钱、拿着东西就离开。

乘坐交通工具对我来说，一度也是困难。这个也不能怪父母没有教育，只能说曾经的我不需要乘坐那些交通工具就能够到达我想去的地方，所以，自然是欠缺一些。原来在深圳的时候，基本上所有的地方都能靠步行和公交车到达，不用打出租车，而且一直以来父母也不放心我一个人坐出租车。我对出租车的感觉也是害怕，司机看你是一个女生，说不定什么时候就使坏心眼把你拐走了。后来到了北京，在帝都的地盘上，很多时候都要打出租车才能到。刚开始还有爸爸妈妈可以跟我一起坐出租车，越来越大之后，只有我自己行动了。每次都是硬着头皮去打车，然后心惊胆战地坐回家去。几年过去了，现在才算可以正常地叫出租车了。这种情况，一是受到环境的影响，第二也是因为我的胆量不够，锻炼太少。

接下来在公共场所，包括医院、饭店等地方，这种日后肯定难免要去的场所，家长还是有必要从小培养孩子在这些地方的社会能力的。上大学之前，我很害怕一个人到餐厅吃饭，除了麦当劳、肯德基这样的快餐厅。家人也很费解我到底是怎么想的。其实我不是喜欢吃快餐，而是嫌其他地方要跟服务员说太多话，不如这种快餐厅只用说几句方便。说到底，还是害怕和别人交流。每次和父母出去吃饭，叫服务员、结帐，这样的活总是他们包揽，我自然不会有机会。不像我的堂弟，从小出去都是自己叫服务员，现在已经像个小大人一样，很自然就完成了。

以上这些日常生活中最普遍的事情，我在很长一段时间内都存在着障碍，这就意味着对于这些能力的培养还是至关重要的。这也是参与社会生活的一个方面。

重在参与，走向大气

记得在幼儿园的时候，我就参加过很多比赛，有广播体操比赛、有舞蹈比赛、有唱歌比赛、有讲故事比赛等等，每一次参加比赛对我来说都是一次磨练。其实小的时候还好，不知道紧张为何物，也不知道面子为何物。印象最深的就是唱歌比赛和讲故事比赛。为了唱歌比赛，还专门找老师去辅导，从声音到身体的晃动和动作，都指导了一遍。为了讲故事比赛，一遍遍模仿故事的磁带，争取做到惟妙惟肖，还自己设计了很多和故事相关的动作来增添效果。总之那个时候的比赛，只记得带给我很多快乐，还有很多证书罢了。

小学时候，参加过一些比赛，不过，最后的结果都不算好，也算经历了很多挫折吧。记忆最深的就是，有一次参加艺术节的唱歌比赛，歌曲是罗大佑的《童年》，是六个同学一起的，边唱还边有舞蹈动作。那一次的比赛，本来准备时间就并不充足，我们六个人之间还总是发生冲突，对动作和歌词的安排有不同的意见。我是负责找伴奏的，自以为是地认为找到的一定就是最合适的，也没有提前适应一遍。结果到了比赛的时候，放出来的不是伴奏，而是带有原唱的。更严重的是，我们的歌词和原唱的顺序也是颠倒的。最后我都忘了是怎么坚持唱完的，只知道下来之后大家都哭了。经过那一次，我知道了比赛不是闹着玩的，如果想要有一个好的结果，随随便便糊弄是绝对不可能做到的，团队的合作也是重要因素之一。

初中时参加的最重要的一次比赛，莫过于中学的“十佳优秀学生”选举。那一次的选举分成演讲、回答提问以及才艺展示。还记得比赛前那一周，我天天在家里走来走去，就为了尽早背熟演讲稿，并且能够用最自信、最响亮的声音告诉那些听我演讲的人。临比赛的那一天，我特别紧张，那个时候已经知道要面子了，已经知道不想在那么多人面前丢人了。后来就听到了不同版本的缓解压力的话，“把台下观众都当成动物”，“当成看不到你、听不懂你的人”等等。后来还是顺利比完赛，并且得到了“十佳优秀学生”这个称号。那一次，让我在全校都出名了，各年级的老师也都认识了我，副校长之后每次见到我都叫我“未来的外交官”（因为演讲里提到我的梦想是外交官）。那一次让我受益匪浅，也让我知道比赛过程是最值得回忆和怀念的。

比赛，我们所强调的一直都是重在参与。的确，很多太过注重结果的人，最后都没有拿到自己想要的结果。而真正享受了比赛过程的人，无论结果如何，若干年后，都会想起自己曾经奋斗的那段岁月。

参加比赛，锻炼的不只是胆量，每次比赛的经历都是我们宝贵的财富。我们知道了什么是团队，什么是天道酬勤，怎样去克服紧张，如何面对成败……

比赛，值得我们参与。

不做公益活动，你 OUT 了

还记得上小学的时候，每次捐款的时候总是有人捐出一千这样的数目。不知道是那个人自己攒的钱，还是父母出的钱，我都觉得很有爱心。以前捐款每次都是捐十块，当然也想捐一百来表达自己的心意，但毕竟还是学生，只能量力而行了。

虽然说捐的钱少，但也是自己的一份爱心。捐款、捐物这样的爱心活动，也是应该鼓励孩子多去参与的，即使每次只有一两块钱，也是告诉他们要有爱心，对待这个世界上的弱者要有同情心。

后来上初中之后，我和同班的其他三个同学一起，捐助贵州罗甸二中的一个初中生。每个学期我们会给她寄一百块钱的学费，并写给她一封信。虽然后来我离开了深圳，我那一份捐助她的钱还是在继续。在和这位山区姑娘的通信过程中，我也了解到山区孩子的辛苦，同时也明白了自己的生活是多么的幸福。

公益活动除了我们一般说的捐款捐物，当然还包括那些公益的社会服务活动。

原来在深圳的时候，每次寒暑假会有一个表格，要求我们做社区服务，然后让社区的负责人在这上面盖章签字。只不过那时的我还不敢去做这些事情，每次都是胡乱填一些事情在表格上，交上去了事。

后来来到北京，高中和同学一起去做了两次社区服务。同学联系到了社区，然后我们一起去那里做清洁工作。每次都是十几个同学一起，在四合院中打扫卫生，整理杂乱的物品。虽然每次做的时间都不长，但是和同学一起，而且是为了社区做一点服务，让我觉得非常满足，我也可以作出自己的贡献了。

在我看来，公益活动并不局限于形式，只要是表达自己的心意，为社会做一些事情，都是值得提倡的。孩子应该从小时候做起，从小事做起，不能因为怕麻烦就糊弄来完成任务。在这些活动中，孩子的爱心和同情心会得到鼓励，也会让他们了解到自己现在的美好生活，更加珍惜生活中的点点滴滴。这种参与，不得不说是很有意义的事情。

参与带给我的是什么？

各种各样的参与，丰富了我的业余生活，也让我学会了很多东西。

最基本的就是处理日常事务的能力，这就是我所说的最基本的社会能力。日常生活中都会碰到的那些事情，比如出门在外、吃饭购物等，这样的能力应该是最好培养的，而家长也最容易忽视这些能力的培养。不骄纵孩子的坏习惯，让他们融入到这些社会中再普通不过的事务中去，才是家长明智的选择。希望我在这方面的缺陷不会出现在别的孩子身上。

参与，让我明白了团队是什么。在当班干部的时候，我总是喜欢一个人单干，但是之后会发现这样做的低效率远远不如和其他同学一起。和同学、朋友一起参加的比赛，我的团队就是他们。而当我一个人参加比赛的时候，我的团队就是我的家人。只有团队里的各方面协调得当，我们才有可能获得成功。

参与，让我明白了责任是什么。人们都说，无事一身轻松，无压力一身轻松，无责任一身轻松，但是这些都是我们生活中不可避免的。曾经的我一心以为，班干部就是当官了，就可以发号施令来命令别人了，却不知道班干部要比其他同学承担多一分的责任。当班级运行出现问题的时候，班干部是被首先问责的人。无法承受这种责任的人，也就不适合做一个班干部。

参与，让我知道了社会中的压力，也明白了父母的辛苦。无论是班干部、比赛、还是公益活动，都让我感受到了社会中的生活。当班干部就是社会上工作的一个缩影。如果连班干部这样简单的活都做不好，以后的工作中还不知道会遇到多大的困难。我在大一这一年的班长生涯中，感触最深的就是，大学真的是个小社会，已经很复杂了，不知道在社会里打拼了那么多年的父母是怎么熬过来的。比赛更是告诉我，成王败寇，适者生存。社会中，很难有什么重在参与的事情。让孩子提前在比赛中，用自己的能力来对抗比赛的压力，最终得到属于自己的结果，也算是一个提前演练了。至于公益活动更让我理解到父母的不容易，现在生活中我所拥有的一切都是父母辛苦工作得来的，我没有任何理由胡乱使用这些资源。

参与，也让我更加珍惜现在的生活。俗话说，知足常乐。我们有时会觉得自己不快乐，其实是你没有发现你的幸福之处罢了。参与到社会生活中，你就会发现，自己原来被父母保护得这么好，你离危险还很遥远。参与到社会生活中，你就会发现自己的条件已经非常好了，没有任何理由再抱怨什么。参与到社会生活中，你就能理解父母的压力，明白他们对你的苦心栽培。参与到社会生活中，你就知道自己还有太多需要磨练的方面。总之，参与到社会生活中，会让你更加珍惜美好的生活。

重在参与到社会中去，注重参与的过程，你一定会有意外的收获！

第九章 人各有志，尽早立之

本章精彩提示

1、**女孩立志要趁早。**女孩容易陷入困惑，尽早确立自己的志向也就意味着尽早确定自己的人生方向，尽早开始为了自己的未来做准备。立志是自强的第一步。在追求志向中所遇到的一切都将锻炼女孩的品性和能力，只有坚持不懈的女孩，才能到达梦想的彼岸。

2、**贤妻良母是志向吗？**志向确实是一个需要经过反复斟酌、需要做出各种取舍的东西。成长过程中，也许我们会因为各种各样的原因，志向发生变化。但是无论如何，能带给自己努力奋斗的动力、能让自己过得幸福快乐、能实现自己价值的志向就是好的。

3、**家长应该发挥何种作用？**实现自己的志向，最关键的因素在于自身，家庭的力量也不可忽视。对于家长来说，需要做到的有两点：一是及时和孩子沟通，对孩子进行指导。二是做好后援团，如果在孩子坚持梦想的路上，家长总是充当阻力，那么对于孩子来说无疑是沉重的打击。

成长过程中，我们会无数次遇到这样的问题，你的目标是什么？你的梦想是什么？你长大后想当什么？从一开始兴致勃勃地回答，到后来逐渐厌倦回答，再到后来发现这几个问题的答案不是一样的，再到后来发现每个时期的自己，对这些问题的回答也是不一样的。

燕雀焉知鸿鹄之志，这句话一直流传至今。其实无论是燕雀之志，还是鸿鹄之志，都是志向。人各有志，我们也无法指责对方的志向来抬高自己。只不过作为家长来说，当然希望孩子能够飞得更高。

作为新时期的女孩，尽早确立自己的志向也就意味着尽早确定自己的人生方向，尽早开始为自己的未来做准备。

女孩当自强，立志便是自强的第一步。在追求志向中所遇到的一切都将锻炼女孩的品性和能力，只有坚持不懈的女孩，才能到达梦想的彼岸。

关于如何立志，家长对孩子志向的影响，以及如何实现自己的志向，我将在下面谈谈我的看法。

科学家还是国家主席？

我们不难发现这样一个现象：如果问小学生“你们以后想做什么呀？”这样的问题，那么得到的答案大致集中在几种职业上——“我要当科学家”这个恐怕是最普遍的，然后就是“我要当老师”、“我要当医生”等等。当然“我要当国家主席”、“我要当军人”这种答案也是常见的。而到了中学乃至大学，学生的目标将会更加明确，像科学家、国家主席、军人等等答案，也越来越少。

从我自己的亲身体会来说，人的志向是会变化的，尤其是随着年龄的增长和对社会的认知不断增加，对于志向便会有不同的看法。在成长过程中，我们经历的在不断变多，我们的心智在不断成熟，曾经那种随大流喊出的科学家已不再是我们的目标，曾经觉得好玩喊出的国家主席更已经是过去的玩笑了。

人的志向也受到家庭环境影响。我从来不指望自己成为一个历史学家的志向被一个理工科世家出身的孩子所理解，我们也不能苛求一个从小锦衣玉食的孩子去理解一个农村娃一心要赚大钱来养家的志向，而像一些孩子的志向，比如老师和医生这样的职业，除了自己的爱好，家庭影响应该是最关键的了。

志向应该是自愿的、是自己感兴趣的、是可以为之奋斗的，而不是被要求的、随大流的，也不应该是为了完成家长未完成的梦而定下的。我一直为那些不知道自己想要什么的孩子感到遗憾。只有自己真心喜欢的东西，只有自己愿意为其付出所有的努力的志向，才是最后能够达到的志向。被强加的志向，就算日后成功了，也总是会觉得缺失了什么东西吧。

2012 年、2013 年高考结束后，我都在人大的贴吧里发了个报考咨询贴子，以供当年的考生来询问有关专业的事情。每次我都很耐心地解答这些师弟师妹的问题。但是，有一个让我很哭笑不得的问题，就是他们的目光大部分集中在金融经济，都集中在“就业”二字。不少人的问题都是如下这样的：“我这个分数和省排名，能不能上金融专业？如果上不了的话，能不能转专业去金融专业？如果转不了的话，能不能辅修或者修双学位修金融专业？再不行，能不能跨专业考研到金融专业？”第一次看到这样的问题，也许还觉得这个孩子很执着，但是看到一个又一个的师弟师妹问出同样的问题，我就很疑惑，立志金融，真的是他们自己的想法么？还是说，因为就业、因为父母、因为社会潮流呢？曾经也是高考考生的我，很理解一些人的想法。我考了一个高分，就应该选一个配得上这个分数的大学和专业，自己真正的志向也可以为此让步。虽然现在的大学专业和未来的就业并不一定是对口的，但是我还是觉得惋惜。很多人本来可以坚持他们最初的志向，却因为家庭、社会的原因而低头，尤其是那些并没有受到物质条件限制的孩子。

志向确实是一个需要经过反复斟酌、需要做出各种取舍的东西。成长过程中，可能会因为各种各样的原因，我们的志向发生变化，但是无论如何，我都希望每个孩子确定的志向是真正能为之付出努力的，也是能激励他们不断前进的动力。

不同因素催生出的志向

一个女孩子志向的确立，和她自身、家庭、社会都有着不可忽视的关系。

在立志这个事情上，我觉得也是一件很纠结的事情。

就我自己来说，小学一年级的时候，也曾经随大流喊过一段时间的科学家，后来改成远大的目标——国家主席。之后在找到自己热爱的历史之后，在很长的一段时间内，一直以历史学家作为我的目标。初一的时候，因为看中央电视台的希望英语比赛，对英语产生了浓厚的兴趣，以至于想成为一名外交官。但来到北京之后，还是重拾了历史的梦想，一直坚持到现在。

从我自己的经历来看，真正认识到自己想要什么，是需要时间的。而确定自己想要的东西就是自己的志向，也是需要时间来检验的，而且志向确实会发生一些变化，但这并不意味着我们就要随着时间的流逝顺其自然的发展。确立自己的志向，并随着时间的发展不断调整才是上策。如果在确定自己足够了解这个东西，并且经历各种磨砺之后，依旧坚持选择它，那么就把这个当作自己的志向吧。

对于家庭来说，要积极引导孩子尽早确立自己的志向。而且家长发挥的应该只是建议指导的作用，绝不是强拉硬拽的角色。在孩子小时候，应该让孩子接触到各种各样的事物，让他们在这些东西中选择一样作为自己的志向，而不应该根据自己的喜好，一味地给孩子灌输。我很感谢父母在我小时候让我接触到了音乐、美术、文学、历史等等美好的东西，并且让我四处走走，见识社会的百态和各种各样的人，也让我后来确立了自己历史学家的志向。

对于孩子确定的和家长喜好存在矛盾的志向，家长应该站在客观的角度看待，而不是直接强迫孩子改变方向。家长应该多和孩子沟通，了解孩子内心的想法。在经过一段时间的观察，确定孩子的决心和执着后，应当给予让步。在我选择历史这件事情上，我很感谢父母最后给予了支持。文科生中，热爱历史、志向历史的不在少数，交流过程中，信誓旦旦说自己一定会选择历史专业、成为历史学家的不在少数，但是真的选择过程中，家庭的阻碍力量是强大的。很多家长因为历史和自己心目中理想的职业根本不搭边，就直接切断了孩子的这个志向。我的父母虽然觉得这个也不太符合他们的想法，但是在这么多年对我的了解以及我的决心那么坚定的情况下，他们选择了支持我的志向。我也很幸运能有这样理解我的父母。

社会的潮流和社会上的言论，对于一个孩子立志也有深刻的影响。

前面所讲的那些一心冲着金融、财经而去的孩子，我相信没有几个不是受到社会大潮的影响。面对这些，我认为，一个有判断力的孩子，应当结合实际来考虑自己的志向。如果和自己想要的符合，可以接纳，但是如果不是自己喜欢的，也就没有必要看重社会上的言论。毕竟三百六十行，行行出状元。记得在自主招生考场上，考官问我想学什么专业的时候，我还是坚定地说出："我想学历史，想当历史学家，即使社会上都说这个会没饭吃，但我相信只要学得够好够精，一定会有好的出路。"最后转专业的决定想必让很多人咋舌，也很不符合社会潮流，但是，谁又在乎这些呢？自己的志向终究是属于自己的。

多接触各方面的事物，寻找自己所感兴趣的、所想要从事的行业，参考家长、社会的意见，根据时间的流逝和自己的情况来作出调整；在没有物质条件限制的情况下，遵从自己的内心，走自己想要的路，过自己想要的生活，确定属于自己的志向，我想这才是立志的必要步骤吧。

贤妻良母是志向吗？

我觉得能带给自己努力奋斗的动力、能让自己过得幸福快乐、能实现自己价值的志向就是好的。

曾经我觉得，如果一个女孩的志向就是"嫁个有房有车的好男人"这样的话，我会觉得有点可笑（当然现在觉得当时的自己太自恃清高了）。在我看来，这种依附于男人和孩子的生活，实在没有意义，太颓废了。

在新时期，这样的志向也被不少家长所排斥，认为太过传统了，现在的女性就应该和男性一样，有着远大的志向。如果一个女性从小的志向就是这个的话，也就意味着要把自己的命运交给还不知道什么时候出现的人主宰。这对于一个从小到大要面临各种各样不同压力的女生来说，确实是一个不太适合的志向。

但是后来和不同的人接触多了，也接触到了一些以家庭主妇为志向的同学，我觉得其实做家庭主妇的志向和想当一个女强人的志向都是一样的，这完全是个人选择的问题。不同的人生态度，得出的志向自然就是不一样的。想要成为家庭主妇的人，她们就是觉得自己以后的生活应该是相夫教子的，这样做挺有意义的，能做好一个女性应该为家庭做的一切，也是实现了自己的价值。

不过对于还处于青少年阶段的女孩，我觉得就把志向定于相夫教子，有点为时过早了。想要成为一个成功的家庭主妇，首先自己得有这方面的素质，然后要碰上一个对的人，其实是一个自身能力还有机遇的要求。以这个作为自己学习的动力，未免有些不符合实际了。

在青少年时期，还是应该去体验各种方面的事情，而不能将自己陷在家庭主妇这个志向中。

但是归根结底，我认为，选择什么志向并没有对错。我的这些观点，只是希望所有的人都能选择一个适合自己的志向罢了。

实现志向的路，我们该如何去走？

这个就是一个大话题了，立志之后，实现志向的路绝不会是一帆风顺的。想要实现自己的志向，走到成功的彼岸，肯定少不了汗水和泪水。

实现自己的志向，最关键的因素在于自身，而家庭的力量也是重要的。

从自身来讲，我觉得有以下几点：

1. 要把自己的大志向化作生活中的一个个小目标

前不久记得在贴吧看到一个吧友问了一个感到困惑的问题——“我觉得大家很可悲，为什么那么多人将自己的志向、自己的梦想定为考上某个大学呢？这样是不是太短浅了，或者说太浮躁、太现实了？”其实，这个困惑也是现在很普遍的一个现象。在底下的回复中，有的人是无奈的，说是教育所迫。有的人显然懒得搭理，有的人回复的意思就是——志向、梦想是大的，而考上这所学校是实现这些大目标的一个小目标。

实现自己的志向，这样大的任务不是一天可以完成的，我们需要的是将之细化为一个个小目标。只有这样，才能让我们有不断完成目标的成就感，也增强了我们的自信，让我们一步步迈向自己的梦想。

其实每个阶段的学习，每次考试，中高考，大学里的每一步，工作里的每一个任务的完成，都是我们的小目标。要学会设定眼前的目标，只有这样，那个远大志向才不是那么虚无缥缈，不是那么遥远。

古语有训，“不积硅步，无以至千里；不积小流，无以成江海。”对于我们的志向来说，亦是如此。

2. 要有钢铁般的意志

无论什么时候，一定要坚定自己的意志，相信自己一定可以做到，无论遇到了什么阻力。而且一定要相信，自己的选择没有错，无论他人说什么。

明星向来是一个备受争议的群体。很多人觉得他们的成功很偶然，觉得他们的成功有潜规则的暗中帮助。其实不然。我们所熟知的很多明星，都有一段属于自己的奋斗史，他们的意志也是异常坚强的。

因为主演《还珠格格》而被观众所熟知的赵薇便是其中之一。在出演《还珠格格》、《情深深雨蒙蒙》等琼瑶的经典作品后，她少有新的代表作出现。她主演的电影票房惨淡，一度被称为“票房毒药”。但是她并没有因此放弃自己的事业，也从来没有停止过学习奋进的脚步。她相信自己选择的事业是正确的，她也坚信自己一定可以再创辉煌。在《画皮》这部电影中，她娴熟的演技被观众所认可，票房也创下了纪录。后来的几部电影也都有不错的票房。现在她也以第一名的成绩完成了北京电影学院导演系研究生的学业，第一部电影也在紧张拍摄中。这位小燕子格格，用她坚强的意志挺过了困难时期，迎来了事业的又一个高峰。

体育界中这样的女强人也不少。乒乓球界向来都是一个盛产女英雄的地方。奥运冠军王楠，奋战在乒乓球赛场上多年，观众早就已经习惯了有她出现的赛场。北京奥运会，她惜败给自己的师妹张怡宁，以银牌的结果结束了自己的职业生涯。之后爆出的一条新闻让我们惊叹——原来她在几年前被查出患有癌症，但依然为了自己再次站上奥运会赛场不断拼搏，正常训练。这个秘密在她这些年的刻苦训练中一直被保密着，从未被曝光过。她的故事让我们感到振奋，也让我们看到了女性依旧可以坚强如钢！

3. 执着地去追求吧

五月天的《倔强》中唱到：“我和我最后的倔强，握紧双手绝对不放。”对于自己的志向，对于自己的梦想，我们也应该有这样的倔强，有这样的执着。

其实我一直都是一个很注重别人看法的女孩。我会去在意别人对我外表的评价，对我观点的评价，对我行为的评价，对我性格的评价，等等，而且一度也很在乎别人对我梦想的评价。不过在经历了专业的选择后，我也明白了，你和你所做的事情又不是人民币，为什么要求每个人都去喜欢呢？就是人民币还有人不喜欢呢。

总是会有人要对别人的志向作出点评，所以对于我来说，这样的点评也就不足为奇了。关键就是能在别人的议论中、能在社会的压力中继续走下去，这才是能够达成梦想的执着。

我相信，海伦凯勒在尽力学习写字、说话的时候，肯定有很多人劝她放弃，劝她不要过得太累，作为一个残疾人不需要这样，但是她没有放弃自己的梦想，还是一直坚持练习，最后还通过了大学的学习，写出了《给我三天光明》这样的传世好文。我也相信，特蕾莎修女在行善的时候，肯定有很多人提出过质疑，但她还是执着地做着自己喜欢的事情，一直为贫困的人提供帮助，提供自己的善心和温暖。

我也相信，我执着追求的梦想，一定也会是美丽的。尽管会有人来鄙夷我的梦想，来打击我的梦想，但是执着是我对抗外界干扰的最佳法宝。

对于家长来说，需要做到的有两点：一是及时和孩子沟通。家长要及时了解孩子最近的动态，对孩子的目标和志向有大概的把握，通过自己的社会经验对孩子进行指导，但绝不是打击孩子，而是提供自己的建议，让孩子做到更好。如果孩子的志向在这个时候未被家长重视，那么日后出问题的时候，家长自己的着急自责以及孩子的指责都会让家庭陷入窘境。

第二便是做好后援团的工作。我的父母便是很好的后援团，他们会在我需要的时候出现在我的身边，及时了解我的困惑，为我扫除路途前方的迷茫，告诉我，我需要做的就是不顾其他、一直向前。家长的鼓励对于孩子来说还是非常需要的。如果在孩子坚持自己梦想的路上，家长总是充当阻力，那么对于孩子来说无疑是很严重的打击，会丧失一份强大的支撑力量。

有志者，事竟成。确立自己的志向，并为此奋斗，无论是孩子还是家长，都会收获良多。

第十章
独立自主，生活更从容

本章精彩提示

1、**娇滴滴、脆弱，就是女生的代名词吗？**女性要想摆脱弱者的形象，需要从小培养自我管理的能力，树立自强自立的观念，以免日后成为新闻中那样的“齐全哥”，要争取成为全面发展的“女汉子”。

2、**认识自己是自立的前提。**家长应该帮助孩子认识自己、了解自己，只有真正认识到自己的不足，认识到自己的需要，才能逐步培养起自控能力，才能更好地规划自己的人生。

3、**家长要学会放手。**家长总会觉得孩子还没长大，又觉得女儿一个人出去放心不下，孰不知孩子已经悄然长大，有自己的想法了，也有自己的处世经验了，该放手的时候就应该放手。在身后指导，比代劳一切更有意义。

还记得2010年开学季闻名全国的“齐全哥”么？这是武汉科技大学的一名新生，“14包行李要10名志愿者帮他扛上去。更雷的是，他连毛巾都带了7条，卫生纸带够了4年用的。”这是新生志愿者对他的描述。这位家里人的宝贝儿子，在5名家人的陪同下一进校园就引起轰动，连83岁高龄的奶奶都坐着轮椅前来为他“助阵”。

记得高三的时候，我们在一次自主招生的培训课上，语文老师就拿出了这个素材让我们分析。大家的观点大同小异，这个新生的自立自理能力太差，家长太娇惯了。这也映射出当今社会上很普遍的一个问题，高分低能，尤其是自立自理能力低的学生层出不穷。

90后的一代，可以说各方面条件都比前辈要好得多，父母家人都会尽力保证孩子有好的成长环境，孩子除了学习就不用操心家里的其他事情了，但随之而来的就是这一代孩子的独立意识和自理能力的缺失。这一现象比80后更加严重。

在大学新生报到的时候，我们都能看到身后跟着的爸爸妈妈，这一现象本来无可厚非。孩子到外地上大学了，以后见面机会就少了，家长担心也是很正常的，自然要看到孩子安顿好了才安心。孩子东西多家长帮忙拿拿也是人之常情，只是像这样过分的“齐全哥”的确让人惊讶。作为大学生，已经成年的人，做出这种像幼儿园入学时候的事情，让人觉得教育的确有不足之处。

对于这种现象，很多人会怪罪于家长的溺爱或者孩子的娇生惯养，其实社会也要承担一部分责任。独生子女在家里必然是集全家宠爱于一身的存在。家长、社会的观念，都在应试教育以及激烈的社会竞争中，变成了以学习和工作能力来考察一个孩子的成败。在独立意识、自我管理能力的培养上，明显处于忽视状态。很多家长，在我看来，都巴不得替孩子去学习了。

孩子吃饭的时候，在一边端茶倒水、挑鱼刺剥虾皮；孩子做作业的时候，在旁边盯着、送吃送喝；孩子去考试，家长反而更加紧张；孩子出门了，要叮嘱这个叮嘱那个。在家里，家务活永远不会有孩子做的份儿。无论什么情况，孩子都是第一位的。我们这些90后就是生活在这样的环境之中，自己全然不觉，直到一定年龄之后反观自己的这些年，也不得不说有些过分了。

在这个应试教育高于一切的年代，我们无法去批判教育体制的问题，也无法尝试靠一己之力突破应试教育的牢笼，而是应该在从小对孩子进行文化、艺术素质培养的同时，加入对独立意识和自我管理能力的培养，以免日后成为新闻中那样的“齐全哥”，争取成为各方面真正全面发展的齐全哥。

自理自立，从娃娃抓起

有一个例子也许早已被中国的家长和孩子们听腻了，那就是对比中国家长和外国家长的例子，中国的孩子摔倒了，家长们都心疼得不得了，赶忙去看看摔坏了没有；而外国的家长会让孩子自己站起来，不会显得那么着急。其实随着时代的不断发展，中国家长的这种行为也慢慢变少了，渐渐都知道了孩子跌倒了应该自己爬起来，而不是被家长扶起来。我家小区院子里的孩子挺多的，家长们早就不再是原来那样骄纵了，孩子们也都学会了自己坚强地站起来。

然而，我觉得这只是一个开始，中国家长的路还很长。一旦培养独立意识和自理能力与学习产生冲突的时候，我相信绝大部分家长会给学习让路，放弃对独立意识和自理能力的培养，而这一点，才是产生这一系列问题的关键。

而对于女生来说，这方面的能力向来比不过男生，以后在面对风风雨雨的时候，也比不上男生的坚强面对。也许是被意识形态灌输得太严重了，在我心中，男生就是应该独立能力强，能扛得住事情，能经得起风雨的。而女生，娇滴滴、柔弱、脆弱，就是她们的代名词。所以，对于女生的独立意识和自理能力的培养显得至关重要。女性要想摆脱弱者的形象，需要从小时候做起。

1. 从最日常的小事做起

摔倒了家长不管，让孩子自己爬起来，这个只是小事中的一件，还有其他很多可以锻炼孩子能力的事情。

关于喂饭这件事情，我觉得三四岁之后，就不应该再继续了。我认识一个小女孩，四五岁的时候每次吃饭还总要劝着喂，我总觉得很别扭。记得在我四五岁的时候，早就不需要别人喂，家长给自己一碗饭、一碗菜，要求我吃完，我就乖乖地自己去吃了。

还有就是睡觉的事情。孩子和父母一起睡，或者和保姆一起睡，这是现在很多家庭里的常态，到了小学甚至还是这样，这样会对孩子造成很严重的影响。我也许

家长要学会放手

家长总会觉得孩子还没长大，
又觉得女儿一个人出去放心不下。
孰不知孩子已经悄然长大，
有自己的想法了，
也有自己的处世经验了，
该放手的时候就应该放手。
在身后指导，比代劳一切更有意义。

可以现身说法一下，到小学了我还是和姑姑一起睡。这直接导致姑姑不在的时候，我就不敢睡觉了，或者非要开着灯睡觉，总感觉不安全，直到后来才慢慢缓解了。孩子以后一定会过上寄宿生活的，在这方面家长要抓紧时间培养。

再有就是穿衣、叠被、个人卫生的问题。家长首先要给孩子做一个好榜样，告诉他们应当怎么做才是最规范的。军训的时候，总能看到一些孩子叠被子七扭八歪的，远远达不到豆腐块的水平。当然家里不用那么规整，至少也要干净整洁。曾经看过一个电视剧，家长为了让孩子专心学习，穿衣服、整理个人卫生这样的事情都直接被家长包揽了，孩子到了外面，只有被嘲笑的份儿，最后还是不得不纠正过来。

2. 不娇惯孩子的脾气性格

小女生总是容易娇滴滴的，这点在小的时候更是明显。一般总会看到小女孩在商场里面哭，原因也许就是父母没有给她买心爱的东西。

父母有的时候必须狠下心来，也许就是一件很小的事情，但是也要贯彻不骄纵孩子的方针。

我觉得最有必要做的一件事情就是让孩子知道，哭闹是解决不了任何问题的。每当孩子遇到困难的时候，哭闹总能让父母伸出帮助的手。每当孩子想要一个东西、想做一件事情，而家长觉得不合适的时候，哭闹也总能让父母妥协。长此以往，孩子的独立意识和自理能力何以培养？始终都是在父母这棵大树下乘凉的孩子罢了。到了社会上，哪里会有这么多人帮着，当所有的遮挡都没有了的时候，孩子又该如何自立自强呢？这些都是值得家长们思考的事情。长痛不如短痛，要让孩子知道靠自己。现在一时的不如意也只是小事，总比日后吃大亏来得好。

还有就是，放开孩子，不要包办他们的一切。从小就要培养孩子的独立能力。出去买东西也好，上下学也好，让他们自己前往。在外面吃饭、买东西，都让他们自己和店员沟通交流。总有一天，孩子会自己去面对社会上这些日常生活中必须的交流。如果到长大了之后才发现还欠缺这些能力，实在是说不过去了。

学习上一样需要独立

在高考后这几年在网上和高中生们交流的时候，我发现一些我认为理所应当的事情，他们竟然觉得很难做到，最明显的就是自控能力这个方面。他们觉得自己很难管理好自己的时间，很难控制自己不去做和学习无关的事情。对于我来说，这个没有什么难做的，学习本来就是自己的事情，如果自己都不能管理好，难道期望父母能帮你去考试吗？

从小记忆最深刻的就是老师说的，要养成独立思考的习惯，要独立完成作业，要独立……独立两个字，在学习中和生活中同样重要。这两个字，也是考察一个学生能力的标准。小时候的评价手册里，我们都喜欢在自我评价那栏写上能够独立完成好作业这项，也喜欢看到老师评价我们是独立的孩子。

我觉得家长在孩子的学习中，扮演的应该是背后支撑者的角色，绝对不是参与者的角色。即使是特级教师，也应该给孩子留出独立思考学习的空间。小的时候曾经有姑姑帮我检查数学作业，总能发现大大小小的错误。但是到了学校，要考试的时候总会觉得心慌、没有把握，原因就是少了那一层的检查，我也容易犯低级错误。当然这一点大多数孩子都会慢慢调整，因为父母不会一直帮你学习到大学，总会有帮不了你的时候。而陪做作业这种现象可以持续一两年，但是慢慢的，家长都应该放开手让孩子自己去锻炼。很多家长怕孩子管不住自己，其实阻断他们的诱惑来源比家长一直在背后盯着更加管用，家长也应该相信孩子。

而在学习上的自我管理能力，家长要帮孩子一起建立。很多高中生在跟我交流的时候，让我帮他们制订具体的学习计划。每次听到这样的要求，我都觉得未免太过分了，自己的学习怎么能让别人来规划呢，何况还是根本不清楚他们情况的陌生人。后来才知道，不是每个人都把列计划管理自己的学习当作理所应当的事情，不少学生都是学一天过一天，很难有什么具体的管理计划。

在这点上，家长应该帮助孩子认识自己。独立、自立自理都包含着很重要的一点，那就是了解自己、认识自己，只有真正认识到自己的不足，认识到自己的需要，才能做出最适合自己的规划。这种能力的培养还是需要家长的帮助的，至少要告诉他们，想要提高就必须认识自己。

另外在自控能力差、管不住自己这种问题上，家长也要该出手时就出手，不能给孩子留下上瘾的祸患。我曾经对上网很感兴趣，导致做作业不认真，虽然没有影响到成绩，但是父母还是把电脑移到了他们卧室，保证我能有一个安静专心的学习空间。

学习上的独立意识很重要，自我管理亦是如此。可见，自立自强不仅仅适用于生活，人生中处处都需要这种能力。

如何让孩子更加独立？

在独立意识和自理能力这方面的培养上来说，我个人的经验有很欠缺的地方也有值得借鉴的地方。在这个年龄回头看看过去这些年，觉得有些地方的确做的很不到位，相信也是现在很多家长欠缺的或者头疼的，特别拿出来谈谈我的看法。

1. 对于学生来说，学习好和能力强一样重要

曾经，我也是这样的想法，而且在我的小学到高中时代，至少都是这个看法。上大学后，渐渐觉得自己有些地方真的不如别人，究其根源，也许就是我的自理能力还有欠缺。

当家长乐此不疲地将自己的孩子送往一个又一个培训班的时候，当坐在周末培训班里的孩子年龄越来越小的时候，我总感觉应试教育的影响也越来越深刻了。而与此同时，陪着孩子一起上课、一起回家、一起思考作业的家长也多了起来。我也可以想象到，家里的一个个小公主的生活会变得更加美好，掌上明珠们在学习的同时，享受着家里最好的待遇，洗衣做饭、打扫卫生这些东西和他们也就没有什么关系了。

不过到了后来，有一些事情让我觉得挺丢脸的，于是也就自己学着去做做家务，至少要会做。在班里打扫卫生，看到别的同学抹桌子、擦窗户、扫地拖地都是小菜一碟，这种时候是我最尴尬的时候。到高中的时候我也总是回避拖地的任务，因为觉得做不好太丢人。

其实洗衣做饭、个人卫生、打扫这类的家务，在家里家长注意教一教孩子，并不是什么难事，比学习还是要简单多了。就怕家长转换不过来学习至上的意识，排斥孩子做家务这类事情。

在开始教育孩子学习、文艺培养的同时，这种能力也应当一起渗透，绝对不能在小时候就给孩子造成一种只要学习好就等于其他一切都好的印象。

2. 要帮助孩子培养一颗勇敢的心

横在很多孩子学会独立、学会自立自理面前的一个困难，往往都是勇气不足，也就是胆子小。而在我看来，那些很独立、很坚强的女孩子，也是很有勇气的。

我觉得我姑姑做得不好的事情，就是太过于强调这个社会有多么危险，提防之心过重。这样的结果就是我从小胆子就小，走在路上都害怕后面突然杀出个坏人来把我绑架走了，还要时不时回头看看。

这种心态导致我在小学开始那几年，都不敢自己去上学，必须要有人接送，父母来不了就要找别的叔叔阿姨来。到后来知道社会没那么可怕才敢自己走这条路。

我也不敢一个人睡觉，不敢一个人在家里过夜，总觉得在睡着的时候会有坏人出入房间。我不敢一个人去买东西，去和店员交流，总觉得自己不会说话，自己笨，不敢去等等。其实这些都是再普通不过的事情了，没有足够的勇气，还是不敢迈出那一步。

家长一定要多鼓励孩子，至少让他们知道，他们可以做到这些。而且也不要过分讲社会上有多少坏人，让孩子从小就有一种恐惧感，不敢和陌生人交流。从小多让孩子一个人出去，如果觉得不放心，跟在后面看着也可以，总比一直都替孩子做这些事情好得多。

3. 家长要放开双手

我记得最惋惜的一个例子，就是我中学一个朋友的事。她高中本来可以考去市里最好的一所中学读书，但是就因为家长觉得市里太远，回家不方便，家里不好照顾，于是选择了近处的一所教学远不如那所市重点的中学就读。结果学习也不再像以前那样优秀，最后只上了一个普通的大学。如果当初家长放手让她去市里上学，那么结果肯定会不一样。也许所谓的高考高分对于她来说没有那么重要，但是家长的做法的确让她失去了很多机会，失去了锻炼自己的机会。

有可以锻炼孩子的机会时，家长应该放手，不要觉得孩子还小，觉得孩子还不能适应，就一直保护着孩子。像寄宿生活，像孩子独自出去旅行，像参加夏令营，都是很好的锻炼机会，不能因为家长的担心而阻止孩子参加。

今年春假，我终于一个人到上海旅行了一次。感觉就是，一个人其实没有想象中的那么可怕，都已经这么大了，如果还没有这样的经历，其实也是挺遗憾的。在一个人旅行的过程中，设计路线、查找交通饭店等各方面信息，都是需要自己来操心的。从过去那种依赖父母到今天可以独立出游，这种锻炼机会真的很宝贵。

家长总会觉得孩子是没长大，又觉得女儿一个人出去放心不下。孰不知孩子已经悄然长大，有自己的想法了，也有自己的处世经验了，该放手的时候就应该放手。在身后指导，比代劳一切更有意义。

自立自强，自立是前提。现在不锻炼这些能力，总有一天家长和孩子都会发现问题所在。与其亡羊补牢，不如未雨绸缪。

第十一章
做内心强大的自己

本章精彩提示

1、**坚持不是固执。**坚持了不一定能成功，不坚持就一定会失败。这里说的坚持，更多的是一种习惯的培养，并不是特指对某个事情的坚持。

2、**坚持与计划有关吗？**也许很多人觉得计划和坚持、意志没有什么关系，他们忽略了计划带给我们的累积性。计划不仅仅是对一天的规划，每天的计划相当于在提醒我们要坚持去做一些事情，这样长此以往才能一直坚持下去做好。

3、**精神的力量有多大？**精神属于文化层面，属于意识层面，对我们的行为有指导作用。耳濡目染和自己阅读中所得到的这种精神力量，比我们想象中的还要强大，让我们勇往直前。强大的精神支撑，正确看待别人的言语，对于增强我们的意志也起着不可忽视的作用。

一提到意志两个字，总会想起许许多多的成功人士。从小到大，他们的成功事迹也一直是教育我们的标杆。意志如钢铁，也是被提倡的。

曾经我觉得，无论是谁都应该具备这样的品质，无论做大事还是小事也都需要这样的品质。因为我的家庭就是这样，我从小接受的培养也是这样的。意志坚定，坚持不懈，这就是我这些年学会的。可慢慢接触的人多了，才发现并不是所有人都是这样的。

几年跟高中生的交流让我发现，三天打鱼两天晒网是很多人的通病。有的时候我也只能很无奈地跟这些人说，怎么做我已经说明白了，你自己醒悟不了别人也帮不了。像坚持到底、意志坚定这样的品质，从小就应该养成的。很多人喜欢说，我就是坚持不了，就是不喜欢学习，就是做不到一心一意。很多时候，对于这样的同学，我只能祝他们好运。我不是一个喜欢说狠话的人，但是面对缺失坚定意志的学生，我觉得他们的结果也不会很好。

在小的时候，女孩子比男孩子更容易出现这样的情况，学东西容易三心二意，想到什么做什么，没有持久性。身边有些小伙伴就是这样，今天要学唱歌，明天要学跳舞，后天要学下棋，没有一个准心。如果在这个时候，家长任由她的意愿发展，那么很有可能最后一事无成，还会养成做事三分钟热度的坏习惯。

长大后，孩子在学习上总会碰到各种各样的困难。懂得坚持的孩子，会自觉地完成学习任务。而不懂得坚持的孩子，会很难适应这种生活，第二天早上到学校补作业，丢三落四的毛病也会表现出来。

到了大学以及日后的工作里，面对更加复杂的社会，疲倦灰心的时候，低落的时候，意志坚强的人会努力挺过来，即使最后结果不好，也会问心无愧。而意志不坚定的人，可能早就已经放弃了，甚至会做出极端的行为。

意志和自信一样，我们总是觉得说起来容易做起来难，那是因为我们已经形成了习惯，形成了思维定式，在这个年龄如果想去做出大的改变，恐怕也是很困难的事情。张爱玲说："出名要趁早。"在教育方面，习惯培养也一定要趁早。

在意志方面，我也不知道自己算不算一个意志坚定的人，不过在经历过这么多事情之后，虽然我可能做不到什么事情都坚强积极地面对，但是至少在一些应有的习惯上做得不错。这应该得益于父母从小的教育和培养。

坚持就是胜利

从小我最熟悉的两句名言，其中之一便是“坚持就是胜利”。坚持是否真的能够带来胜利，在未坚持之前我们谁也无法预测。我发现很多学习有困难的高中生都喜欢问这样一个问题，“坚持了，努力了就一定会有好成绩吗？”这里我并不想说他们是急功近利的，这种想法在应试教育中也是难免的，只是他们在还没有坚持的情况下问这样的问题，未免有些说不过去。还是那句话，坚持了不一定能成功，不坚持就一定会失败。

这里说的坚持，更多的是一种习惯的培养，并不是特指对某个事情的坚持。

在去上课外班的时候，家长要告诉孩子坚持就是胜利。记得我小时候，学过英语、画画、舞蹈、电子琴，这些在条件允许的时候，我都是兼顾着学的，从来没有中断过。直到后来上了小学才有选择地舍弃了一些。每次喊叫着不练了或者要放弃的时候，父母都会软硬兼施让我继续坚持下去。久而久之，我就明白，做一件事情，不是你耍性子不做就可以的，既然选择了，就必须坚持下去，再苦再累也要坚持。家长在这样的时候也不能心软，看到孩子哭闹就放弃培养。到孩子大了的时候，回头看看，总会很高兴自己因此有了可以拿得出手的一技之长，是会感谢父母的。更重要的是，他们会发现父母帮助他们养成了一种坚持到底的好习惯。

小时候养成的习惯是很重要的，一直会影响我的学习以及日后的工作。在大学当班长看起来没什么，但是大一的新生总会有接连不断的琐碎事情要去处理。在这个过程中，我也很多次想过要放弃，要辞职不干了，因为当班长是一个两面不讨好的活，有的时候同学不理解，老师还要批评你办事不力。每次不开心了和爸妈打电话的时候，爸妈的话都是一致的，坚持吧，这一年总会挺过去的。虽说每次流眼泪都很难过，但是之后该做什么我都会继续去做。因为这是我自己选择的，我必须坚持下去。就算看到别的班的男班长辞职，我也没有想过辞去职务。既然选择了就有一份责任在，再说我已经很久没有做过中途放弃的事情了，打心底我是鄙视想要放弃的自己的。这种习惯让我撑过了大一，到现在能够顺其自然地放下这个职务，并能问心无愧地说，我坚持到底了，也收获了很多东西。

还有其他很多事情可以用来锻炼孩子的耐力，培养孩子学会坚持的好习惯，比如让孩子从小坚持写日记，无论内容如何，每天坚持写。这样也许感觉有些机械，但是久而久之，孩子就会发现自己已经形成了习惯，每天都会不由自主地去完成这个任务。

从小开始培养孩子的习惯，对于形成坚强的意志力有着重要的影响。养成一种好的习惯，对我们今后的学习生活都会有好处。在注重培养文化素养的同时，这方面的培养也不容忽视。

学会雷打不动地实施计划

到现在我做什么事情的时候，总是习惯拿出一张纸，把每件事情列出来，然后写上完成时间。也许每次并不能规矩地按照计划做完这些事情，但是总归心里还是惦记着这些事情，总不会忘了或者忽略了这些事情。

其实我并不擅长列计划，每次被父母催着列计划的时候总是愁眉苦脸的，因为我觉得有计划在总感觉不舒服，每次做计划总是不能全部完成的那种感觉也很不舒服，所以每次我都会到最后一刻才去列计划。而现在很多学生，一说到计划也是一头雾水，不知道应该如何下手去列这个计划。更何况列出来了，能不能执行又是另外一回事情了。

但是有一点我能做到，就是计划中要做的事情，我肯定会在规定时间内完成。无论我多磨蹭，多拖沓，总会完成这些任务。如果完成不了，内心的不安和谴责会让自己很难受。我一直把这一条当作保证自己学习成绩的重要因素。即使有因为看电视、上网耽误掉时间，但是该做的作业，该复习的东西我都不会落下，如果完成不了我就有一种罪恶感。这也是从小父母教育的今日事今日毕的影响吧。其实我觉得这也是所有学习好同时其他娱乐活动一个都不少的学生的习惯吧，该做的事情，无论如何都会完成掉。

计划分长期、中期和短期。我个人觉得最有用的还是短期计划，最好是细化到每天每周的计划。父母要教会孩子如何去列这样的计划，而不是随性而为。

首先要把每天必须做的事情列出来，比如作业、练琴、日记、阅读等等，然后根据自己的空闲时间将这些事情插入进去，最后要根据自己每天不同的情况作出符合实际情况的调整，而不是将这个计划摆在那里当空头文件。

作为一个计划来说，在孩子小的时候，比起一板一眼按照计划实施，更重要的是

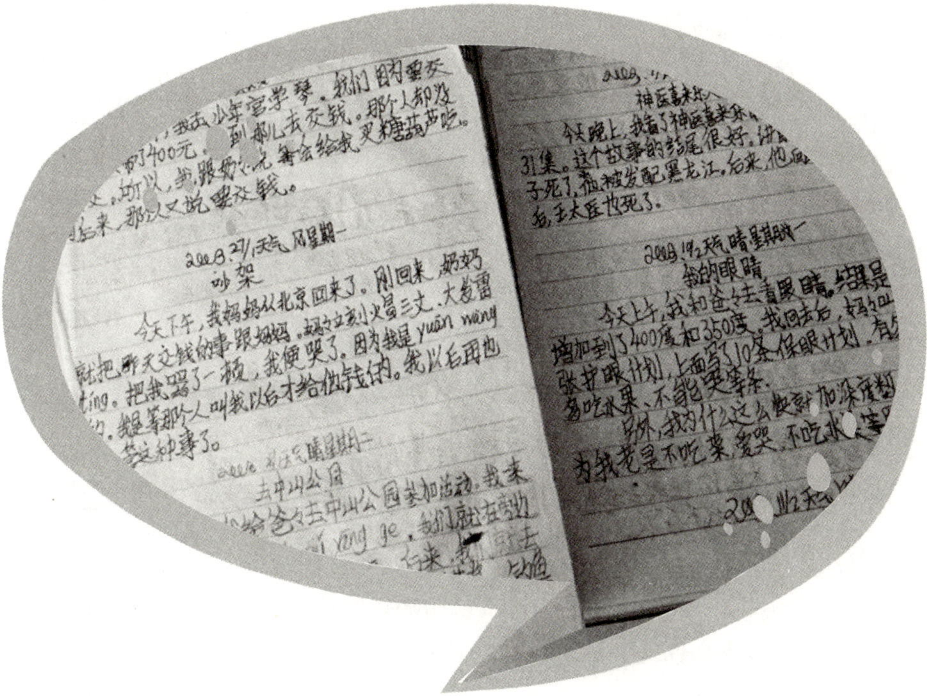

从小坚持写日记，无论内容如何，每天坚持写。这样也许感觉有些机械，但是久而久之，孩子就会发现自己已经形成了习惯，每天都会不由自主地去完成这个任务。

让孩子养成每天做好自己该做的事情的习惯，这样他们才能更好地完成每天的任务，从而坚持做好一件事情。

家长也需要帮助孩子调整计划，使计划变得更加可行。记得高中的时候老师说过，每次你在完成不了计划的时候都会有挫败感，如果你每次都发现完成不了计划，那么你的计划设置就是有问题的，需要调整。从小学会适时调整自己的计划，不但有利于增强自己的意志力，而且有利于提高自己的信心，让自己更有信心坚持下去。

也许很多人觉得计划和坚持、意志没有什么关系，他们忽略了计划带给我们的东西。计划不仅仅是对一天的规划，每天的计划相当于在提醒我们要坚持去做一些事情，这样长此以往才能一直坚持下去。即使在没有计划的情况下，我们也会对自己应该做、应该坚持的事情心中有数，也就不用再让别人催着赶着去做了。

坚持的精神值得宣扬

其实现在想想，从小到大父母给我讲过的那些故事，讲过的那些成功人士，又有几个不是有坚强意志的人呢？这些人的事情和精神给我留下了深刻印象。所以对于家长来说，这样的精神灌输也是必须的，平时可以多给孩子讲一些这样的故事。

很多故事我想大家都是非常熟悉的，海伦凯勒、张海迪这样身残志坚的自然不必说，布鲁诺、哥白尼这样坚持科学真理的也是，再有就是在成功路上一波三折最后获得成功的爱迪生这样的发明家。而童话故事中，在经历苦难后得到幸福、梦想成真的故事也有很多，这样宣扬真善美的故事也会对孩子产生很大的影响。

作为家长，自然不能忽视这样一种绝佳的教育机会，除了给孩子多讲讲这方面的故事之外，我觉得多让孩子读读名人传记、名人故事，是一个很好的途径。

现在我的书架上还摆放着《中外伟人传记》、《中外名人故事》等等这方面的书籍。上学后自己可以独立阅读之后，就不再让父母给我讲这些故事了，都是通过自己的阅读来扩大知识面的。在读到这些故事的时候，通常会对其中那些坚持不懈、奋斗到底，最后获得成功的例子记忆深刻。那时的自己就觉得，这样辛苦坚持之后，得到的成果也是不可忽视的，这种快感自己也想多体会一下。在以后学习的时候，就算再辛苦，想想这些故事中的主人公，想想那种成功后的喜悦感，我也觉得坚持一下、多吃吃苦没有什么不好的，于是也就会像他们学习做到最好。

还有就是父母自己作出的表率，这一点也是很重要的。如果父母说一套做一套，自己在孩子眼中就是一个不坚持到底、有坚强意志的人，想必孩子也不会有什么精神头来坚持屡战屡败、屡败屡战的精神。

我的父母向来都是做事有始有终、坚持到底的人。妈妈一直以来都在记日记，每天都会记录下自己的心路历程，为自己的生活留下痕迹。他们两个人都是有任务就一定会坚持做完的人，从来不会轻言放弃，为了工作或是学习，熬夜加班也都是常见的。每次看到他们为了工作在忙碌、在坚持，有一种说不出的精神力量会来支撑我完成自己还差一截的任务。

精神属于文化层面，属于意识层面，对我们的行为有指导作用。坚持代表的是坚强的意志，在我们学习工作中必然起到很大的作用。而耳濡目染和自己阅读中所得到的这种精神力量，比我们想象中的还要强大，让我们勇往直前。

给精神一个支点

很多人觉得坚持不下去是因为没有足以支撑自己的力量，这一点确实很重要。没有精神支柱，往往都是很难坚持去完成一项任务的，尤其是难度大、阻碍多的任务。比如我在写这些文字的时候，每天要保证一到两章的工作量，这样高强度工作量的背后，是我想和别人分享自己想法的强烈愿望，是对自己出书的憧憬，以及对赶快完工的渴望。

在贴吧上总是会发现这样的贴子，“我是高几的学生，多少多少分，目标是某所大学，求一个战友互相鼓励，一起战斗。”这些在学习上感到迷茫、感到动力不足、无法坚持的学生，通常会在贴吧上发这样的贴子，旨在寻找一个能一起奋斗的人，能互相激励共同前进的人，给对方精神上的鼓励，从而让自己坚持学下去。其实这样做的人，最后也不会有几个能坚持下去。我很赞同要有精神支柱这样的说法，但是将这个寄托给网络上素不相识的人，未免有些太不实际了。

还又是在贴吧上，看到一些人在迷惑，这么努力学习到底是为了什么，底下表示迷茫的人不少。每次对这样的贴子，我都会坚定不移地回复，为了最初的梦想。的确，我为了自己的梦想，经历了多番周折，最后仍然坚持最初的选择，选择学习历史，正是因从小到大这样强大的精神支撑在背后推着我。

不得不说，梦想的力量是强大的。也许孩子还小的时候，意识不到什么是梦想，什么是目标，但是家长一定要给他一个可以期盼的东西作为他努力坚持的目标，无论是精神上的，还是物质上的。在我锻炼自己的英语能力的时候，父母答应我，学会一首英文歌奖励我十块钱。这看起来是很不可思议的事情，但是就是这样的奖励措施让我学会了一首又一首英语歌，而且养成了通过听歌来锻炼英语能力的习惯，如今没有了奖励我也一样会坚持这个爱好。

作为家长，一定要让孩子知道，很多事情必须由他独自面对，无法依靠别人，但是父母可以做到的就是永远做他坚强的后盾。很多人觉得这有什么，孩子明白不明白也都一样，但这一点很重要，尤其是当孩子遇到挫折的时候，父母的鼓励支撑，往往会带给孩子继续坚持的勇气。初到北京的时候，学习上我也遇到了不小的挫折，在学校和同学相处也是如此，这个时候，妈妈时不时和我的对话谈心就成了我的一种精神寄托。她在每次的对话中总会透露这样的意思，无论我怎样，她和爸爸永远是我的后盾，让我不要担心，继续坚持下去。这样的精神力量，也最终让我克服了新来一个地方的不适应感，慢慢融入到这个城市中去。

而如何面对他人的眼光，这也是一个意志坚强的人需要面临的重要课题。我们都知道，往往阻碍你前进的并不是什么事业上的挫折，而是他人的闲言碎语，或是讽刺，或是批判，或者误解。

曾经的我，是一个很害怕被老师批评和否认的人，老师对我的话就像圣旨一样。记得小学二年级，有一次上课我在回答别的同学小声提问的时候被老师认为是上课聊天记了下来，那天中午，老师一直教育了我半个多小时。自那之后，我就变得不敢和老师交流，觉得老师都是很可怕的人，阴晴不定，摸不清他们到底在想什么。之后的一次次上课发言被同学和老师否定，也让我变得沉默，不敢在同学面前表达自己的看法。这样的经历让我非常在乎别人的看法，好的看法能让我很激动，充满斗志，但是那些闲言碎语，往往让我在乎得不得了，好像别人一句话就能确定我的生死一样。

渐渐地我发现，对于我来说，前进的路上，面对那些风雨的人就是我自己而已，别人的话再重要又能怎样呢，自己为什么非要那么在乎？

这一点我觉得也是值得父母好好教育孩子的。在这一点上，我就像一个认识的学弟说的：“你天天都不知道为了哪些毫不相关的人在伤心难过。”别人的言语，即使我总是告诉自己不要去在乎，但是最后的结果总是不得不去在乎。

现在的孩子，从小到大，无非是在学校和家里生活着，从小经受的也无非是老师、同学、家长的评价，但是这些毕竟都是自己熟悉的人，不会说出特别狠的言语来。于是，一些孩子到了大学以及社会上，对于各种各样的评论无法适应，最后自己的梦想、意志也被这些东西打败了。

有太多值得我们去坚
求的东西，在
坚强的意
如虎添翼。

人非圣贤，孰能无过。如果是自己确实有弱点、有缺陷，那么就应该正视别人的批评，积极改正自己的问题。如果是别人的误解，或者别人不了解自己而发表的言论，那就不要那么在乎，能当浮云的当浮云，一笑而过。即使难过伤心，也不要打扰到自己的正常生活，更不能打扰到自己追求的理想和目标。

高考后我在网上进行高中文科答疑的事情，被父母知道后也没少挨训。他们觉得我在耽误时间，觉得我跟网络上鱼龙混杂的人交流不安全。但是在这点上，我觉得自己在做值得做的事情，自己在通过这种形式实现价值，我也觉得真心会得到回报，也得到了一些能够倾听我声音的朋友。在这个过程中，我没有因为父母和同学的异议而放弃我认为没做错的事情，这几年也让我收获很多，得到了很多前所未有的体验。

在我坚持选择历史的经历中，可以说，险些因为别人的言语和社会的潮流而放弃，最后还是在自己的精神支撑下挺了过来。我差点因为别人所说的历史没饭吃、没前途的言论而放弃，但是最后还是在自己的坚持和家人的最后支持中，走出了这片迷雾，到现在这样仍义无反顾。

事实证明，强大的精神支撑，正确看待别人的言语，对于增强我们的意志也起着不可忽视的作用。

对于我们来说，坚强的意志无疑是改变我们形象的一个有力见证。对于我们来说，有太多值得我们去坚持、去追求的东西，在这个过程中，坚强的意志会让我们如虎添翼。借用一句歌词，坚强的意志就像这样——“那力量是铁，那力量是钢，比铁还硬，比钢还强！”

第十二章
爱是一种回声

本章精彩提示

1、**为什么父母百般付出，孩子却不懂回报？**父母的过分付出，让孩子习惯了养尊处优，把父母的付出都当成理所应当的，自然不会觉得有什么值得感恩的，更不可能站在别人的角度上看问题。

2、**父母如何教给孩子“爱的能力”？**如果想让孩子懂得爱，懂得付出爱，懂得对别人的爱给予回报，那么一定要做到言传身教，并且拒绝溺爱。

3、**什么样的孩子才能懂得爱？**事实证明，懂得包容的孩子也是懂得爱的孩子。学会了包容才能用自己的心去体会别人的心，对别人付出自己的爱，尊重别人，同时收获别人的爱。

爱是这个世界上最美好的东西。

爱是一种强大的精神力量，在我们困难的时候雪中送炭，在我们辉煌的时候锦上添花。在我觉得灰心丧气的时候，总是爱的力量让我重新站起来。当我觉得信心满满的时候，爱的力量告诉我我不是一个人在前进。

爱也应该是相应的。懂得给予别人爱的人，一定会收获别人的爱，这是一种给予与回应的关系。只有人与人之间做到这样和谐的地步，社会才可能变得更加和谐。

尽管我不很会表达对朋友、对父母的爱，但是我也会在一些特别的时候表达一下，像生日、父亲节、母亲节的时候。在平时生活中，我也会常常跟他们说很幸运能有他们这样的朋友、家长，一方面确实是我自己的想法，我也不想藏着掖着，该说出来就应该说出来。另一方面，他们也都是给予我无限的爱的人，我的表达也是对他们的回报。因为我们都是人，都需要得到别人的爱，在给予的同时能收到回报，这样才是完美的结果吧。虽说父母的爱，无论你有没有回报，都会源源不断，但是让整日操劳的父母感受到自己的爱，也是一种莫大的欣慰吧。朋友更是如此，如果没有得到和付出相对应的回报，那么这样的友情也不会长久吧。

而现实中我们却发现很多并不和谐的现象。在父母无微不至的关心照顾下长大的孩子，并没有想象中的那么听话懂事，也并没有回报父母的爱。父母对孩子多年的爱只换来了孩子长大后的大喊大叫和不理解，这让很多父母寒心。当孩子年龄还小的时候，可能理解不了父母的苦心。但以我个人来说，随着年龄的增长和阅历的增加，对于父母的理解也就越来越深，一般的孩子也都是这样的规律。但是一些成人却依旧不懂事，做出伤害父母的事，的确有些说不过去了。

记得以前看过很多类似的消息，在一个名为最崇拜的人的投票中，投给自己父母的人是少之又少的，排名前列的都是一些明星。看到这个报道，我觉得是有问题，说明孩子对父母并没有太大的关注度。但是对于现在在一个信息流通极快、各方面明星都影响很大的时代，而且孩子还小、明白不了父母的苦心，崇拜的人集中在明星也并不是什么奇怪的现象。但这并不能作为孩子不关注父母，反而和父母对着干的一个借口。记得当年轰动一时的杨丽娟追星事件。一个成年女性为了追星，竟然败光了家里的财产，而且最后父亲承受不了这样的压力自杀身亡。这样的事件不得不让我们反思，父母付出了那么多，为什么孩子却会为了追一个明星而让自己的父母受到严重的伤害呢？这些例子都让我们看到现在社会上出现的爱心缺失的问题。

再来看朋友之间的那种爱。我们都很向往管仲鲍叔牙、伯牙钟子期那样的友情，很多人也都把友情看得比什么都重要，电视剧电影里面描述友情的题材也都不少。我们总是幻想着美好的友情，觉得那种无话不谈、有福同享有难同当的朋友特别值得交。但是现实中，从小到大，我看到了很多在交友上无法很好地和别人交流沟通，无法站在别人角度上思考问题，以致最后友情破裂，甚至互相攻击互相谩骂的情况。

从我自己交友的经验和看到的那些失败案例来说，现在的青少年普遍缺少的就是爱心，突出表现在不懂得为对方着想，以自我中心，很傲慢，认为对方为自己做什么都是应该的。

在和朋友相处的过程中，我始终把自己处在一个较低的位置，从来不用自己的主观想法去判断他人，每次都是我的付出多出别人的回应。有的时候我也在想，自己这么做是不是值得，看起来回报并不多，你对别人表达的友情，别人看来也没有多大的反应。但是即使这样，我还是希望能和同学和平相处，有什么能容忍的地方我就容忍了，需要我帮忙的地方我也会帮忙，因为我觉得无论何时，真善美的精神还是应该坚持下去。

反观那些比较失败的案例，尤其是小学时候女生间的争斗，当时分帮分派的情况比较严重，而且她们都认为只有自己才是最好的最正确的，凡是违背自己意愿的人就是另外一个帮派的人，可以随意谩骂诋毁。这件事情当时把班里的气氛搞得乌烟瘴气的，两边都不相让，“犯贱”这样人身攻击的词天天都会出现，不但对个人造成了影响，给集体形象也抹了黑。人与人之间的和平相处，看来也是一门学问。这样爱心缺失、不懂给予和回报的案例，还有很多。

为什么会出现这样的情况呢？很多家长百思不得其解，按理说现在的孩子在家庭环境比以前大大改善、父母关注度也越来越高的情况下，应该更懂得表达爱、回应爱，为什么还会出现那些让人痛心的事情呢？

最关键的就是现在的孩子已经适应了家里的优越条件和地位，习惯了长久以来的养尊处优。习惯有的时候是一件好事，有的时候却也是摧毁一个孩子的坏事。在家里都是各种家人照顾着，天天想着学习就行了，而正是这种情况，培养出来一个个高分低能的孩子，尤其是智商高情商低的孩子。女孩子在家里已经习惯了小公主的生活，把父母的付出都当成理所应当的，自然不会觉得有什么可以表达感恩的。在外面，已经习惯自己最高的小公主们，更不可能站在别人的角度上看问题，认为自己就是最好的，别人都应该顺着自己，自然不可能对别人付出什么爱，在友情的道路上肯定也是坎坷的。

为了防止这些现象的出现，父母和孩子都应该在小的时候付出努力，争取将这种情况减到最轻，告诉孩子学会爱，学会表达爱，学会感恩。

家长：言传身教，拒绝溺爱

家长在这种问题上也显得很苦恼，到底应该怎么面对孩子才算是既关心到位又不过分溺爱呢？这是一个度的问题，也根据每个家庭的不同而有所不同，不能强求所有家庭都是一个标准。但是如果想让孩子懂得爱，懂得付出爱，懂得对别人的爱给予回报，那么一定要做到言传身教，并且拒绝溺爱。

孩子的第一任老师就是父母。父母的一言一行就是孩子最好的模仿对象。如果

什么样的孩子才能懂得爱？

事实证明，懂得包容的孩子也是懂得爱的孩子。学会了包容才能用自己的心去体会别人的心，对别人付出自己的爱，尊重别人，同时才能收获别人的爱。

给孩子一个健康的身心

爱是一种回声

父母想让孩子日后能够自然地表达出自己的爱，能够懂得回报，那么自己也应该做出表率。在父亲节、母亲节以及父母生日的时候，父母都应该对他们的父母表达出自己的感激之情，并且让孩子也看到这些，那么在以后孩子这样做的几率就会更高一些。

记得每年父亲节、母亲节或者其他节日，我的父母都会给他们各自的父母打电话，祝他们节日快乐，也会嘘寒问暖好一阵子。这样的事情，我虽然表面看起来没什么感觉，也不会多说什么，但是到现在，每年的父亲节、母亲节，我也会给父母送上我的祝福，并且写上很长一段感谢的话，往往都是写到边写边哭的地步。

父母应该教授的还不止这些。为了让孩子有一个好的性格，有一个好的品质，父母在家也应该注意自己的言行举止。父母要经常反思自己，是否有爱心，是否关心爱护周围的一切，是否做到了符合道德要求。

平时在公共场合，不要大声喧哗、不要随地吐痰扔垃圾等等，这些已经成了大家所公认的东西，不用多强调。然而在家里，父母在孩子面前不能表现冷漠，不能用自己冷漠的行为告诉孩子，很多事情和自己无关，不用搭理。当孩子表现出对小动物的关爱，对残疾人老年人的关爱，对于乞丐的怜悯之心时，父母也不应该打击孩子的爱心，而是应该因势利导，告诉孩子如何更好地表达自己的爱心。

在溺爱这个话题上，现在社会都在批判这种现象，所以很多父母的关注度也逐渐提高，都在克制自己不溺爱孩子，但是具体的做法很多家长还是很迷惑的，不知道什么样的才算溺爱，怎么样才适度。

不溺爱就是不要让孩子养成养尊处优、唯我独尊的心态，也不能让孩子认为得到的关爱都是理所应当的。在孩子提出不合理要求的时候，一定要义正辞言地拒绝，告诉他以后这样的要求都不会被通过，让孩子养成明确的是非观念。在孩子对父母大吼大叫的时候，一定要让孩子知道这样做的严重性，以后尽量杜绝这样的情况。在孩子哭闹喊叫地坚持自己的观点的时候，父母一定要告诉孩子，要允许不同的声音出现，而且要接受不同的声音，唯我独尊是很危险的事情。

对于很多家长来说，这个度是难以控制的。其实并不用刻意地去拒绝溺爱，只要在做事情的时候遵守原则，注意培养孩子的爱心和宽容心，让孩子能够明白理解家长的苦心就好。

孩子：学会包容，学会合作

现在的青少年，尤其是女孩子，在与别人交往的过程中会碰到各种各样的问题，其中一个很棘手的问题就是不懂得尊重别人，不懂得理解别人，而常常以自己的标准来判断。

经常会有这样的情况，有的人当面或者背后对某些人表现出不满，诋毁谩骂都是很正常的，遇到一点不统一的事情就能引发一场大的争端，否定别人的观点以抬高自己等等。这些现象告诉我们，现在的很多青少年缺乏一颗包容他人的心。

也许有人会说，包容和爱有什么关系。爱是一个广义的、宏观的大概念，而包容就是里面的一部分。事实证明，懂得包容的孩子也是懂得爱的孩子，学会了包容才能用自己的心去体会别人的心，对别人付出自己的爱，尊重别人，同时才能收获别人的爱。

包容他人其实并不难。就我来说，包容他人已经成了我生活中的一部分。和朋友交往过程中，包容是很重要的，我已经不用刻意地做什么，自然而然就可以跟着自己的心去包容他人了。

其实做到这些很简单。别人在发表意见的时候，不管对错都先听着，不要和别人起争执，即使不对的也心平气和去说。别人的意见和你的相冲突的时候，不要急着去否定，冷静下来分析利弊。别人的一些行为让你觉得很不舒服的时候，不要发作，小事上该忍则忍，如果触及到你的原则也以沟通为主要解决方式。即便别人的性格不符合你的喜好，但是别人身上有好的地方就应该去学习，该交往的朋友还是应该交往。在和别人交往过程中，对于别人的意见，要多站在别人的角度去考虑一下，不要任由自己主观臆断。

以上只是我的一些见解，不一定对每个人都适用。做一个包容的人，即使有时候会吃亏，但能帮助我们体会到爱与被爱的感觉，何乐而不为呢？

学会合作则是锻炼我们包容性的一个重要途径。人与人的交往，很多事需要通过合作来完成。我们发现的那些优秀人才，大多很善于和他人合作，善于听取他人意见。被很多人当作偶像的乔布斯，在他辉煌的苹果品牌背后，也有被人们所批评的一面，那就是他不善于和别人沟通，脾气暴躁，固执己见，这也是为什么他当年会被“开除”出苹果公司的原因。即使他的才华让他重回苹果公司，但是这个方面的欠缺也让他的形象打了折扣。

合作是促进人与人之间交流理解的最佳办法，也是生存在这个社会上不得不掌握的技能。所以我们不能害怕和别人合作，而是要主动去和别人合作。

我很喜欢和别人合作，因为合作除了可以锻炼自己的能力，也可以将一个大工作分摊到每个人身上，提高效率。但在合作的过程中，我往往会发现，自己身上的劣根性，也就是唯我独尊的性格时而也会发生作用，以至于有的时候被别人要求去做一些我不想做的事情我会觉得很不舒服，但是每次我都尽量克制住自己的不良心理，最后及时完成分派给我的任务。在合作中，我的经验体会就是，无论你觉得自己有多么高高在上，合作的时候都要以大局为重，都要做好自己的分内事。

如何与别人交往是一个大课题，而如何尊重别人、理解他人、宽容他人，则是更重要的课题。

爱是感恩，亦是放手

1. 对父母的话

对于父母来说，在孩子小的时候，被孩子叛逆地顶撞，被孩子胡言乱语伤害是常有的事情。这个时候，父母一定不能对孩子失去希望，而是应该继续尽到自己的职责，教育孩子健康快乐成长，总有一天，孩子会知道感恩的。

还有一点就是，父母不要总把孩子当作一个不懂事的小屁孩，孩子长大后，也要对孩子有信心，要相信孩子的心，不要催促孩子去表达对父母的爱和感恩，孩子心里会明白这些的，不需要催促。

我小的时候，和别的孩子一样，对父母的很多行为理解不了，也喜欢和父母对着干，有的时候因为意见不一致也在家里大吼大叫，当时还理解不了这样做会有多伤害父母。总有人跟我说，你长大之后就会知道父母的苦心了，就会知道你这么做有多么不对了，就知道自己有多么幼稚了。当时的自己还一点都不相信，只顾自己开心。对于父母，也是不知道该怎么去表达爱和感激，每年的节日都是嘟嘟囔囔，到最后也没有说出什么话来。

大了之后，尤其是到了北京之后，知道父母为自己有更好的生活环境付出了很多努力，为了我能成才付出了很多心血，一想到他们为我做的事情，眼泪就禁不住在眼眶里打转，有时候他们说的一些话也能让我直接感动到哭。这都是以前的我无法想象的事情。而慢慢地，我也学会了向他们表达自己的感情，过节的时候也会发很长的短信给他们，平时聊天的时候也会表达自己的感情。而他们还是习惯把我当作小孩，每次过节前都要提醒我。被提醒的感觉其实一点也不好，让我有种被看轻的感觉。每次他们提醒我的时候，都让我觉得很不舒服，总是会不欢而散。在此想告诉各位父母的是，孩子总有一天会长大，不要总把他们当小孩子，该放开的地方就要放开。

2. 对孩子说的话

有句话说得好，人要学会知足常乐。

有的孩子总会说自己的父母根本就不爱自己，只知道让自己做不喜欢的事情，干涉自己的生活，干涉自己的兴趣爱好，干涉自己的一切，却没有发现他们为自己着想的时候，所以也就不用跟他们表达什么感谢。

这都是年轻时幼稚的想法罢了。父母对于我们有多么重要，慢慢地长大后，就会再明白不过了。

在这里，知足常乐的意思，就是想告诉各位孩子，不要总想到生活中的阴暗面，不要总想着自己得不到的东西，多想想自己已经拥有的东西，多想想自己所拥有的光明的一面，爱与希望。当我们觉得自己缺乏爱的时候，想想自己最幸福的那些时刻，改变一下心态，会发现更美好的一片天地。

对于我自己来说，有父母的爱，有朋友的关心，有自己喜欢的专业可以学，就已经是人生中很大的幸福了。我也没有必要天天愁眉苦脸地去面对复杂的生活，我也没有必要和父母、朋友闹不愉快，与其发脾气让大家都不开心，倒不如快乐一点，带动更多的人快乐。

事实证明，那些常常杞人忧天的孩子比那些乐观积极的孩子会活得更累，而且常常会是更充满怨气的。喜欢抱怨的孩子自然不可能对别的事物表现出自己的关爱，在他们看来，自己已经够不幸的了。而那些知足常乐的孩子，除了对自己的生活感到快乐幸福，也会常常表达出自己的爱，让其他人一起分享。

怎么才能知足常乐呢？马上想到一个词，比上不足，比下有余。虽然说这话有点不求上进，但是在人生路上，这却是能让我们生活得更加舒心、更加轻松的一句话。当你累了的时候，不如停下来，看看那些比你还要痛苦辛苦的人，来平衡一下自己的心态，让自己更有力量能够前进。有的时候，比起与天地斗争，与他人斗争，这种平衡自己的心态显得更加珍贵。

无论是孩子还是家长，对于爱这个看似普通的话题都不能忽视。不能让孩子缺爱，也不能让孩子受到溺爱。不能让孩子不懂得付出爱，也不能让孩子不懂得表达爱。爱的教育，任重而道远。

爱是极其富有感染力的，俗话说，“予人玫瑰，手有余香”，让世界充满爱，也将永远是人类奋斗的一个目标。

- 书和电子产品——最亲密的“朋友”
- 穿越青春的迷茫
- 专业选择，职业选择的第一步
- 理财意识的培养要趁早
- 课外班，孩子的“助手”还是“负担”？

第三篇

Growth on the road, there is always "double-edged sword."

成长路上，总会有“双刃剑”

第十三章 书和电子产品——最亲密的“朋友”

本章精彩提示

1、**如何培养孩子看书的习惯？**父母要以身作则，不要沉迷于游戏、电视剧，在孩子面前应该表现出喜欢读书的样子，让孩子自然而然融入读书的气氛中去；要经常带孩子去图书馆、书店，让孩子制订属于自己的读书计划；引导孩子学会选择书籍，不乱买滥买。

2、**怎样避免孩子变成“沙发里的土豆”？**要管住孩子，先要管住自己；和孩子一起看电视，帮孩子选节目；电视不是洪水猛兽，只要看得适当，一样对成长有所裨益。

3、**是不是不能让孩子上网？**别让孩子脱离时代，也别让孩子变成“网虫”，关键就在于度。多学电脑技巧，多掌握有用信息，巧妙管理上网时间，引导孩子适度上网。

在大一下学期的英语外教课上，外教再一次让我们就一个很经典的题目展开讨论，题目就是“电子书籍是否能取代纸质书籍”。高三下学期去参加香港大学自主招生面试的时候，小组讨论的题目是“网络带给我们的是好处更多还是坏处更多”。在这个科技快速发展的时代，关于书还有网络等电子产品的争论一直存在，互联网无时无刻不出现在孩子的周围。

有一次小姨夫带着表妹来北京玩，表妹对北京的景点倒不是很感兴趣，反而对手机、ipad、聊 qq 有着更加浓厚的兴趣。虽然我自己现在也对这些东西感兴趣，但也是高考后的事情了。由此可见，这些东西对现在的孩子影响力之大。很多孩子也许就和我表妹一样，对这些电子产品十分有兴趣，反倒没有多少时间去读更多的书。同时受到电子产品的影响，现在的宅男宅女也越来越多，逐渐成为一个引人关注的社会现象。

书的重要性，相信不用我再多说什么。书中自有黄金屋，书中自有颜如玉。而电子产品也以方便快捷、信息量大等优点而被人们所推崇。二者孰重孰轻，现在也没有一个定论。在我看来，对于学生这个特殊的群体，有应该被提倡和被杜绝的东西，有应该被鼓励和被限制的东西。

就我的亲身经历来说，尽管小时候没有现在的孩子这样优越的条件，但是电视、电脑还是一直在我身边的。父母一直都在约束我使用这些东西，而是将我引导上“多读书，读好书”的道路。曾经我非常郁闷，我常常拿别的同学在家里看电视、玩游戏来抱怨自己的父母不合理。等到大了之后才真的发现，这些东西很耽误时间。如果没有父母当时的管制，我也不可能有那么多时间去看书，也不会有机会拓宽自己的知识面。而后来用到网络、电视、手机，只是让我更快地知道世界上的信息，去看一些娱乐体育方面的东西罢了，但也无法像书籍那样带给我很多感悟，丰富精神世界。如果我像现在的孩子一样，我觉得我也不会是幸福的。正是父母严格的管理让我接触到了更多书，让我能和作家们沟通交流，看到古今中外各种风貌。而对于电子产品，每次在使用的时候，心情自然是不错的，也觉得很充实，但是当用完之后，自己静心想想，也没有什么再多的收获了。

对于孩子来说，书籍一定是要让他多去阅读的。而那些电子产品，不能杜绝，但是一定要控制。因为那些电子产品比书籍更容易让人沉迷，更会浪费时间。一切都是习惯，要从小养成，要注意适度。

书，人类永远的好朋友

我从小在书的环绕中长大。晚上睡觉前要听故事、要看书，去医院输液打针要看书，家长带我出去逛商场，我也要去书店看书。那个时候，书仿佛就是我的一切。大人们对我的印象都是“特别喜欢书”、“嗜书如命”。从小到大，看书给我带来很多乐趣，书中的情节字句都让我觉得很有意思。看完书之后和父母家人讲书里的事情时，我也总觉得自己特别厉害。

但是随着年龄的增长，我发现自己其实是一个比较“奇葩”的人，身边像我这样的同龄人并不多。周围的同学更喜欢的还是电视、电脑上看到的那些动画、音乐、综艺等等。这次通过表妹和我的对比，我也更加确信了现在的孩子肯定比我们这代人还要依赖电子产品。这是好是坏呢，很难说清楚，但我总觉得，父母还是应该让孩子多留出点时间给书籍，增加阅读量。

家长和孩子都应该对书提起重视，这毕竟是孩子接触世界的重要来源。多读书，读好书，应该是家长和孩子的读书宗旨。

在读书这一习惯的养成上，家长应该做到以下几点：

1. 家庭氛围熏陶

试想，不喜欢读书的父母，怎么可能教育出喜欢读书的儿女呢？

父母要以身作则，不要沉迷于电视、网络等，在家中营造出读书的氛围，孩子耳濡目染，自然而然就融入进去。

当孩子小的时候，就应该多给孩子讲讲故事，多给孩子讲讲自己看的书。也许孩子小不能明白太多，但这些文字的灌输，会让孩子觉得读书是一件日常的事，让孩子以后有欲望去读更多的书，培养孩子对书的兴趣。

在孩子的房间里、书房里，要营造出书香的气氛。孩子的屋子里不能只有玩具这样的东西，书架书柜和孩子的书籍也是必须的。天天在屋子里面生活，看到书肯定会有好奇心想去看。久而久之，看过的就会多了。

2. 认字要趁早，勤用工具书

读书的前提就是认字，这是最基本的东西。很多家长觉得，让孩子在幼儿园认认字，平时顺其自然地认认字就好了，反正上学也会学，没必要提前认字。其实这种想法是错误的，应该趁着孩子记忆力强、悟性好、可塑性强的时候让孩子抓紧时间认字。

认字的同时必然是练字。字的好坏在日后会起到或大或小的作用，所以家长不能任由孩子写字写得七扭八歪，在认字的同时也应该让孩子顺便练字。每天不用多，固定练个 20 分钟，日复一日，字体自然会变得秀气好看。

而在看书的过程中，孩子肯定会遇到一些不会的生字词。这个时候，就是工具书的出场时间了，建议在家里准备《新华字典》、《新华词典》等等常用的工具书。当孩子遇到不会的字词时，鼓励他不怕麻烦，去翻工具书寻找答案。也许孩子刚开始会觉得翻厚重的词典有点累，但是当学会一个个不会的字词时，那种成就感也是很高的。

习惯使用工具书对于日后孩子的学习很有帮助，无论是汉语学习还是英语学习，无论是白话文中的字词还是文言文中的字词，无论是字词还是诗词鉴赏、旅游名胜等等，都离不开工具书的查询。从小养成习惯，会减少很多以后的麻烦，也会培养孩子的求知欲和学习的自主性。

3. 多带孩子去书店、图书馆

直到现在，我一直把我喜欢看书的原因，归结于小时候父母喜欢带我去书店。记得那个时候父母会去看自己喜欢的书，而我就晃来晃去，寻找自己的兴趣点。看到书店里一个个大人小孩都是那么沉醉地看书，不得不说，我也被感染了，很快就会找到自己喜欢的书，并像他们一样看起来。

环境的力量是强大的。在书店里，无论年龄，无论男女，大家或是为了求知，或是为了解闷，或是为了任务而来，在这样的氛围里，人们会不由自主地忘记社会中的喧嚣，沉下心来看书。让孩子在这样的氛围中熏陶一下，不得不说是一个好方法。

图书馆也应该带孩子去看看。很遗憾我没有养成去图书馆借书的习惯。有的书可以买，有的书看看就可以还回去的，这样的时候图书馆是最有用的。要告诉孩子不能什么书都买，能从图书馆借到的要去借，而且图书馆里才是真正适合读书学习的安静氛围，屏蔽掉其他诱惑，可以让孩子专心致志看看书。家长应该摈弃那种嫌图书馆麻烦、人杂的想法，让孩子去体验一下。

4. 制订计划，不中途而废

读书要有计划。每天要用固定的时间用来阅读，这样有利于读书习惯的养成。读书要有规划性，和学习一样，看书也要在每天安排出固定的时间。也许有的时候觉得无聊，也得坚持读完。也许有的时候太喜欢了，要占用做别的事情的时间，这种时候，都要学会用计划来控制自己。慢慢地，就会养成每天读书的习惯。

读书不能半途而废。孩子都会有这样的毛病，一本书还没有看完，或者是懒得看了，或者是注意力被另外一本书吸引了，于是就放弃这本了。父母要让孩子知道，当你选择开始读一本书的时候，也就像你选择开始完成一个任务一样，无论你喜欢或者厌倦都要坚持读完。绝对不能纵容孩子一本没看完就换另外一本的习惯。这也有利于培养孩子日后在学习、工作中坚持不懈的习惯。要知道喜新厌旧，吃着碗里的看着锅里的，可不是什么好习惯。

5. 不吝惜买书的钱，但也不能乱买滥买

对于书籍的花费，家长大致分为两种：不屑于给孩子买书的，无条件支持孩子买书的。有个朋友因为买书花掉了父母给自己的生活费用，因此过着“贫苦”的生活。那么在买书的花费上，父母究竟应该怎么做呢?

对于孩子在买书上花掉的钱，不要表现出心疼、吝惜的态度。这样会让孩子觉得父母不赞同自己买书来看，他们不敢做父母没有认可的事情，大多数孩子也许就因此而慢慢丧失了对书的热情。我的父母在书上的花费向来不是小气的。每次去书店，只要我想买的书，一般都会给我买，也让我对书一直保持着浓郁的兴趣。与此同时他们也会跟我说明白，买了的书就一定要看完，不能浪费。

而随着年龄的增长，父母和孩子都会发现，有些书就算买回家了也没时间看，或者孩子就三分钟热乎劲，买回家就不看了。在这个时候，父母一定要摆明态度，绝对不允许乱买书、滥买书的情况出现。要让孩子养成买了就一定要看，不看就不要买的习惯。也要让孩子知道书并不便宜，一定要让书发挥出最大的用处。

我觉得最好的方法就是：既不放纵孩子乱买，又要在该买的时候无条件支持孩子买。当发现家里的书出现堆积不读的情况时，父母一定要和孩子沟通来解决这一问题。

6. 记录自己的感受

既然是读书，就不可能是文字的单方面输入，必然也会有读者的感受存在。而

这种感受，很多时候都只在脑中存在一阵子之后就会消失。让读的东西留下一些印记，最好的办法就是让孩子记录下读书的感受。

可以专门准备一个本子给孩子当作阅读记录本。在读书过程中，总会有一些人、一些事、一些话让我们产生或多或少的感触。当碰到这些的时候，最好能记录下来，不要放任自流，任其消失不见。

孩子也可以在书上做批注。小的时候，边看书手里也会拿一支笔，看到自己觉得有感受的地方要写写画画来标注一下，写写自己对这个事情的想法，写写自己对作者写作技巧的评价，写写自己对这些话语的感觉等等。

读后感也许是让很多学生所反感的东西，因为看东西还要带着任务，特别累，其实这也是最佳的留下记忆的方法。现在每次看着以前看书写下的读后感，真的觉得是非常美好的回忆。

7. 读以致用

听说读写，总是分不开的。所以，读书不仅仅培养的是阅读能力，同时也间接地培养了其他三个方面的能力。

听，倾听别人的意见和想法，听取各方的声音，在我们日常生活中再常见不过了。在孩子读书的同时，也要让孩子多听听广播，多听听新闻、故事、时事点评一类的内容，养成耳听八方的习惯。只有听得够多，看得够多，以后才能说得更多，写得更多。这都是拓宽孩子知识面的途径。

说，表达自己。读书读到的那些东西，最终不是留给自己一个人默默享用的，而是要表达出来的。很多孩子的问题就在于，看书看得很多，但是害怕在别人面前表达出自己的看法。家长要注意培养孩子的表达能力，平时多和孩子交流阅读的经验和感受，让孩子把自己看到的都表达出来。在有外人的场合下，也要鼓励孩子多发表观点，不要惧怕。只有这样，学到的东西才能真正化作自己的用出来。

写，写作。这里的写作是广义的，包括小学中学的作文，包括大学的论文，包括生活中的感想感受等等。读书读到的，还是应该学会用最好的方式表达出来。读学术书籍，可以试着写写学术性的论文。读杂文散文，也可以试着写写随笔抒发一下看法。读小说，也可以试着放飞想象的翅膀，创作一个属于自己的故事。世上一切事物，都切忌犯懒。家长要让孩子知道，写作是一个很美妙的过程，看到自己写出来的东西会很有成就感。

8. 读万卷书，行万里路

读书，切忌变成只知道死读书的书呆子。我一直很佩服徐霞客这样的人，游遍大江南北，写下传世的《徐霞客游记》；我也很羡慕司马迁、杜甫这样少年出去游历祖国大好河山，为日后写作奠定重要基础的名人。家长在注重孩子读书的同时，不要忘了抽时间陪孩子到处走走。

在我看来，行万里路，不只是出去旅游这么简单。去到一个地方，家长应该引导孩子去了解那个地方的历史文化，帮助孩子提高历史、地理方面的知识。随着走过的地方不断增加，孩子对各地的人文、地理知识也会有个大致的了解，也会增加孩子对这些东西的兴趣爱好，给孩子继续读这些书籍的动力。

而且我觉得最美好的事情，莫过于走过那些自己在书中见到过的地方。在那些地方漫步，想着读书时自己的想象，看看实景，别有一番滋味在心头。那种圆梦、满足的感觉，是很难得的。

家长在带孩子出去玩的时候一定要注重文化方面的教育，让旅行更有意义。

9. 学会挑选书籍

在书籍的挑选上，我认为孩子应该接触到多种多样的书籍，大致分为以下几种：

A. 连环画、漫画

这类书在孩子小的时候可以多让他们接触一下。毕竟在孩子小的时候，更喜欢看图画是人之常情。我记得我最初的四本书就是连环画版的四大名著，虽然里面缺少了原著的很多情节，语言艺术等等也没有包括在里面，但是对于增加阅读的兴趣起到了很重要的作用。因此连环画版的四大名著、《东周列国志》、《隋唐演义》等等，都可以让孩子看，其中的礼义仁智信之类的道理，都能带给孩子好的影响。

还有就是漫画。其实这种书也许会贯穿孩子的一生，不同年龄有不同的漫画喜欢看，不同的年龄对漫画的喜好程度也不一样。对于漫画书，家长不应该采取禁止的手段。看漫画也有助于培养孩子的想象能力，而且对于孩子来说，看漫画也有助于放松心情，从压力中解脱一些。

现在日本漫画很流行，在我小时候，有想买的漫画都要自己悄悄地存钱去买，买回来还要藏好了，以免被父母发现。其实动漫并不是毫无意义的故事，里面也有很多道理，也有很多真善美的东西值得我们去体会去学习。像《名侦探柯南》这样侦探题材的漫画，也有助于开发我们的思维。家长一味杜绝只能让孩子反其道而行之，最后也达不到家长想要的效果，倒不如有选择地让孩子看看这些漫画。

B. 文学名著

这个恐怕是我从小到大看的最多种类的书之一了。家里的书架放眼望去，都是各种各样的文学名著。再去看看我妈妈的书架，也是一样。诺贝尔文学奖获奖的作品合集，古今中外的文学名著，在她的书架上都能发现。在这样的氛围下生活，不喜欢看这些也都不可能吧。

文学名著一般都是这个作者最优秀的作品，集合了那个时代的特点，结合了那个国家的风土人情，也浓缩了这个作者最突出的思想。融合了这些内容的作品，读起来自然会有很多收获。通过文学名著了解一个时代、一个国家、一群人，是一件很快乐的事情。通过读这些名著，也能吸收更多名家思想，收获更多历史地理知识。

很多孩子在小的时候并不喜欢看这种作品，觉得是枯燥的。这个时候，父母可以先让孩子看看这些名著的青少年版本或者是多插图的版本，培养孩子的兴趣。记得我在看《巴黎圣母院》和《雾都孤儿》的时候，父母都是先给我看的漫画版本，给我留下了深刻的印象。当时也许还是看故事的年龄，但到了后来，自己又因为兴趣去买了完整版本来看，看完过后对故事的整体、对作者想要表达出来的想法，有了更深一层的理解。

这些文学作品里面不乏对于亲情、友情、爱情的描写，不像言情小说一样矫情，里面的很多情感都是很现实的，都是让人很有触动的，这样的收获是非常宝贵的。在看《傲慢与偏见》、《简爱》这样的名著时，我为这样的爱情而感动，为最后美好的结局而感动。很多家长害怕孩子过早接触爱情这个题材，其实这个也是一种真善美的体现吧，和童话故事中的爱情也没有什么区别，所以家长不需要紧张。

C. 名人传记 / 名人名言

这样的书家里也有不少，《青少年版名人传记》、《中外伟人传记》，以及世界上许多伟人和成功人士的传记和自传，都可以看到。而每次妈妈总会让我多看看名人名言，告诉我在作文中要多用这些话，平时也要以这些话作为自己的准则。

在孩子小时候，三观尚未成熟的时候，让孩子多接触一下这方面的书，有利于他们形成积极向上的观念。名人传记中那些经过奋斗取得成功的事例可以鼓励很多孩子，告诉他们天道酬勤。那些在挫折中不断拼搏的例子可以让孩子更加具有韧性，让孩子更加坚强。名人们从小立志并为之努力的事迹，也将鼓励孩子尽早确定自己

如何培养孩子看书的习惯？

父母要以身作则，不要沉迷于游戏、电视剧，在家中营造出读书的氛围，让孩子自然而然地融入；要经常带孩子去图书馆、书店，让孩子制订属于自己的读书计划；引导孩子学会选择书籍，不乱买滥买。

宏伟的目标，并为之付出努力。总之，名人们或者艰苦或者具有传奇性的故事，总会让孩子们确立自己的学习榜样，确立自己的人生坐标。

众所周知，《钢铁是怎样炼成》中的保尔·柯察金，《给我三天光明》中的海伦·凯勒，张海迪、邓亚萍等等中外名人的事迹，给予一代又一代青少年强大的精神力量。我相信孩子总会在这些人中找到自己的精神寄托。

名人名言更是一直伴随我们的铿锵有力的话语，让我们在困难的时候得到鼓励，在顺利的时候不忘忧患意识，让我们珍惜青春、友谊、亲情等等。名人名言是我们可以随时随地写出来以勉励自己的话语，用在作文中会显得更加有说服力的话语。家长引导孩子多看看名人名言，有助于他们的文学积累，有助于他们明白更多为人处世的道理，有助于他们形成更加完善的三观。对于我来说，“世上无难事，只怕有心人”、“有志者，事竟成”会是我永远的座右铭。

D.科幻，魔幻

记得小学四年级的时候，老师推荐了《哈利波特》系列，还有《指环王》系列给我们。这些当时都是我们从来没有听说过的书，没想到后来会在全国上下引起那么大的轰动。记得本来我还觉得这些书没有意思，和那些世界名著比起来就是二流作品罢了。没想到，一开始看就完全陷进去了。一个寒假就看完了已经出版的四本，后来出一本看一本，一直到完结。

这就是魔幻类的书籍，也许是不被一些名家所看好的，也许会被说只是一个编故事的罢了，但是这些故事确实给我们一代人留下了深刻的影响。那个魔法世界中的古堡、魔法师、各种咒语、各种课程，让我们现在回想起来还是很美好的事情。这些都让我们的想象力得以发挥，能够自由地想象那个世界是怎么样的。里面的故事无不是充满着真情和感动的，常常让我看到流泪。故事是虚的，但是里面的真情却是真的。让孩子接触这些书籍，也能让孩子的情感变得更细腻，更加注重细节。

科幻类的书籍，则更是对现代影响深远。这里必须提到凡尔纳，他的书籍确实值得一看，那些海底的场景、环游世界的场景，现在想想都很佩服他惊人的想象力。

女孩子在科学方面可能不如男孩子更突出，对科幻的感兴趣程度也远不及男生，家长在这方面要注意引导。现在都提倡培养创新型人才，而创新型思维的开始也许就是孩子的想象力，也许就是孩子的一些胡思乱想。培养孩子的创新思维，看看这些书籍恰到好处。要知道，凡尔纳可是在几百年前就在他的书中描绘出了一个有地铁、有汽车、有照明系统的现代城市草图。让孩子读读他的作品，说不定孩子也能预言未来的世界会是什么样子的呢。

这些书籍在女孩子看来，也许会有些沉闷，家长一定要告诉孩子坚持看下去，毕竟这里面有我们需要借鉴的思维和想象力。家长可以先挑选一些故事性强的科幻小说让孩子阅读，以培养孩子在这方面的兴趣。之后再让孩子接触更深层次的科幻书籍。

E. 历史书籍

这方面书籍，在现在一些女孩子看来再无聊不过了，干巴巴的历史有什么好看的，不如看言情小说来得轻松开心。历史在很多人看来是严肃的、枯燥的、不好看懂的。其实不然，对孩子来说，现在市面上有很多历史方面的书籍可以去阅读。写的并不是那么正经八百的，也没有那么多术语，更加偏向于历史故事型的，让孩子对历史有个大概的认知。这些书籍适合孩子去阅读。

俗话说，读史使人明智，古人也说过以史为鉴。今天的事实就是明天的历史。而我们现在所看的历史，也是昨天所发生过的事情。妈妈现在老是说，读史的人，身上都有一股大气磅礴的感觉。毕竟是胸中怀有古今中外几千年故事的人，那种气质就是不一样。也许让女孩子不再娇滴滴的、不再那么小家子气的最好办法就是让孩子多看看历史书籍。在历史书籍中，无论是人物还是故事，想必会给孩子留下深刻印象，而孩子日后也会以这些为自己处世的准则和指南，趋利避害，以使自己能在社会中生存得更好。

我来深圳后的第一套书是历史方面的，后来看的《中华上下五千年》、《中国通史》等等，无一例外都是历史的。不知道为什么，我就是喜欢看这种书。看这些书的时候，也许刚开始是被里面的故事所吸引，觉得这些故事很有意思。而后来，慢慢是被这些事情中的联系和规律所吸引，也会慢慢开始思考一些历史的规律，会想想这些事件中的内在联系，其实这些也都是有联系可以去寻找的，对于我的逻辑思维也是一种锻炼。

读史也许不是每个人都像我这样痴迷，甚至看历史课外书会被老师敲脑袋。不过那些历史故事，足以让很多只喜欢八卦的女孩子多那么一点文化气息，能让她们变得更加大气一些，换上一种不一样的气质，也能让孩子对于自己国家的历史多一份亲近感，培养孩子的爱国情结。

F. 杂文和论文

这种文章，也许是我不太喜欢的一类，因为必须要静下心、沉进去读，不然在读的过程中总是容易走神或者发呆。这些文章不像小说那样有着扑朔迷离的情节，不像历史那样有各种各样好玩的故事，不像科幻那样那么天马行空。恰恰相反，这些文章，一般都是作者的思想精华，一般都是很有条理的哲理性文章。

这些文章在孩子特别小的时候并不推荐阅读。第一因为孩子的思维还没有到那个地步，很多东西，尤其是这些文章里的语句，在他们看来就是天书，就是不知道在说什么的句子。第二就是这些文章的整体基调都是深沉的，很有哲理，在孩子小时候，这些书的基调的确不适合喜欢故事、有好奇心的孩子去阅读。

但随着孩子年龄的增长，这些文章也应该适时引导孩子去读。鲁迅的杂文、周国平那些哲理性很强的散文，都是好的读物。读这些东西自然不是什么非常有趣的事情，正好用来锻炼孩子的耐心，用来磨练孩子的恒心和韧性。也许在这个过程中，那些还比较深奥的语言不能对孩子造成多大的影响，但是坚持读这些不容易啃下来的文字，对于孩子的性格也是一个磨砺。

这些杂文终将影响孩子，这些作品中的言语会不断被用到作文中去，而且会一代代传下去，让那些有现实意义的道理继续传承下去。

G. 侦探

“真相只有一个！”这句话相信已经影响了一代中国青少年，这是动漫《名侦探柯南》中主人公柯南的标准台词。侦探不得不说是阅读中的一个好题材。探案故事比较符合孩子富有好奇心、想要究根问底的性子，让孩子在读的时候很有趣味感，侦探们的想法也总会让孩子们得到一些启示。

刚开始我对这个题材一点都不了解，在看了《福尔摩斯探案集》后，马上就沉浸在这种办案的氛围中不可自拔了。案件的发生、侦查和最后的破案，都是非常精彩的故事。看到后来，我也从一个读者变成一个小侦探，学着去注意文中的每一个细节，学着从这些细节中推理出一些东西。这也算是一种思维的锻炼吧。

侦探题材的书籍看似只是故事，有的人觉得就是破个案子，当故事解解闷就好了。其实这些故事里面，让我看到的更多的是办案时那种逻辑思维，一环扣一环、十分紧密的办案过程。对孩子逻辑思维的培养也是有一定作用的。

而很重要的一点，就是这类书籍不会读腻，永远都有新的案情发生，永远都有新的办案过程，永远都有很精密的破解过程，读起来没有什么难度，剧情一般都是很吸引人的，也不害怕孩子读到一半会放弃，对于提高孩子阅读的兴趣很有帮助。对我来说，这也许就是我逻辑思维开始的第一课。

H.通俗小说

这里说的通俗小说，我想大概说一说武侠小说和言情小说。

这两类书，在爸妈的那个年代，也许是很忌讳的吧，那一代的家长也不会允许看这些所谓的杂书闲书。到了我们这一代，很多家长对于这类书籍也是一种排斥的态度。

记得在我小学初中的时候，这些书压根就是不让我碰的东西。武侠在我的印象里是坏学生才会去看的，这种题材也远比不上文学名著有水平。而言情更是我避而不见的。当时班上有同学会带着武侠小说来学校看，每次他们看完电视剧之后也会兴致勃勃地讨论金庸笔下的那些人物，我总是对这些感到不屑一顾，也懒得去听。而那些女孩子们最喜欢看的言情小说，《那小子真帅》、《泡沫之夏》等等小说，也是让我唾弃的。曾经还和语文老师吐槽过书店里的这些言情小说太过“猖狂”，把名著的架子都不知道挤到哪里去了。现在看来，当时真的很不屑这些东西。

其实后来回头看看，这些东西里面也有值得借鉴的东西。武侠小说里的文字，都是很细腻的，金庸先生的作品，也都是很用心去完成的，人物都很鲜活，有血有肉的，而故事情节则更受到中国传统儒家思想的影响，对于“义”这个字有着很深的理解。书里面也有很多诗词，古典气息很浓，多读读他的书，人的整体性格气质也会有很大的改变。而言情小说也不能说毫无意义，里面的语言，那种婉约细腻的感觉，也会给女孩子增添多一份的细腻感。里面的故事，或多或少也是对我们产生过影响的。对于各种情感的看法也会受到这方面书的影响。

对于这种书籍，不能杜绝，毕竟还是有值得借鉴的东西，但也不能任由孩子花费大量时间在里面，让孩子多读读那些口碑较好的作品也就足矣，乱看滥看也会对孩子成长造成一些负面影响，在情感方面也许就会出现很多不必要的麻烦。要让孩子知道，更多的是学习里面的语言，感受里面的那种氛围，学习里面那些人物身上优秀的品质。

I. 英文原版

在广泛阅读中文书籍的同时，也不要忘了让孩子多接触一些英文书籍。

刚开始也许就是朗文英语那些初级的英语读本，一个个名著的浓缩版本，不仅是故事的精华，还可以让孩子锻炼英文水平，增加词汇量。此外，也可以看看《空中英语》杂志，还有其他的英语杂志和报纸，在文章中去找英语阅读的那种感觉。

有一定基础之后可以去尝试《牛津书虫系列》，中英文对照的。这种书籍其实不是很推荐，除非孩子能够抵挡住中文的诱惑，老老实实把英文的读完。一般的孩子读到一半就会图个方便直接去阅读中文部分了。另外可以去尝试读读《心灵鸡汤》系列的作品，这里面都是一些生活中发生的小故事，能告诉我们很多做人的道理。

再然后就是英文原版的书籍了。阅读这些书籍也要由浅到深，不能一蹴而就，否则很有可能半途而废。刚开始可以选择一些童话书籍，或者一些比较薄的、词汇较简单的名著阅读。到后面慢慢增加难度，变成中长篇的名著。

为了提高孩子的兴趣，让孩子能够坚持下去，这个时候其实很推荐侦探题材的英文小说，毕竟一环扣一环的探案过程，一步步发展的故事情节，让很多孩子能够坚持读下去，这种故事性强的小说是首选。另外近些年来流行的《哈利波特》、《暮光之城》系列的英文原版，也受到青少年的欢迎。可见在孩子们感兴趣的题材上，无论多么复杂的作品，也都能一个个攻克下来。

在读英文原著的时候，不能急于求成，关键在于积累，在于找到对英语的那种感觉，这样的积累在我们以后的生活里一定会发挥更大的作用。

书，是人类永远的好朋友。多读书，读好书，才能让我们在读书的道路上少走弯路，多和“名师益友”相伴，这样的人生会少些磕磕绊绊，会多些精彩的印记。读书是一种习惯，需要我们从小就开始养成。读书是一种态度，是我们主动了解世界了解历史的态度。家长们绝不能忽视读书在教育中的至关重要性。孩子们需要读书！

电视，动态的花花世界

在电脑还未发展起来的时候，电视在孩子成长中占据了很重要的一部分。我们这一代的孩子都是在电视的包围中长大的，电视是看不腻的，无论什么时候，无论什么地方，有一台电视，就足以让我们看上很久。

那么电视为什么受到孩子的喜爱呢？

电视不同于书的一点就在于是动态的。无论是什么，都是鲜活的一面展现在孩子面前，让孩子仿佛看到真实的东西一样。无论是电视剧还是动画片，无论是新闻节目还是访谈节目，都很真实地呈现在孩子眼前，而不是像书里只是白纸黑字的文字。这一点就足具吸引力，也难怪孩子们这么喜欢这种东西。

电视是信息量极大的一个产品。每天在电视上有节目、新闻、消息不断放送，在这些东西里面总能有满足孩子喜好和需要的东西，也就难怪孩子会耗费大量的时间在电视上了。在孩子的认知尚未成熟之前，对什么都抱有极强的好奇心。庞大的信息量，对于孩子来说，是很有看点的，很有吸引力的。

电视能影响到孩子，很大程度也是因为家庭的关系。哪个孩子最开始不是跟着家人一起看电视，然后逐渐养成了这种习惯的呢？在家庭里面，一起看电视已经不是什么稀奇的现象了，吃饭的时候一起看新闻，晚上一起看电视剧，有重要赛事活动的时候一起看电视，这些都是一般家庭的常态。孩子在这样的环境中长大，自然而然对电视有一种亲近感。当家长在以后的日子里试图控制孩子，试图让孩子少花点时间在这个上面的时候，常常发现总是会有孩子和家长一起看的时候，孩子也总会以各种各样和家人一起的借口来开脱自己看电视的行为。

电视对于我们的诱惑是巨大的。记得在小时候和家人抢遥控器发生过冲突，大了之后也总是要争电视看，每次不如愿就要大吵大闹，这些经历对于很多孩子来说也是正常的。尤其是动画片、电视剧一类的东西，具有连续性，看完一集又想看下一集，总是让孩子惦记着，能持续很长一段时间的影响力。碰到能吸引我们的节目，我们也总是会不惜一切代价去看完这个节目。因为电视，家人和孩子之间不知道会产生多少的冲突。而且随着年龄的增长，我们喜欢看的东西越来越多，电视上能看的节目类型也越来越多，花在电视上的时间也越来越多，这个时候就需要家长的合理引导了。

对于电视，家长还是要充分利用其信息量大、形象生动的特点等，引导孩子看有益的节目，让孩子获得更多知识，拓展自己的视野，更加方便孩子的教育。而那些被看作是肥皂剧、被很多人觉得无聊的节目，如果孩子喜欢，也可以作为紧张学习中的调味品来调节一下心情，但是连续性的节目还是少接触，以免上瘾。对于不符合孩子年龄段的节目，一定要坚决禁止，以免这些节目对孩子产生不良影响。

在针对电视这件事情上，家长也应该尽到自己的职责，不能放任不管，也不能完全压制。个人有以下几条建议：

1. 从各方面有所管制

无论是在收看时间上，还是在节目类型上，家长都应该对孩子进行一些管制。

从小学开始，我常常听到班里同学在说，写完作业就可以去看电视剧，每天他们的生活仿佛就是作业和电视两部分组成。很明显，这些同学必然不会把多少时间放在读书上，在聊天的时候也都是谈论一些娱乐八卦的话题。甚至为了看电视，自己的功课都是敷衍了事。长此以往，大量的时间会被耗费在电视上，对于孩子的成长教育十分不利。

现在各种各样的电视节目都有，在中国这个电视节目不分级的国家，孩子接触到不符合年龄的节目的几率大大提升。如果家长不采取措施管制一下，孩子将接触到很多不利于身心健康的节目，将接触到很多浪费时间的肥皂节目，而一些真正有用处的节目也会被孩子认为枯燥无趣而忽略掉。这种时候，需要家长作出一些引导。

首先在时间上，不可能要求孩子一眼都不看，这也是做不到的，但是该限制的就应该限制。在我小时候只有周五周六晚上能看看动画片，假期中的周日也可以看看，其他时间都是被禁止的。虽然现在看来这有点太严了，但是为了让孩子避免上瘾，避免浪费大量时间，家长也不能太放纵孩子，每天都看着实不太可取。每天看会让孩子养成习惯，无论在多忙的时候也要花时间在电视上，这种连续性的安排是很难打断的。所以应该在每周的固定时间安排孩子看看电视，每次的时间也要有所限制。

在假期的时候可以适当宽松一些，增加一些看电视的时间。个人觉得，平时压得太紧，孩子总会在缺少压制的时候发生大的反弹。就比如说很多孩子平时根本就不能看电视，一到假期这种没人管的时候，就会天天泡在电视里面，过上一个假期的瘾。假期在家的管制其实不容易，除非把电源全部收走，让孩子没法去碰，否则孩子肯定会忍不住去看的。所以，家长在假期一是要严加管理，二是多带孩子出去走走，多去活动活动，减少看电视的时间。

而在类型上，一定要有选择地看，不能大杂烩一样什么都看。小的时候就应该乖乖地看看少儿节目，再大一些多看看新闻、纪录片、讲座类等有教育意义的节目，再大一些已经有分辨能力的时候可以放开看看电视剧这样的节目。不同年龄段都要有选择地收看节目，不能看到一个就是一个。家长在不适合看的节目上要坚决禁止孩子观看。具体的各种类型，我会在下面电视节目类型选择中详细说到。

2. 家长和孩子一起收看节目

很多孩子看电视的时候都是一个人，父母没有那个心思跟孩子一起看电视。其实如果有父母的陪伴和随时交流，这是很愉快的一个过程。孩子可以及时表达出自己的看法，可以和父母交流，有不懂的也可以及时请教父母，这是一个互动的过程，而不是孩子单方面接受电视灌输的过程，而且这会增进家人和孩子之间的情感，这种温馨的氛围是很难得的。父母在百忙之中抽出时间陪陪孩子，效果一定不会差。

记得我小时候看动画片的时候，哪怕是《猫和老鼠》这样的动画片，父母也会一起看，虽然在他们看来不是那么有趣，但是这个家庭的氛围很温馨，让我觉得有人能一起看也互相有个交流。后来看其他的节目时，有父母在旁边，可以及时问一些自己不明白的问题，也可以就一个问题和父母交换意见看法。而且事后觉得，在这种情况下记下来的东西、新知道的知识，会更加记忆深刻。

家长可以和孩子一起看看少儿节目，用里面的知识和故事教育孩子，让孩子走好第一步。可以和孩子一起看看新闻，培养孩子对天下事的关心程度。可以和孩子一起看纪录片、讲座类节目，给孩子扩充视野、增加知识。这样的过程一定是很愉快的。

3. 鼓励孩子多表达

很多孩子把看电视当作很轻松的事情，因为只用看就好，也不用动脑子思考什么问题，更不会被要求写下什么观后感。其实这样是有害无益的。本来在看电视的时候，花去的就是本应用在看书长知识的时间，再不对所看的节目有所想法、有所收获的话，那就得不偿失了。

家长在和孩子一起看电视的时候，要注重和孩子交流节目的看法和感受。而在吃饭、散步、外出活动的时候，有时间也要和孩子对所看电视节目的一些话题进行讨论交流，鼓励孩子表达出他自己对节目的想法。

这样的好处有很多。首先，可以让孩子多说说话，多表达自己的观点。女孩一般都比较内敛，不是很善于表达自己的想法，通过交流，可以锻炼她们的思维能力，可以锻炼她们的表达能力。无论说成什么样，父母都应该认真去倾听，也许刚开始并不连续，磕磕巴巴的，但是只要父母一直鼓励孩子去说，慢慢地都能越练越好。这样既能培养孩子的自信心和勇气，又能提高孩子的表达水平。而且在交流过程中也可以让孩子养成和父母沟通的习惯，增进感情，有益于父母和孩子成为无话不说的朋友。

其次，在交流过程中，父母可以及时发现孩子的想法是怎么样的。通过交流，父母可以引导孩子多往积极向上的方面思考，养成积极的三观。对于社会上的一些热点问题，也要让孩子辨证客观地去思考，不要走极端。现在社会上很多偏激的青年，张口闭口都巴不得唾骂这个社会，对什么事情都看不惯，在我看来这些孩子就是缺乏和父母交流。如果从小能够多和父母交流在电视上看到的社会百态，也许态度会客观端正很多。在交流过程中父母可以更进一步了解孩子的想法和思维方式，用他们自己的社会阅历来指导孩子，告诉孩子应该怎样去思考，可以让孩子在以后的人生道路上走得更加顺利一些。

4. 给孩子买些影碟

除了在电视上看到的那些节目，对于孩子来说，一些有意义的影碟也是必需的，家长应该和孩子一起挑选一些质量较好的影碟回家一起观看。

记得在我小学时候，让我对英语产生浓厚兴趣的就是迪斯尼少儿英语的影碟，它集合了迪斯尼经典动画片段、歌曲、各种精华的词句，让我看完后还觉得意犹未尽，假期在家又看了好几遍。这类型的影碟，既能满足孩子对动画片的需求，又能让孩子对英语产生浓厚兴趣，让孩子自己爱上学英语这件事情，可谓是两全其美。

除了这种教育类型的影碟，一些纪录片、电影的影碟也可以选购回家给孩子看看。虽说在这个网络发达的年代，在网上什么都能看到，但是在电视前，一家人一起看看有意思的、有意义的碟子，互相交流一下看法，让孩子接受这种熏陶，也是再好不过的事情了。毕竟影碟比电视上各式各样复杂的节目要更加精华一些，要更加有选择一些，对于孩子的成长也是好事情。

5. 家长要以身作则

经常会看到或者听到很多人天天晚上跟着自己的家长看电视，如果在周末或者特定的时候，这是一件好事，但是如果日日如此，那么浪费掉的时间就不是一星半点了。也会听到这样的事情，家长比孩子更热衷看电视，有电视剧就看，有综艺节目就看，只要回到家就把电视打开，一直看到要睡觉。在这样家庭里面长大的孩子，自然也是看到什么都想继续看下去，也无所谓是不是感兴趣。

在家里，父母一定要给孩子做个好榜样，即使不能真的这么做好，也要做好表面工作，至少让孩子觉得你不是一个离开电视就活不了的家长。孩子经常会找各种各样的借口开脱自己忍不住看电视的行为，有的时候也会说父母天天都在看，也会说父母开着电视想不看也能听到。家长不能为孩子提供这样做的借口。孩子在写作业的时候，除非是让孩子关着门听不到声音，否则最好不要在他的视线范围内看电视。在孩子不应该看电视的时候，一定要督促孩子去做该干的事情，不要自己光顾着看电视忽略了对孩子的管理。为了避免对孩子的干扰，可以在自己的卧室里装一个电视，这样也可以让孩子安心学习。

人毕竟是群体生活的，家庭的影响很重要，家长不能忽视。

6. 学会选择书目

在电视节目的选择上，可谓是五花八门，有的家长只赞同看某一种或者某几种而忽略掉其他的，这种做法也是不对的。对于种类的挑选和推荐，分为以下几种：

A. 新闻类

记得在高三开始的时候，每天晚上 7 点，全体高三学生集体观看《新闻联播》已经成了我们高中的惯例。虽说很多人都不仔细看，但是多看看新闻，对于我们“家事，国事，天下事，事事关心”，是有非常大的帮助的。

电视本来就是一个动态的媒介，能够将很多实时消息播送给全国的观众，更新速度也比较快。因此让孩子多接触这些新闻，也不至于让孩子感觉离这个世界太远，让孩子对这个社会有一种归属感。

新闻也分为很多种，我比较提倡在孩子三观尚未成熟的时候，多关注一下国内外大事，让他们多一份爱国热情和责任感。在孩子慢慢有判断力的时候，让他们接触一些社会新闻，明白民间疾苦。在有判断能力的情况下，才不会因为一些极端的事件而对社会产生消极态度，才能更客观地面对社会新闻。像娱乐新闻、体育新闻等等，也应该在孩子懂事之后再让孩子去看，毕竟这些如果过早喜欢上而成瘾，以后也会成为一种习惯，有可能会引起极端追星等后果。

在看新闻类节目的时候，也是和孩子交流的最好时机。根据新闻里出现的各种事情和话题，可以引导孩子多思考一下这些东西，然后表达出自己的看法。这个过程是很重要的，因为孩子以后的学习、工作中肯定会有各种各样发表自己看法的时候，这个就当是一个初步的练习吧。

新闻中的很多知识，孩子一开始也许并不是很能理解，但是可以促进孩子求知的欲望。孩子看到一个陌生的名字或者事件的时候，一定会自发地去查找相关资料以解决这些疑问，从另一方面推动孩子自主获取知识。

新闻从小到大一定是会一直伴随着我们的，多看看新闻，保持着对新闻对天下大事对社会上的事情的敏感度和关注度，对我们以后的生活一定是有很大帮助的。

B. 纪录片

近年来最火的一部纪录片，莫过于央视拍的《舌尖上的中国》了。各地人民纷纷模仿评出了舌尖上的各地美食，连大学里面也都出了一系列的美食榜单。可见现在纪录片仍旧是非常有影响力的节目。

在上世纪80年代，《话说长江》这一纪录片就给很多中国人留下了深刻的印象。那里面所讲述的长江以及沿河各地的风土人情、历史地理，就算现在来看，也还是文化感十足，能从里面获取很多的知识。当时的收视率也是非常之高，可见人们很喜欢从这种节目中获取知识，了解各地的风貌。

《大国崛起》这类的纪录片，是让我们掌握文科知识的一个很好途径。从这些国家的崛起历程里，我们可以了解一个国家的历史、政治等各方面的情况，让我们接触到以前从未听过的东西。对于孩子来说，这无疑是获取知识的重要渠道。

还有很多纪录片，比如《动物世界》、《探索》等等，都让我记忆犹新。每种纪录片的拍摄总是有它的意图，一定是想向人们宣传某些知识，有一种普及型的教育作用。让孩子从小看看这类的节目，了解世界、中国各方面的故事，拓宽视野，变得更加博学大气，可谓是很好的办法。

C. 讲座类

一说到这个，脑海中自然而然跳出来的是“百家讲坛”这个风靡了很久的节目。直到今天，即使这个节目的收视率不再像以前一样那么居高不下，关注度也低了许多，但是“百家讲坛”无论在电视还是在图书市场仍占据着一片地盘，学术型的讲座节目，这个必然是首选。

很多人一听到学术，第一个词想到的就是枯燥。孩子在看这些节目的时候也许会觉得不耐烦、没兴趣。但其实在近些年，为了符合大众的欣赏口味，让节目被更多人所接受，节目的通俗性有了很大的提升。“百家讲坛”这种节目，其实也可以被称作是全民普及性文化知识讲座。在这些节目进行讲座的人，都是仔细准备过稿子，尽量将学术问题通俗化，所以在听的过程中，观众也不会觉得乏味，不会觉得有听不懂的地方。

孩子多看看这些节目，对于增长历史文化知识很有好处。这些节目的语言一般比较诙谐幽默，其中不乏为人处世的道理，通过一个个历史故事，主讲人将这些历史文化中的精华传播给观众。让孩子多接受这样节目的熏陶，可以增加孩子的文化积累。

D. 人物访谈

这种节目也越来越受到大家的关注，连带着这些节目的主持人一个个都成了明星。杨澜、鲁豫、张丹丹等等这些国内著名访谈节目的主持人，也和节目一起受到欢迎。他们出的书销量十分高。

其实这种人物访谈节目就跟我前面提到的人物传记是一样的，通过对名人的访谈，挖掘名人成功背后的故事，将名人真实的一面呈现在观众眼前，和传记起到了同一个作用。

看这些节目主要作用是两个：一是这些主持人的主持艺术值得孩子关注。做这种节目的时候，主持人和嘉宾的交流是很重要的，不然就会导致整个节目就是那么一问一答毫无意思。这种问题和回答之间的语言艺术，看多了孩子也会吸收到一些技巧，有利于以后和别人的交往。二就是和名人传记一样，这些名人的事迹会给孩子的成长提供或多或少的帮助。在失落的时候调整心态，在迷茫的时候找到目标，也许能帮助他们在无助的时候获得力量。总之，榜样、名人的力量是无穷的，他们所代表的精神也会影响到一代代的青年们。

多看看这种节目，让孩子们多了解一些名人的故事，让他们对以后的路有一个目标，并给他们十足的动力支撑，也是一件好事。

E. 综艺

这类节目，也许是争议最多的节目之一了。有的家长一提到这种节目就皱眉头，一看到孩子在看这种节目就马上去制止。其实综艺节目没有那么可怕，也不应该被完全禁止，也要让孩子有所接触。

一提到综艺节目，《快乐大本营》、《天天向上》等湖南卫视的节目就会浮现眼前。这些节目在一些家长包括在我妈妈眼中都是很无聊的节目，一群人天天嘻嘻哈哈的，不知道在说什么，孩子在看的时候也就是乐乐而已，收获不了什么实在的东西。但其实不然，我觉得在看这些节目的时候，第一能够放松身心、开开心心地笑一笑，这已经足够了，现在有多少时间能让我们这样放肆地笑呢？第二就是可以增加我们的幽默感，这些欢笑也能培养孩子的幽默细胞。在很多调查中，增加魅力中的一项便是幽默感，很多人都看中这项素养。所以让孩子被这些节目熏陶一下，多一丝幽默感，也未尝不可。第三里面也有很多明星不为人知的故事。这些故事也可以用来和朋友同学交流，用作交朋友的途径。另外这些明星受过的苦难，也可以带给孩子一些精神上的力量。

家长担心孩子看这个也是有原因的，毕竟这些节目的性质都是娱乐，对于孩子来说浪费太多时间看这种节目，一是耽误了学习的时间，二是耽误了去吸取知识的时间，这么做太得不偿失。

这样想没有错，但是他们也没有认识到综艺节目带给孩子的东西。如果家长不是完全制止，而是在孩子观看的时候引导孩子去思考这些节目带给自己什么，让孩子自己认识到综艺节目的利弊，然后自己去选择调整，也许会有更好的结果。

F. 体育比赛

这一类的节目，在关于运动的章节里面提到过它的重要性。一家人在有比赛的时候一起看，一是能增强孩子对体育运动的爱好，掌握更多体育运动的技能和知识。二是能让孩子在和别人交流的时候增加一种话题。三是在看体育比赛的时候，一家人其乐融融的气氛让人觉得很舒服。四是体育比赛一般都能激发孩子的爱国热情，增添一份爱国责任感。

不过也有因为看体育比赛上瘾，有的时候熬夜或者翘课都要去看体育比赛，所以也要求父母在孩子看比赛的时候有所管理，不能放任自流。在有比较重要赛事的时候全家可以一同观看，但是在一些并不是很重要的比赛上，家长要教会孩子学会取舍，不能鱼和熊掌兼得。

像奥运会举办期间，不妨挑选一些精彩赛事和孩子一起观看，一起讨论一下里面的动作技术，一起讨论一下奥林匹克运动精神，这也是一个交流的绝佳时机。

G. 电视剧

从孩子开始接触电视，就会一直受到电视剧的影响。

一般来说叫做肥皂剧，在我理解中就是消磨时间用的，但是其中有几类电视剧还是值得推荐的，家长也可以和孩子一同观看。

励志类的电视剧是可以选择的，但是绝对不是那种名为励志，实际却是爱恨纠葛主打的电视剧。我最喜欢的一部励志类的电视剧，就是讲述毛泽东和他的同志们青年时代的《恰同学少年》。这部剧将毛泽东和其他同伴的青年英姿展现在我的眼前。从他们的学习、对国家大事的热衷关心、他们的言论等等中，我也吸取到了青年应有的精神，这种进取向上、爱国爱民、极富社会责任感的形象才是青年应有的形象。在这种电视剧中，孩子能够得到很多激励，在未来的道路上能以此为榜样。

然后就是一种叫情景喜剧的东西，不过也要有选择的看这种休闲性质的电视剧，毕竟有些情景喜剧就真的是搞笑了事，而有些情景喜剧每集里面都藏着一个道理，像《武林外传》、《家有儿女》、《炊事班的故事》这样的情景喜剧，虽然中间总有乐乐呵呵的时候，但到最后，总能不知不觉就被灌输了一种道理进去。这种轻松却又能收获一些道理的过程，也不失为一种玩学兼具的过程。

其他各种类型的电视剧，不能说全都不让看，而是要有选择地去看。在看的时候要注意孩子的年龄段，要挑选适合的去看，一些情情爱爱的自然不适合出现在儿童的电视节目单上，而且看的时候也不要耽误孩子的学习，可以在暑假或者寒假的晚上让孩子看看这类电视剧放松一下。

H. 动画片

这个东西，我觉得可以用“活到老，看到老”来形容。

不管年龄大小，只要喜欢看的，就是喜欢看，无论什么时候都喜欢看。记得一个叔叔每次看《猫和老鼠》都乐得跟朵花似的。

孩子成长过程中，动画片是最初的启蒙工具，并一直伴随着孩子。

其实现实意义我不知道怎么来评价动画片。动画片毕竟是虚幻的，很多场景在现实中根本不可能出现，但是这些的确是我们接触这个世界的第一步，我们宁愿去相信里面的场景都是真的。无论国产动画片还是日本、欧美的动画片，里面都会有着各种各样意识形态的渲染。在这些里面，会有对人性善恶的描写，会有对真善美的赞颂，会有对各种情感的描写。也许就是从这些动画片里面，我了解到了这个最初的世界。

记得《百变小樱魔术卡》里的一句话，这个世界上没有偶然，有的只是必然。这句话一直影响我到现在，我相信所有事情都是有因有果的，现在受的苦、现在享的福都不是偶然得来的，而是经过以前的懈怠或者是苦难得来的。记得在看《四驱兄弟》的时候，里面四驱车选手们互相协作、互相竞争的场面，让我至今难以忘记，里面的团队合作让我觉得有团队在身边是件非常幸福的事，团队的伙伴都是值得珍惜的朋友。像这些东西，家长们本来都想不到孩子会从简简单单的动画片中感受到，但其实这也是种潜移默化的影响，看得多了，自然也能感受到了。

不过这些也都是后来在和母亲的交流中得到的。母亲总会问我，你觉得动画片给你带来了什么，让我对这些做一个深刻的分析，在静下心来分析过后得出了上面的那些想法。所以，动画片是否能真正实现它的教育意义，还得看家长朋友们能不能多让孩子去思考这些问题，让孩子自己去体会动画片的作用，而不是只看到了动画片的人物、故事情节。孩子们在看动画片的时候也要多问自己几个为什么。

综上我的观点，对于电视，是应该控制的，在节目上是应该有所选择的。在电脑和网络越来越发达的这个年代，电视的用途也在慢慢减少，孩子们的兴趣也慢慢从电视转向电脑。在电视和电脑的双重包围下，孩子踏踏实实读书的时间也显得越来越少，很多人也因此染上电视瘾、网瘾等让人头疼的坏毛病。这些都是时代发展进程中不可避免的问题。家长朋友在面对这些问题的时候，不可以走极端，完全压制孩子在这些事情上的行为，而是应该客观地想一想，怎么将这些东西的优势教给孩子，让孩子从小养成一个好的习惯。毕竟习惯的力量是强大的，一旦习惯养成，对于日后的教育也有诸多好处。

关于电脑和其他多媒体设备将在下面的部分提到。这些部分由于和我的生活息息相关，而我在这些上面也有很多自己的心得体会，因此话相对于别的章节也就更加得多。朋友说你是写到有感觉了，其实也不是，就是自己有些感受想和更多的人分享而已。

电脑与网络，难以回避的虚拟空间

电脑和网络从一开始就被各方面称为双刃剑，因为使用得当、时间合理，就会给人们带来很多便利，而如果过量使用，耽误到正常的学习生活，就会给孩子带来很多麻烦。网瘾也是当今社会热议不下的一个话题。

电脑在我小时候还不是普遍的。记得当时家里只有一个95老系统的电脑，没有联网，只能用磁盘存东西，也就是让我每次写作文的时候敲敲字而已，连纸牌这些游戏玩起来都很费劲，更何况这些游戏还统统被删掉了。那个时候的我，根本想不到电脑在日后会发挥那么大的作用，也不会想象到网络是那么有吸引力。再说网络，只有当时去爸爸妈妈办公室，上上新浪看看新闻，在新浪视频上看看《大话三国》的动画片，玩玩flash小游戏，这也就是我网络生活的全部了。

五年级开始，qq、游戏、网站进入了我的世界，我知道了电脑还有这样的用途。慢慢地也开始喜欢上上网，而不单单满足于使用电脑。于是从这个时候开始，和父母之间关于电脑、关于网络，发生过不少冲突。父母采取过各种各样的方式来防止我过多使用网络，而我随着年龄的增长，喜欢的东西越来越广泛，对于信息丰富的网络世界便更加感兴趣，所以矛盾也就越来越激化。父母最后只有将电脑放在他们的屋里来减少我使用电脑的频率。直到高考之后才放开使用，时到今日，看到我老是在聊天，他们也总会来训斥我几句。

网瘾，对于青少年是很要命的。记得以前说起网瘾，就跟得了多么严重的病一样。但是从目前看来，从我在贴吧上接触到的学生看来，这已经慢慢成为一种普遍现象了。在这些学弟学妹们的贴子中不难看出，控制住自己不上网，其实是一件很不容易的事情。坐在电脑旁边，不自觉地就想去碰电脑，就想去上网看自己喜欢的东西。而且很多时候，名为上网查资料方便学习，实质也是去网上翻阅和学习毫无关系的东西。很多人都在贴子里面苦恼管不住自己，觉得很头疼。由此可见，网络对于现在的学生，已经慢慢成为一种学习上的妨害。

网络为什么那么吸引这些青少年？答案只有一个，内容太丰富了。青少年们本来就处于好奇心强的年龄，而在课堂和正常学习中，这些好奇心都处于一个被压制的状态。而网络的大千世界，让他们觉得十分的畅快，在这里面可以随意地看自己喜欢的东西，可以随意地发表自己的观点，可以随意地或者可以说不负责任地表达自己。在网络上总有一些东西能满足他们的喜好，总有一些东西让他们觉得可以去消耗时间。紧张的学习和这个比起来，自然是“甘拜下风”的了。

所以作为家长，在这个孩子从小就接触电脑的时代，控制孩子使用电脑的难度也就越来越大。在这个问题上不能放松，要注重平时的一丝一毫，要让孩子养成妥善使用电脑使用网络的习惯，在必要的时候也要采取强制措施来压制孩子，否则电脑和网络会挤占掉学习的大量时间。具体应该怎么做呢？我想来谈谈自己的看法。

在对孩子进行教育管理的时候要明确，电脑和网络是不一样的，这两者的管理要有所不同。其次，要明白，大多数孩子的自制力没有那么厉害，而且大多数孩子天天在电脑上泡着也不会突发奇想，成为比尔·盖茨和乔布斯那样的人，所以，管理是一定需要的。

电脑是我们现代生活中必不可少的一个工具，所以电脑技能的掌握对于学生来说也是很重要的，不能到工作后发现和电脑有关的东西自己什么都不会。而网络，我们应当发挥它的有用之处来帮助我们，对于容易上瘾的东西，要通过自己和家长的共同努力来克制来管理。

1. 电脑技能的掌握

在这个离开电脑仿佛什么都不方便的时代，大量的学习、工作，都要靠电脑来完成。这个暑假在人民大学 2012 级新生群里，碰到了很多次的一个问题就是，“新生让不让带电脑去学校？”每次看到这个问题我们都会回答可以带。他们又问有非要带的理由么？接着我们就会说选课、写作业、完成工作等等都要在电脑上进行。其实回答多了之后就觉得，电脑确实在我们身边，无法离开。除去上网闲逛的因素，电脑本身的那些功能对我们来说也是不能忽视的。

在大学学校的团校，要求做班级展示也就是所谓的答辩，我好不容易把方案写出来了，想把做演示文稿 PPT 的任务交给另外一位班长，结果得到的是他不善做 PPT 的回复，我只能自己做完了 PPT。而那天在答辩的时候，他因为对电脑操作不熟悉，播放的时候也屡次出现问题。可见在大学里，电脑技能不掌握好，无论是学习还是工作，都会受到影响。

电脑上值得去学习的功能有很多，Office 系统的 Word、PPT、Excel 等等，都是从小学到大学再到以后的工作生活中不可缺少的东西。而其他的一些功能像画图、记事本等等附件功能，也都会发挥很大的作用。家长不能因为看到社会中那么多因为电脑网络上瘾的孩子的案例，而让孩子完全远离电脑，当然这也是不太可能的事情。与其完全封闭，不如让孩子来学学这些技能。

家长在孩子小的时候，可以不开通上网的功能，或者掐掉网线，只让孩子使用电脑上的那些有用的功能。如果担心孩子会玩电脑上自带的游戏，或者是单机游戏上瘾的话，可以将这些游戏也删除掉，只剩下最初始的功能。现在孩子在学校里面都有电脑课，家长要鼓励孩子好好掌握电脑技能而不是玩游戏的技能，回到家可以让孩子每周或者是定时在电脑上练练打字、做 PPT、画图等技能。

以我个人的亲身经验来说吧。在小学时候，家里用的就是一个很古老的电脑，windows95 的系统，唯一的功能就是让我打打字。在那个时候，由于小学班主任的默许，我每次的作文都是在电脑上完成的，因为这样既能省时间又能保存一个底版，很多年之后还能看到当时的作文。其实当时只觉得这样很方便，而且每次老师也都会鼓励我继续这么打下去。没想到慢慢地，我的打字水平随着写作数量的增加也不断提高。直到现在，打字速度都是被同学公认的快。盲打都是我打字时候的习惯，在黑暗中打出自己想要的文字也是很顺手的。

到了初中，家里换了新的电脑，系统也是最新的。这个时候，父母将上网设置了密码，删掉了电脑里面自带的游戏，留给我的还是一个只有最基本功能的电脑。在 word 已经熟练掌握的情况下，我就开始学 PPT 的制作和 Excel 表格的使用，正好结合初中电脑课所学的东西，自己没事就捣鼓一下电脑里的这些功能，争取做出最好的效果。心情不好的时候也可以用听歌软件听听歌，用画图随便涂鸦一下，熟悉一下各项功能。之后每次 PPT 课的作业我都是做的最好的。

其实这些功能看上去很简单，但是不练习，不去钻研一下，很难用精用好。很多学生打字到了大学还是“一指禅”，除去家庭环境的因素，就是从小没有怎么被允许碰过电脑的关系。很多学生上网很顺畅，但是这些最基本的技能倒是一塌糊涂，不得不让家长们引起重视。在控制孩子不沾上网瘾、游戏瘾的同时，也要让孩子多接触电脑，对电脑的基本用途不能感到陌生。

在掌握打字等技能的时候，使用游戏来帮助掌握，也是一条可取之路。比如金山打字里的游戏，就是很好的练习打字的游戏。里面有一个警察抓小偷的游戏，打字速度决定人物的移动速度，打字快了就能尽快抓到小偷或者逃离警察的追捕。而且最关键的是，打字游戏中的材料，都是不错的英语文章。通过这个游戏，既锻炼了打字速度，也相当于读了一篇英语文章，培养了自己的英语水平。有的关卡可能要经过好多次的练习才可能通过，相当于练了好多次打字，看了好几遍这篇英语文章。而且这样的游戏也可以培养孩子的注意力和反应速度，让孩子更加注意集中于一件事情上，及时发现游戏中的变化以做出反应。很多家长担心孩子上瘾在一些毫无用处的网游上，其实可以引导孩子玩一下这些锻炼电脑初步技能的游戏，一是没有那么容易上瘾，二在游戏中学到了电脑技能以及其他一些东西。

为了不让孩子在日后的信息社会中落伍，不让孩子因为不会这些基本的应用而丢失一些机会，家长还是应该注重孩子的基本电脑技能培养。我妈妈在打字、电脑的使用上一直就处于一个菜鸟的阶段，但是她是因为年轻的时候没有电脑可以用。而现在天天可以接触到电脑的孩子，就没有理由掌握不好了。在不让孩子上网的情况下，多训练他的电脑基本技能，值得家长们重视。

2. 网络，趋利避害，定要有所管制

在我看来，孩子的自制力没有多少是很优秀的。面对诱惑，在这个年龄，不动心的太少了。那些自制力好的孩子，是真的不喜欢这个么？不是，只不过是喜欢的程度没有那么深罢了，或者是可能有其他的爱好要高过网络，对网络便不是多上心了，但这毕竟都是少数。作为家长，孩子和网络之间要设置屏障，不能让孩子随心所欲地上网。

还是用我堂妹的例子。每次看到她，都深感这个信息社会的孩子生活环境太好了。往电脑前一坐，qq 聊起，网络上起，好不自在。但是在这种舒适背后，不知道会不会对她的未来造成什么不好的影响。瘾这个东西，不知不觉就会染上。而看看我的一个表哥，他就是因为无人管教染上网瘾，就算被打得半死也还是要去上网，把他送到封闭的地方去学技术都管不住他，最后只能把他送去当兵，最近才算有些好转了。瘾这个东西，想要改变，想要治愈，难度极大。

在我看来，家里的上网密码在孩子小时候还是应该设置好的，不能让孩子知道了肆无忌惮地玩，只有在真正需要查查资料或者每周的固定时间，可以打开让孩子来使用以下。因为在不能随意上网的情况下，孩子意识里就知道这是一个不能乱做的事情，做了要被惩罚的事情，自然也就只能把大量时间花在看书学习上，每次上网的时候也会提高效率，做自己确实有需要的事情。就我自己的经历来说，父母将网络上锁，我也没办法破解密码，所以平时就只能用电脑听听歌，练练基本的技能，其他时间都花在学习、看书、电视、运动上了。那些日子的上网时间，必然比现在的时间要短，想想也是给我省下了太多学习的时间。

而有一点我也觉得应该引起重视，就是父母要尽量让孩子心甘情愿地少去上网。如果永远都是强制要求他不上网，表面上看孩子也许真的是不上网、乖乖学习的样子，但其实孩子内心肯定会有这么一个观念，只要父母不管的时候，就一定要抓紧时间去玩。我一直觉得，弦绷得太紧，总有一天会断，会不受控制了。在高考后我一度觉得自己天天玩得太嗨了，就是因为以前在管制之下受到压迫，觉得上网是件非常难得的事情，所以在没有控制的情况下就会呈现一种失控的状态，怎么也玩不够。在父母对孩子进行约束的时候，也未尝不可让孩子自己体会到这么做的恶果，

比如放任一段时间让孩子自己明白浪费了多少时间，会有什么后果，让孩子自己认识到严重性，也是可以考虑的。但是，如果是一个上瘾沉迷在里面的孩子，还是应该被管制的，毕竟当局者迷。

除了强硬的政策，家长可以多方面发展孩子的兴趣爱好，让其他的兴趣爱好来挤掉孩子用在电脑上的时间，让孩子沉浸在其他更好的爱好中。比如体育运动，比如乐器、唱歌等文艺活动等等。多带孩子去运动，让孩子将更多时间用在室外，既强身健体也减少了使用网络的时间。而发展文艺方面的爱好，一方面提高了文艺方面的能力，也起到转移注意力的作用。孩子在小的时候，对网络是很容易就沉进去的，去尝试各种各样的东西，就不会只吊死在网络这一棵大树上。其实有的时候出去运动一下，唱唱歌，看看书，离开网络的日子也没有那么难过。

在写这一部分的时候，我也看到网上我发的一个大家关于网络看法的贴子里的回复。有人说网络、网瘾都是现代社会发展中不可避免的事情。而为了高考，为了应试教育来管制使用网络也是不可避免的事情。而具体怎么管，还是应该根据每个人自己的不同情况来决定的，不能以偏概全。

的确，矛盾都有特殊性。在管与不管之间，家长希望做到两全其美；孩子，则希望自己在随心所欲上网和保证学习成绩中找到平衡，想要鱼和熊掌兼得。在这个社会，什么都可能发生，所以，并不排除可以兼顾二者的情况。然而对于大多数人，扪心自问还是会觉得自己做不到，找不到这个平衡点。在我看来，当身处一个没有他人的房间，同时有学习任务和电脑网络，有些人也许就直接选择电脑网络了，有些人为了完成学习任务会先舍弃那边的，但是脑子里也想的是如何赶快应付完去玩电脑。

对于我来说，给家长的建议就是，管理是一定需要的，无论什么方法都需要管好，从小做起，养成孩子的好习惯。如果能让孩子明白自己这么做的苦心是最好的，但是如果不行，也不能将就孩子，就算当时受到孩子的埋怨也要严格一些，之后孩子会感谢你的。多培养孩子其他方面的兴趣来冲淡对网络的痴迷，也是上选。

而对于网络上的一些东西，我也有自己的想法。

首先是新闻类。记得一度我打开电脑，第一个去的网页就是新浪，会去看看国内外发生的大事还有娱乐体育版的新闻。对于网络上的新闻，应该和电视一样，家长应该引导孩子去看。有各方的言论评论，也是可以让孩子去接触接触的，多听取各方的意见，让自己的思想更丰富一些。但是在看的同时，还是应该注意到网络信息的庞大，注意到信息的真假。而且网络上那些黄赌毒方面的消息，也要杜绝孩子去接触，可以使用一下过滤软件。

第二个是音乐。音乐对于每个人来说，随着年龄的增长，重要性会越来越大。小的时候也许就是听听好听的，到大了之后会听听自己深有感触的，听听能引起自己共鸣的音乐。记得我第一次接触到流行音乐之后就被吸引住了，到网上下载了很多很多的音乐。之后每次上网就是去下载音乐。后来记得那次考试不理想后，父母就把原因怪罪在音乐上了，让我难以理解。其实音乐对于我来说，更多的就是一个放松工具，让我觉得舒服一些，不用那么绷着。在孩子的培养上，多听听音乐还是可取的，网络上各种各样的音乐资源肯定可以满足孩子的需要。

第三就是论坛贴吧微博之类的东西。众所周知，很多流行词汇越来越多是从这些地方发源的。网络这个并不实名制的平台，让更多的人有了自由自在发表言论的机会，于是纷繁复杂的言论四起。每天的热点总是能让人看到这世界上发生的千奇百怪的事情，大家的评论也能看出这个世界什么人都有。在这些地方，也许能得到些有用的东西，比如教育类论坛、贴吧、微博之类的，里面的方法资料可以让学生受益。而且这些平台现在被认为是网络越来越开放、民主的表现，成为很多人了解国内外发生的事情的第一渠道。但是网络上发言，人与人素质不同，语言使用、观点态度都有所偏颇。孩子在看这些东西的时候，家长要多引导孩子和自己交流，及时发现孩子思想中不正确的部分，让孩子正确看待这些不一样的观点。

第四就是网络上的资料。因为我也在网络上寻找过学习的资料，也给高中生发过学习资料，不否认有好的东西，有可以帮助自己提高的材料，如果早发现，估计收益会更大一些。但网络也有另外一点弊端，信息量之大让学生可以通过网络来寻找作业的答案，很多大学生也有了可以抄论文的地方。长此以往，到真正考核学生水平的时候，学生总会发挥出和平时不符合的水平。记得去年在网上看到四川会考的时候，很多学生在网上互相交换答案的胜景，不得不感慨，这就是网络的真正作用么？为什么会被这样利用？虽然说上有政策下有对策，但是自己凭实力去做，会有那么难么？这和学生的学习习惯、态度、对网络上资料的认识都有关系。

第五就是视频。电视剧、动漫、综艺、电影等等视频，都是占据孩子大量时间的东西。短小的几分钟的还好，就怕是一个小时或者更长的那种视频，让孩子一看就上瘾，而且一看就好多小时停不下来，甚至熬夜看。看视频是最挤占学习和读书时间的一项活动。毕竟动态的视频，要比静态的文字好太多，更何况剧情都是符合孩子品位的。对于这样的情况，只能用强制来避免了，能不给孩子提供这样的环境就不提供，比如不在他的房间里面摆放电脑。能监督孩子的就要监督，比如在做作业的时候多来查看一下，晚上多催孩子去睡觉等等。一旦发现这样的情况，还是需要借助家长的力量来帮助孩子克服这些困难。

电脑和网络对于我们来说都不是陌生的东西，使用的频率也越来越高，但是由于孩子的自控能力还较弱，对于事情的轻重缓急还没有多大的概念，因此家长也不能任由孩子的兴趣胡来，该管制的时候就要管制，不要等到大量时间被无缘无故浪费在网络上的时候再去后悔。尽力帮助孩子度过一个无悔的年少时代吧！

电子产品：乐享放松，防止沉溺

初三来北京的时候，和深圳蛇口那个小片区相比显得极其庞大的这座城市里，用现在一句流行语就是：压力山大。为了在这个城市里面方便联系，父母给我买了手机，那是一个没有什么太多功能的手机，作用就是和父母联络。初一的时候，父母给了我一个很破旧的mp3，只能存几十首歌，在那个时候我已经觉得这是世界上最幸福的事情了。那个时候的自己，也没有和别人对比过，只觉得这些东西都是身外之物，学习之外的辅助工具而已，有没有、好不好都没有关系。

直到最近几年我才知道我这种情况属于极个别的情况，同学里面从小学开始就用手机的都很普遍，mp3 这种电子产品就更不用说了。看看现在这一代的儿童，左手 Iphone、右手 Ipad的现象再普通不过了。让我不得不感叹，自己真的是out了。

这些东西的快速传播是没办法避免的。现在这个社会，父母越来越忙，接送孩子放学上学越来越不现实，越来越多的孩子只能小小年纪自己背着书包乘坐各种交通工具上学放学，这让家长也很操心，于是都会给孩子配备上方便联系的手机。刚开始可能还是最普通的手机，随着更新换代，总是要给孩子换上时尚的、功能齐全的手机。而 mp3、mp4 这样的产品，在周围的人都使用的情况下，孩子自然也不会落伍。就算自己没有，也会去用家长的。

而在这些东西的使用上，我们又应该怎么去看待呢？首先不能否认的是这些东西都有它们的作用，有它们独有的利用价值，确实给人们带来了方便和快捷。而另一方面，孩子在这些事物上，就像面对电视电脑一样，会对手机里面的游戏、小说、网络上瘾，从而浪费掉很多时间。在对孩子进行教育的时候，要发挥这些东西的好处，让孩子得到快捷的服务，得到娱乐休闲，另一方面要告诉孩子不能在里面一些不值得着迷的东西上浪费时间。

1.充分享受产品的便利

先从手机说起吧，手机最大的作用便是和别人交流联系。父母给孩子买手机的初衷也是方便和孩子及时交流。带着手机确实可以缩短人之间的距离，无论家长还是孩子有什么事情都可以让对方第一时间知道。手机也是拉近亲人朋友之间感情的工具。在我来北京之后，总是觉得孤零零一个人，每天在学校里面，感到心里不舒服的时候就会给父母发短信，聊聊之后便会好一些。而在高考前的日子里，只要有学习上、心理上的问题，我都会第一时间和父母沟通，也许他们并不能帮我解决什么实际问题，但是也给予我十足的勇气继续走下去，向着前方不断努力。高三时我觉得用手机和父母沟通也是我的精神寄托。直到现在，碰到难题，有不开心的事情，我还是会打电话和父母聊聊，也没想通过他们解决什么事情，就是疏解一下烦闷的心情。

手机也可以用来获取信息。家长可以给孩子定制手机报和天气预报，让孩子多接触一些国内外大事，社会新闻，体育娱乐新闻，有助于让孩子闻天下事，让孩子学会关注新闻。而天气预报可以让孩子了解最近的天气，根据天气来调整自己的穿着，根据天气来确定自己的日程安排，这也是培养孩子自主能力的一个途径。

在娱乐休闲上，手机也是很好的消遣工具。当孩子完成所有该做的任务时，家长不妨让孩子玩一玩手机上的游戏，听听手机上的音乐，同时和孩子交流一下最近的见闻，对于营造一个良好的家庭环境，也是很好的事情。

mp3 主要功能就是听听音乐。很多家长还会要求孩子通过 mp3 听英语来锻炼听力，这也是很好的办法。音乐给人最大的好处就是能让人们从中得到各种各样自己需要的心情。伤心的时候喜欢听悲伤的歌曲来抒发心情，心情好的时候想听动感欢快的歌曲来让自己更加快乐。孩子在紧张的学习后，需要有自己的时间来听听音乐，排解一下自己的心情。跟着音乐无论是哭是笑，最后都会觉得自己的心情得到了发泄。好的音乐总能让自己充满斗志，让自己的心情不再浮躁，让自己远离凄凄惨惨戚戚。记得在高三的时候，每次晚自习中途休息的时候，疲惫不堪的我总会拿出mp3，戴上耳机，听一首自己最喜欢的歌，旋律欢快，歌声甜美。每次听完这首歌，感觉心情就变好了，而且也有信心继续过完剩下的晚自习了。可见音乐带给我的不只是一时的听觉享受，而且是我继续奋斗的动力和催化剂。

通过 mp3 听音乐，我们总会觉得很舒服，而且总会跟着旋律不由自主地哼唱起来。久而久之，唱歌这项技能也可以被培养出来。家长可以利用这个特点，鼓励孩子在听歌的时候多唱唱歌。这样到了以后的社会生活中，也多了一项可以展示的才艺。

另外一种产品，我想提到电子书，这是一种这几年流行起来的电子产品。拿在手上，不像电脑那么沉重，也比书本要轻，在里面存上网络上下载的各种书籍，一个个阅读，做一个电子读物爱好者，也是另外一种阅读的途径。也正是这种东西的出现，让人们开始对纸质书籍和电子书籍进行接二连三的对比。其实这个和纸质书籍可以共存的，根据人们兴趣爱好的不同来挑选。对于孩子来说，也许屏幕比纸质书籍更加吸引人。如果能通过电子书让孩子多阅读一些好书，也未尝不可。

2. 不让电子产品成为浪费时间的罪魁祸首

现在中学生最苦恼的一个是电脑网络的瘾，另外一个就是手机的瘾。手机的瘾包括手机上网、手机聊天、手机游戏、手机看小说等等。在这方面，家长其实做不了太多的事情，很大程度都得靠孩子自觉。家长能做的就是限制孩子的条件，多监督孩子平时的手机使用。

其实很多人觉得手机能上瘾到什么程度，不过就是拿着好玩玩两下而已吧？其实不然。一旦用手机上网上瘾了，在玩着手机的不经意之间，时间就那么流走了。有的同学晚上甚至熬夜玩游戏、看小说。这样的精神状态又怎么能过好日常生活的每一天呢？

家长可以给孩子配备一个只能打电话发短信的手机，游戏还有其他能上瘾的软件都删除，上网功能也可以通过流量限制或者干脆不开通上网服务来解决，家长每月也可以通过话费来看孩子的使用情况。

在可以不使用手机的时候，家长也可以要求孩子尽量少使用手机，可以不带出门的就直接放在家里，以免孩子控制不住自己，又在上面浪费时间。

mp3 听音乐是好事情，但是听久了对听力有伤害，有可能还会耽误孩子的正事。

有一段时间我喜欢听着音乐做作业、复习，但是这段时间学习的效果并不是多好，做作业的时候容易走神，注意力并不能完全集中，很大一部分集中在音乐的旋律和自己的遐想上了。后来自己体会到恶果之后，做作业的时候就不再听音乐了。其实音乐能给我们带来休闲的享受，让我们心情得到排解，但是如果在做正事的时候听音乐，也是很分神的。在孩子学习的时候，家长应该多去看看孩子的学习状况，避免这样一心二用的情况发生。

沉浸在电子产品中的时间久了，孩子的精力就会沉浸在虚拟世界中，在现实中的精力就会少很多，和别人的交流也会减少。这很不利于孩子日后在社会中的交往，很容易出现大家都聊得很开心，而孩子却只会低头玩手机的情况，不和别人沟通。这样在日后的社会中会吃亏的。

家长要注意引导孩子发挥这些产品的优点，认识问题和缺陷，为孩子的成长培养一个好的习惯。

书籍和电子产品对于我们来说，都已经成为生活中不可或缺的产品了。不管是看书还是看那些电子产品，孩子的习惯都要从小养成。家长在培养的时候要注意从小做起，从小事做起，不能放任孩子随意来，要从小立规立矩，让孩子养成良好的习惯，正确认识这些东西。

第十四章 穿越青春的迷茫

本章精彩提示

1、**怎么处理青春期的叛逆？**在青春期，孩子不再像童年时那样无忧无虑，面对生理和心理上的变化，女孩们感到困惑、焦躁不安的情况会越来越多。在这个阶段，父母必须关注孩子的变化，及时做好沟通交流工作，对出现的问题积极解决，否则可能会给孩子的一生都留下不好的影响。

2、**原本朴素的孩子为什么忽然爱打扮了？**青春期的女孩子身体渐渐发育，会比原来更加重视自己的外貌，更喜欢打扮自己，在乎自己在异性眼中的形象。早恋、节食减肥等现象会非常普遍，这都是正常现象，家长不必慌张，要和孩子共同去面对。

3、**孩子早恋了怎么办？**预防先于“治理”。平时要和女儿成为朋友，多和女儿讨论友情、爱情以及择偶标准。发现孩子早恋时，首先仔细了解情况，而不是大加指责。如果在经过交流之后，孩子还是选择坚持，而对方各方面情况也还可以接受的话，家长应该给予一定的尊重，可以让孩子暂时交往，但是要立下规矩。

记得一本让我至今记忆犹新的小说《花季雨季》，书里面那些故事，多年前的自己还不能完全理解，对一些事情也只能读个半懂。多年后的今天，再回想起那本书，不得不感叹，自己就身在这最美好的青春、最美好的花季雨季里。

歌颂青春的诗句有无数，记录青春的故事小说更是成堆。如今在经历几年青春期后反观自己的这些年，不得不说感慨万千。当时身在其中并没有感觉到什么，还是照样地生活，现在静心想想才觉得原来自己已经历过了那么多事情。

作为一个女孩子，青春期是一个关键的时期。在这个阶段，孩子不再像童年时那样无忧无虑、单纯天真，面对生理和心理上的变化，女孩们感到困惑、焦躁不安的情况会越来越多。在这个阶段，如果父母没有关注孩子的变化，没有及时重视孩子出现的问题并积极解决，可能会给孩子的一生都留下不好的影响。

提到青春期，第一个想到的词就是叛逆。在我看来，孩子在每个时期都会有叛逆的表现，只不过在青春期更加明显罢了。从小到大听了很多关于叛逆的故事，和父母大吵大闹，甚至动手打人；父母说什么，就偏逆着父母意思来的；总想着标新立异，展现自己的独特性。其实对于我来说，并没有感觉自己有多大的叛逆，虽然也会有反抗、不听话的时候，但是父母说什么我还是会去做。跟自己的性格有关，也跟父母的教育有关。

然后就是女孩子在青春期生理、心理上发生的种种变化。身体渐渐发育，女孩子会比原来更加重视自己的外貌，更喜欢打扮自己。而且在和异性接触的时候心理上也会发生变化，会在乎自己在异性眼中的形象，而对某个异性的好感也会在这个时候表现出来。在这个阶段，女孩子需要得到肯定，需要被引导多去和别人交流，需要正确看待自己，也需要慎重作出一些决定。早恋、节食减肥等现象也会非常普遍，需要家长和孩子共同去面对。

家长在这个时期也要站到孩子的角度去想问题，毕竟自己也是经历过这个时期的人，对这些事情也都有自己的感受，所以在孩子情绪激动、话语过激的时候，不要太过生气，要静下心来慢慢和孩子沟通。沟通是解决问题的最好方法。在知道孩子有一些让自己不喜欢的行为时，也要想想，自己当年也曾经干过这些事情，要好好去疏导孩子，而不是斥责。

青春，笑过哭过体验过，才会真正长大。作为人生一个重要阶段，在我们享受青春的美好年华时，也要正视发生在自己身上的诸多困惑，在家长、朋友的陪伴下，最终能幸福快乐地度过这段时期。无论如何，我都希望我们的青春，可以无悔。

叛逆，两代人的碰撞

每次父母带着我和别人家一起吃饭的时候，别人家的家长总会夸我有多乖、学习好等等的，而父母总会说哪里有，也是叛逆得很，不听话。于我而言，其实并没有觉得自己有多么叛逆。那些故事里面听到的、电视里看到的叛逆，都是很激烈的冲突，常常吵得人仰马翻，而自己虽然和父母会有争执，会有心情不好就逆着父母来的时候，但也就是一时而已，之后就该做什么还是去做什么了，也没有做出过激的行为。

现在想想，我的确属于一个没有太大波动的女孩子，这首先和我的性格有关系吧。我本身从小就是把父母、老师的话当作圣旨，觉得如果不听话就会被训斥被责罚，所以与其冒险去忤逆他们的意思，不如做乖乖女好好完成任务。即使是反抗顶撞他们，也只是一两句，之后自己也会乖乖去做好。而除了性格之外的另外一点，我是一个很喜欢和父母沟通的人，父母也非常乐于倾听我的话，给予我中肯的意见。很多人觉得这个没有什么影响，其实不然。父母和孩子会起冲突的原因，很重要的一点就是，父母觉得孩子有瞒着他们的事情，所以想要去打探，而孩子觉得父母不理解自己，不相信自己，很反感这种被监视的生活，于是更加叛逆。我无论什么都喜欢和他们交流，和他们去说，因为自己藏不住事情。久而久之，我也从不隐瞒他们什么，他们对我也很放心，不担心我会背着他们做什么不好的事情。因为这种交流，我们之间的误会也就不多了，每次吵过之后也能以最快的速度和好，也不会记仇。比起那些因为孩子叛逆而搞得鸡犬不宁的家庭，我觉得自己也算是比较让家长省心了。

从我的经历看，父母做得最到位的，无疑是从小对我习惯的培养还有在成长过程中和我没有间断过的交流。

作为家长，要在孩子小时候就养成有规有矩的习惯，要告诉孩子正确的是非观，让孩子知道无论什么情况下都不能去做的事情是什么，告诉他们这样做的后果是什么，这样在以后的青春期，即使他们再叛逆，这些已经是印在脑子里的原则问题了，也不会在不理智下做出不合理的行为。就比如我自己，虽然在青春期的时候，父母要求我去练琴，要求我少看电视，少上网，我也会觉得非常的厌烦，家里总会发生争吵。但是从小的习惯告诉我，不先做完这些事情就是不对的，不先搞好学习就是不能去涉及这些的，作为学生我的学业是最重要的。于是我还是会乖乖练琴，乖乖学习看书。这些事情上面，一般只要家长管理了，我还是会听的，无论争吵到什么程度，因为这种意识已经深深刻在脑子里了。

而交流沟通更要从小做起。家长在平时要和孩子找一段固定时间来交流一天发生的事情。孩子在小的时候也不会有隐藏的情绪，该说的也都会说。说完之后家长可以问问孩子的看法，给孩子提提意见。长此以往，这也是一种习惯，既锻炼了孩子的表达能力，培养了在他人面前发表看法的勇气，又可以增进和父母间的情感，增加对父母的信任感。这样到了青春期这个叛逆的阶段，由于父母和孩子都已经互相了解彼此很多了，在一些没必要大动干戈的事情上，自然用交流几句的方法就可以解决，很多事情都可以坐下来好好说。父母和孩子也因为了解彼此，不会产生多大的误会。这是解决问题的上佳做法。

叛逆并不可怕，只要家长与儿女一起正视这个问题，一切都会好起来的。父母不能一意孤行强逼儿女做什么，而儿女也不应该随着自己的性子胡来。青春这一课，是要我们好好学习的。

谁的青春无困惑？

只要是女生，在青春期总会有各种各样的困惑。生理、心理都会发生很大变化。

第一条就是对生理上的困惑。现在各种媒体都有这样的消息——学校家长对学生的性教育是失败的。这个话题，甚至在我打字的时候，都觉得有些避讳，有些不好意思。不过作为必须要写的一点，我还是会谈谈我的看法。从我对这个问题的写作态度来看，就知道现在学校里的教育、家庭里的教育还属于比较封闭的情况，对这个问题更喜欢避而不谈。

但是女孩子在青春期，随着月经初潮的到来和身体的发育，还有从各种渠道听到看到的这方面信息，总会对性有各种各样的疑问，而家长却还是习惯性回避这种问题，倒不会像小时候直说“你是从垃圾堆里捡回来的”这样敷衍，只会告诉孩子如何去处理这个问题，不会告诉孩子这个问题到底是怎么回事，心里还是怕孩子太小，知道这些东西不好。因此很多女孩子对自己的身体还是没有概念，有的时候还会做出一些伤害自己身体的事情。

在我看来，家长应该顺其自然发展。在孩子对这些问题产生疑问的时候，家长应该直截了当地告诉孩子这是怎么一回事，而不是藏着掖着只告诉孩子怎么去做，怎么去解决这个问题。在性教育方面，不能觉得不好意思而避讳，而是应该让孩子养成正确的性观念，对以后的生活也是有好处的。而在孩子还没有对这些问题引起关注的时候，可以告诉她们应该如何做让自己度过这段生长发育时期，告诉她们如何保护自己的身体，不在年轻的时候落下病根。

第二条就是心理上的困惑。女孩子随着身体的发育，心理上也会发生很多变化。首先她们会变得更加重视自己的相貌还有穿衣打扮，更加看重自己在别人尤其是在异性心目中的形象。青春期的女生在心理上总会对情感有一种向往和需求，所以这样也是难免的。然后在和异性交往的时候，会有两极分化的情况。一种女孩她们会变得更加拘谨，不再像小时候那样无畏无惧的，会很在乎自己的形象，而且在和异性交往的时候会害怕自己和他们交流太多会被人说闲话，惹来麻烦，所以索性就封闭起来不和异性交往。而另一种女孩就会放纵自己，觉得和异性在一起特别好，万绿丛中一点红的感觉很好，甚至跟不良青年混在一起。

对于上面两种情况，都是很让父母担心的，生怕自己的女儿走上歧途，做出一辈子遗憾后悔的事情。父母要承担起帮助孩子解决这些问题的职责。

在女孩子更加注重自己形象这件事情上，父母应该多给予孩子肯定，让孩子觉得无论怎样，自己在父母心中永远都是最美的，让自己更加有自信。而另一方面，父母应该告诉孩子，什么才是最美的，不能让孩子一味地去重视外貌，而要告诉她内外兼修的才最美丽。而且要让孩子知道，你不是人民币，这个世界上不可能人人都喜欢你，所以对于外人的言论，该听的就听，不该听的就不要去搭理。

而在交友方面，异性对女孩子来说也是一个特殊的群体，有可能是友情，有可能是爱情。其实如果是从小受到良好教育的女生，到这个时候还是会坚持自己的原则，不会做出出格的举动。家庭带给孩子什么样的氛围，孩子应该就是一个什么样性格的人，这种影响可以帮助孩子走一条正道。而如果是过于拘谨害羞的情况，父母也应该鼓励孩子多和男生说说话，并拿自己的例子告诉孩子和异性的正常交往也是不可缺少的。要让女儿认识到和异性朋友交往时的那种不一样的感觉，也要让女儿感受到和异性朋友交往中所得到的收获。总之也是要多和孩子在这些问题上进行沟通。

爱情在这个时候也成为不得不面对的一个重要话题。很多女孩子会在这个时候对异性产生一种不知道是什么的情愫，有的人称之为好感，有的人直接称之为爱情。其实无论这种情感是什么，怎样正常面对这种情感也是需要学习的课题。

长久以来，中国家长在面对孩子早恋这件事情上，永远都是采取直接掐断、长痛不如短痛的做法。这样做其实有一定的道理，毕竟孩子这个年龄还不懂事，万一出了什么事情后悔一辈子怎么办呢？

但在我看来，父母应该先和孩子了解清楚情况后再做打算。如果在这个时候“强拆”，可能会造成更加严重的后果。也许孩子本来没有那么大的热情，在父母的强逼之下也许就会一意孤行，越来越想逆着父母的意思来。父母可以讲讲自己恋爱时候的故事，让孩子想想自己到底是不是真的认为这是爱情，这是靠谱的事情。父母要和孩子多交流交流，看看是不是真的值得在这个时候和这个人发展感情。也许孩子自己会明白过来，这只不过是好感罢了，时间久了也许就淡了。而且父母要和孩子约法三章，这种事情不能影响到正常的学习生活，如果做不到就只能听从父母的安排了。当孩子发现这个事情严重影响到自己的生活，对双方都造成了伤害的时候，也就会自己选择停下了。

当然也不排除有真的可以做到一直持续下去、不耽误学习的情侣。这也就是为什么说不能不由分说、不搞清楚什么状况就让孩子分手的原因，毕竟我们身边就有双方交往了五六年，最后双双考进名牌大学的事例。

青春期这种朦胧的感觉是很值得回味的，也是很值得珍惜的。在这个时候，孩子也要正视自己的情感，多和父母朋友沟通，不要自己憋在心里，要在沟通交流中寻找一条真正适合自己的路去走。

问世间爱为何物？

恋爱是孩子成长过程中必须要面对的一个话题。也许父母并不想让孩子过早接触到这个话题，但还是不可避免。随着现在孩子的发育期开始时间越来越早，孩子的心理也比以前要早些成熟。早熟已经不是什么奇怪的现象，所以比原来更早碰上这样的感情问题，也是不可避免的。

在恋爱上，我向来没有什么太多可说的，因为没有过这方面的经验，没有追过别人也没有被别人追过。在学生时代，还是谨守做学生的本分，好好学习，虽然也曾经羡慕过那些成双入对的，但是也一直相信自己最主要的目标是学习而不是恋爱。不过到了大学，该想的还是应该开始想想了。

身边谈恋爱的朋友不少，而且有一些初中高中都谈过，有从初中一直坚持到现在都还是很美好的情侣，也有分分合合闹过几次的人，也有直接就被各种外界因素掐断的情况，也有双方慢慢就断了的情况。虽然自己没谈过，但是从这些同学的情感经历上也看到了很多。

我也曾经对某些人有过一点好感，不过很快也就随风而去了。女孩子在青春期对恋爱的向往本来就很大，再加上各种小说、电视剧、电影的渲染，那种恋爱的浪漫是女孩子梦寐以求的。然后现实毕竟是现实，虽然已经不是那个“一切不以结婚为目的的恋爱都是耍流氓”的年代，但是该考虑的东西也都不能少，父母该担心的也都不会少。那种理想状态的爱情也许并不存在，爱情也要处处接受现实的考验。

在这个问题上，父母和孩子肯定会矛盾不断，如何妥善解决好需要双方多沟通，有的时候各退一步，海阔天空。由于我自己没有这样的亲身经历，所以就结合父母对我的教育、身边的事例来谈谈自己的一些看法吧。

1. 在这个方面，父母能做些什么？

一提到发现孩子在青春期恋爱的父母，永远都是棒打鸳鸯的形象。理由我们都很明白，孩子在这个时候，是非观念、三观都不成熟，容易相信别人的甜言蜜语，容易被欺骗，所以父母早点掐断，长痛不如短痛，对孩子也是好的，既避免了被伤害，又能让孩子的精力都用在学习上。

也许以前我是同意要严加管理的，但是随着大了之后看看身边的那些同学，我倒觉得，父母如果这样做，效果也许反倒不如其他的方法。毕竟孩子处在青春期这个特殊时期，叛逆心很强，而且年轻胆大，什么事情都敢做。如果一味地去掐断孩子的感情，孩子做出什么过激的行为都有可能，倒不如通过别的方式来解决。

其实从小的时候，父母就要做好榜样。很多人都说孩子找对象会带上父母的影子。想找个像父母一样能照顾自己、能让自己活得很开心幸福的人，所以父母要将自己身上优秀的地方展现给孩子，让孩子在以后选择恋爱对象的时候，能有一个比较客观的判断标准。

在发现孩子有恋爱的情况时，要做的是去仔细了解各方面情况，而不是马上大加指责，这样会让孩子很难堪，自尊心受到很大打击。在了解大致的情况后，再好好和孩子沟通沟通，看看孩子真正的想法是什么，也帮他 / 她解答心中的疑惑。毕竟这个年龄的孩子自己对感情也是懵懵懂懂的，很多事情也不知道应该怎么去处理，有的时候也会质疑自己的感情。如果在迷茫的时候能有父母的一两句点拨，也许会好很多。

如果在经过交流之后，孩子还是选择坚持，而对方的各方面情况也还可以接受的话，我觉得家长应该给予一定的尊重，比如可以让孩子暂时交往一段看看，但是要立下规矩，不能做的事情一定是不可以做的，要用条件去约束孩子。如果觉得不合适，也可以仔细和孩子分析清楚，让他 / 她自己去拿主意，而且要告诉他 / 她，一定对自己的选择承担相应的责任。

如果想让孩子在做出这些选择的时候能自己主动和父母沟通，就要和孩子成为朋友，通过自己平时的一言一行来影响儿女。多和儿女讨论一下友情、爱情这方面的话题，在平时就和孩子交流讨论选择对象的标准问题。在发现孩子一些不太好的倾向时可以及时纠正孩子的观念，让孩子在这条路上不要走偏了。同时也要给孩子尊重，毕竟这一代青年不再是当年的那些青年，很多想法都是很开放的，所以在孩子有说得通的观点时，家长也应该给予肯定。久而久之，当孩子碰到恋爱的困惑时，也会主动来向父母询问意见，而不会避而远之。而父母也可以通过自身的经历，在给儿女分析清楚情况后，告诉儿女应该怎么做。儿女在这种情况下接受父母意见的几率会比其他情况大很多。

新时代的父母，在处理孩子情感问题的时候，不能再像以前的家长那样，直接掐断，不留余地。该和孩子沟通的要沟通，该放开的时候要放开。见过几个比较典型的家庭，双方的父母都认可了孩子的感情，从初中一直谈到大学，大学双双考入名牌大学，准备大学毕业之后就领证结婚。虽然说这是个例，但也给家长们提供了一个可走的路。如果拆不开，倒不如引导孩子在这条路上走得更好，让孩子在感情和学业

上能够双丰收。

2. 给孩子的一些建议

现在的孩子，自己都很有主见，对于恋爱也有自己的看法。很多人觉得，不在乎天长地久，只在乎曾经拥有。恋爱就是一个经历，经历了就会成长。这个说法也没有错，恋爱的滋味，自己体会过了才能知道是什么样的，现在别人说太多都没有多大的意义。对于我来说，自己虽然还没有体验到爱情的滋味，但是也从别人的身上看到了很多，感觉到了很多。

A. 要相信爱情

在这个物质发展极快的社会里，很多人开始质疑爱情了。爱情能不能经受得住物质、现实的考验？真正的爱情还存在吗？这些都是很多人所怀疑的问题。一些人都不敢相信爱情了，认为沾上了利益色彩，爱情就是黑暗的。

在这个时候，那些真善美的故事不应该被遗忘。虽然小说、或者生活中发生的很多美好的爱情故事，都有一定的虚幻性或者是独特性，也许不能代表全部，但是至少让孩子知道，这个世界肯定存在着真正的爱情，而绝不是虚伪的存在。

其实我一直都很相信爱情，身边的很多同学，还有很多长辈，都是很好的例子。虽然现在不少名人选择嫁给老板的事实让我觉得现在的人很多还是更爱钱，爱情在相比之下能有多重要呢？但是我还是愿意去相信，这个世界上，因为爱情而在一起的人更多。我也相信自己可以找到那个自己爱的、也爱自己的人。

B. 幻想并不等于现实

最近我也在看桐华的小说，自己也总是很向往如同小说电视剧情节一样轰轰烈烈的爱情。但是现实就在眼前，那些作品里面的虚构成分也是很大的，里面那些海誓山盟、厮守终生的例子，确实让现在的很多青少年大为向往。

别把幻想当作现实，一是提醒女孩子们不要把作品里那样或者美好、或者悲痛的爱情当作现实，另外也是告诉孩子，不要幻想着将自己喜欢的明星当作自己的爱慕对象。

沉迷在作品那样的情节里，只会让孩子越发地不能融入到这个社会中来。小说里面那样一见钟情的爱情，那样跌宕起伏最后圆满大结局的感情，在现实中有，但是肯定不是普遍现象。如果孩子一味地沉浸在小说的世界里面出不来，那么在现实中的很多事情，他都会觉得不如小说中那样完美，就会挑三拣四，也许青春就在这样的挑剔中流过去了。

很多追星的女孩子，盲目把偶像当作自己的爱慕对象，每天都会幻想着丑小鸭变成天鹅，变成明星喜欢的女孩子。其实女孩子花痴的心态也是正常的，但是如果沉迷过深的话，在现实中看到的那些男孩子，如果和明星有一点不一样，女孩都不会觉得满意，眼光会变得很高，在盲目追星的同时也耽误了自己的青春年华。

所以说，孩子应该记住，勿将幻想当作现实。

C. 时间会告诉你一切

每次在安慰失恋的朋友，或者是告白失败的朋友的时候，“时间会冲淡一切”这句话的出现频率极高。也许很多人会说这是逃避感情、逃避现实的一种消极做法，但时间确实会告诉你一切，或者让你淡然，或者让你明白这是值得你追求的爱情。

在女孩子不能判断一个男生是否真的值得自己喜欢、值得自己去爱的时候，也许就应该交给时间来帮忙。在一段时间的考察和思考过后，再去看看这个男生是不是自己真正爱的，或者说只是一时兴起、经不起时间的考验。时间能让你充分考虑问题，不至于冒然作出决定让自己后悔。

在经历了一段失败的感情后，把调节自己的这个任务交给时间，也是一个好的办法。时间会冲淡一切的。时间会告诉你，这个世界上还有很多好男人，还有很多比爱情更应该去做的事情，有很多等着你去体验的事情，不能在一棵树上吊死。这之后你会变得更加豁然，对于这段感情，也更会觉得是一笔财富。

D. 当局者迷，旁观者清

在恋爱的时候，或者身处在爱情中的女孩，有种夸张的说法，智商等于零。这就意味着身陷爱情中的女生无法正确地、客观地看待爱情中的各种问题。平时再简单不过的道理，就是明白不了，感性一过头就盖住了原来的理性。

虽然说女孩子在恋爱中能听进去别人意见的几率并不大，但是也应该注意一下别人的建议，即使不能完全听从，也可做个借鉴。就比如说在一些爱情骗局中，男方就是抱着玩一玩、过过瘾的想法来对待感情的，而女孩子却还是向往着最美好的爱情，甚至向往着以后的美好生活。在外人看来一眼就能看穿男方有欺骗女孩子感情的嫌疑，而跟女孩子提出这种担忧的时候，总是会遭到女孩子的强烈批判，女孩子一般都愿意相信自己的直觉而不管别人的看法。她们总是认为，既然信就深信。

而到最后，受到欺骗、伤害的还是她们自己。每次总是到了这个时候，女孩子们才发现，身边朋友的提醒是多么的中肯，后悔自己为什么没早些明白。

其实我们都是明白道理、但到自己身上就做不好的人。所以有的时候还是尽量逼着自己去听听别人的观点，引以为戒也好，不然只能自己受伤。虽然说这样的痛可以让自己成长，但是毕竟是痛，还是少受的好。

E. 青春期的感情要正确对待

青春期的感情，对于花季雨季的青少年来说，是很美好的。而在这个时候，双方都是懵懂的，在很多事情都搞不明白的情况下恋爱，肯定会出些乱子。而且这个时期的感情会受到各方面的不断打压，同学、老师、家长等等，各方的压力都集中在两个孩子身上，最后也许会很平静地度过这个时期，也许有的时候就会造成悲剧。

在这个阶段，无论孩子有多么坚持自己的爱情，也要明确自己的主要目标是什么，也要明确自己今后要怎么去面对这段感情。很多情况下，这段感情到了毕业升学的时候就会受到冲击，一般的情侣在这个时候都会慢慢淡了，所以学业还是最重要的。如果为了这时候的感情耽误了学业，最后发现学业没有了，感情也慢慢淡了，自己什么也没有得到，这才是最糟糕的情况。

青春期是叛逆的时代，和其他人因为感情问题发生冲突也在所难免。女孩子要能坦然面对这些，既然自己选择了恋爱，就要勇敢去面对，如果不能面对，也许果断结束是最好的方式。

F. 不能越轨

关于青少年期便怀孕的新闻，在很久之前就不断听说，未婚先孕的后果也是很惨的，或者生下来自己养，或者堕胎，或者觉得绝望而结束自己的生命。这些都是前车之鉴，应当引起广大青少年的注意。

这一代的青少年越来越大胆，不再像原来那样保守，在恋爱中做的很多事情都是大人才会做的事情，在一个不经意之间就容易酿成恶果。

女孩子应该洁身自爱，明白爱和欲是不一样的，爱别人的同时应该做到爱自己，不能做出伤害自己的事情，不能做出让家庭、让自己都无法接受的事情。

在谈恋爱的时候，也要有自己的原则，可以做什么，不可以做什么，不能因为自己的一时兴起而去做。而是要在事先对自己规定好不应该去做的事情，在对方提出要求的时候要严加拒绝，不能心软。这些关乎到自己做人的原则，不是随随便便可以改变的。

女孩子有的时候怕伤害到两个人的感情，所以不敢拒绝什么，她们不知道这样做才是真正在伤害自己。如果因为这个就能伤害感情的话，那么这样的感情不如早早结束，也能让女孩子认清自己喜欢的究竟是一个怎样的人。

G. 学业和爱情

我们不排除能把学业和爱情处理得非常好的情况，比如前面举例提到过的从初中谈到现在，双双考入名牌大学的情况。很多人都喜欢把这个作为自己在学生时代恋爱的最好理由，来对付家长和老师所谓的“恋爱会耽误学习”的说法。

恋爱在大部分情况下确实会耽误到学习。人的精力是有限的，难以同时做好两件事情。虽然有一些幸福的个例，但不可否认的是，在学生时代，孩子本来就不是很热衷于学习，恋爱这样更有意思的事情出现了，很多孩子必然会忽略学习而选择恋爱。这样的结果可想而知。

当然很多孩子不自己体会到便不会明白这样的道理。我的同学中有一对，高二开始谈的，非常甜蜜，成双入对。老师在发现之后也跟他们分别进行了谈话，但是都没有什么效果。直到一次考试结束，男生的成绩发生了很大坡度的下滑，男生最终也在学业和爱情之间选择了学业，向老师家长妥协了，最后考上了很好的大学。

每种选择都会带来一定的后果。为了日后有一个好的大学，在中学学生时代放弃恋爱也是很正常的事情。如果两个人能够互相鼓励，共同进步，而且确实有这样的效果，在一起也许算不错的选择。

H. 爱情不是唯一

恋爱中的女生总喜欢把恋爱当作自己的生命一样重要，出了一点问题就要死要活地闹。其实除了恋爱还有很多值得我们去做的事情，爱情真的不是唯一。

离开爱情，你还有自己的学业，有自己的生活要过。你还有你的亲朋好友们可以去排解自己的心情，可以去聊天，还有很多关心你的人在你身边。

失恋了或者自己喜欢的人并不喜欢你，这样的情况，也许女孩子可以转移一下注意力，多培养一些其他的兴趣爱好来让自己排解一下：比如出去旅游一下，看看大好河山缓解一下；比如出去唱唱卡拉 ok，把不开心都排解一下；比如看看书，让自己沉浸在书中，时间也就这么慢慢过去了。

无论遇到哪种情况，女孩子都应该学会微笑。我最近很喜欢一句话，你若微笑，便是晴天。嘴角微微上翘的时候，是很幸福的时候。笑对自己碰到的这些感情问题吧！

1. 保持自己的个性

恋爱中，女孩子很容易因为自己喜欢的人说什么而去改变，这样下去自己的个性也就会被磨没了。到最后，喜欢的那个人也会觉得自己没有什么个性了而觉得厌烦，最后也会离开。这就告诉我们，女生要保持自己的个性特点，不要去刻意模仿，做好自己就足够了。

有些案例很明显地可以看出，太在乎对方说的话，太在乎对方的要求，而强迫自己去改变，往往会变得四不像。很多女孩子在分手后得知是因为对方不喜欢自己的性格，又会对自己的性格产生很大的疑虑，不知道自己这样的性格到底是不是别人喜欢的那种，觉得得不到喜欢后就会消沉或者彻底改变自己的性格。这都是不可取的，这样的女孩子会活在别人的阴影下，找不到自我。

其实我觉得只要做好自己就是最美的，没有必要因为某些人去质疑自己。自己的人生要自己去走，保持自己的个性特点，对自己以后也是有好处的。变得和别人一样，又何必呢？在别人的看法里度过一生，也太辛苦了。

2. 谈恋爱要有条件，不能只凭感觉

谈恋爱要有条件、有标准，选择对象的时候也不能只凭自己的感觉来，而是要考虑很多。自己对理想型要先有一个考虑，在选择的时候才好决定。

虽然不说像挑选结婚对象那样的高标准、严要求，但是在谈恋爱的时候同样要选择一个和自己比较搭的人。总的来说就是，要选择一个和自己差别不大的人。

这个差别，包括了家庭背景、成长经历、性格特点、兴趣爱好等等方面。如果差别过大，除非两个人能处理得很好，家里人都很支持，否则很难走到最后。很多人觉得不用看那么多，只要两个人相爱就可以了。但是这只是恋爱开始的条件，如果要持续下去，没有共同话题可说，不能理解对方的背景，不能包容对方的性格特点，到最后，还是会慢慢淡了，随风飘去。

特别有一点，就是男方不能比女方差太远。家庭背景、学历等等方面，如果男生和女生差太远，在以后的日子里会觉得自卑，会觉得女方高高在上，这样的压迫感很不舒服，而女方日后在不如意的时候也会念叨为什么当初会选择这个比自己还差的人。这样不平等的关系，迟早会让双方破裂。并不是说多么功利，但是确实这些问题会出现在我们的日常生活中。很多电视剧中也有过这样的表演。

门当户对也许不再那么重要，但是差距不能太大确实是很重要的，不然在恋爱中两者的关系总是不平等的，两方都不会觉得舒服。

爱情是美好的，在恋爱这方面，也许会有很多冲突，但只要是你经历过的，就是宝贵的财富，无论是痛苦还是幸福，都是你以后可以慢慢回味的东西。

衷心希望我和所有的女孩子，都可以找到自己的那个他，能在爱情路上过得幸福快乐。

父母的肯定是孩子最好的礼物

青春期的女孩很容易就产生自卑的心理。她们很容易怀疑自己的外貌、怀疑自己的能力、怀疑自己的一切。也许以前还是一个不怕这不怕那的假小子，一转眼就会变得不再自信。而且随着年龄增长，学业压力也越来越大，孩子在这个特殊阶段，非常需要家长的肯定。

也许孩子在外面会因为学习成绩不好被老师批评，被同学看不起，回到家，如果家长再加以斥责，怎么可能让孩子变得自信呢？只能让孩子更抬不起头来。也许孩子在外面会因为外貌而被嘲笑，如果回到家家长再说出你长得那么丑这样的话，岂不是落井下石让孩子更加心碎吗？

所以从这里面我们看出，家长即使有的时候真的觉得孩子有很多毛病，确实能力不好的时候，也应该先静下心来，告诉孩子你是最棒的。我相信这句话无论在什么时候都是有用的，那就是让孩子知道，就算外面的人再怎么说，还有父母会支持你。

记得有一段时间我在学习上出现了一些问题，老师同学对我的态度马上就变了，开始重视新冒出来的一批人，我仿佛就是一个过去时，感觉要一直堕落下去了。那段时间的自己特别消沉，但是每天父母都会和我聊天，开导我，让我不要担心后果，往前冲就是了，还有父母在后面支撑着你，不会倒下的。即使这些话对我的学习方法没有什么帮助，但他们的肯定让我充满了斗志，后来也顺利地回到了第一的位置。而在外貌上，我记得每次我说自己长得丑死了的时候，父母都会说我胡说八道，说我长得很漂亮、很标致。一直以来我也不知道这是善意的谎言还是真的，在他们的肯定下我一直是一个非常自信的人，即使有外人的闲言碎语，也只是一时的不愉快而已，之后又会做回自信快乐的自己。

家长的肯定对于女孩子的成长来说就是一粒定心丸，让孩子能够更顺利地度过这个特殊时期。

究竟什么是美?

这也是人们一直争论不休的一个话题。以何为美？唐朝以胖为美是众所周知的，而近些年来一直是以瘦为美。所以很多女生费尽心思就是想变得苗条一些，好看一些，在减肥上花掉了太多太多的时间。而且减肥的手段也是各种各样，节食、喝减肥茶、吃泻药等等。

以何为美呢？家长从小就应该告诉孩子，真正的美绝不单是外表上的美，而一定是内外兼修的美。减肥可以，但是要适度。

其实很多女性都不是靠着外貌而闻名于世的，她们的内心才是最强大的，才是最能感动世界的。居里夫人、海伦凯勒、特雷莎修女等等这些我列举过的例子，都是靠自己的心灵去感染别人，在世界上留下自己的一道色彩。

减肥造成厌食症、肠胃炎的例子屡见不鲜。女孩子在青春期，爱美之心不可阻挡，但是这样过激的减肥方式会伤害到身体，也会为以后的生活留下很多隐患。

家长可以多带孩子去了解一些世界优秀女性的故事，给孩子买这些女性的传记，让孩子去看看她们是怎么成功的。可以多和孩子交流一下什么是美，在思想的碰撞中，让孩子形成一个正确的审美观。可以多帮助孩子发现自己身上的美，平时多鼓励孩子去微笑。在孩子穿衣打扮的时候多夸夸孩子，多指导孩子，给予孩子更多的自信。

对于我来说，外貌现在看起来也是很重要的，但是我绝对不会因为自己的外貌而纠结。如果没有人觉得我好看而欣赏我，我不会觉得难受。但是如果没有人因为我的内在欣赏我，我就会难过。对我来说，打扮固然重要，但是充实自己的内心，磨练自己的性格，让自己的言谈更加大气，让自己的气质更上一层楼，是更加重要的东西。

爱美之心，人皆有之，何况是花季雨季中的女孩子呢。家长要正确引导，让女儿更加自信，更加懂得自信的力量，自信的美。

青春，无数的人歌颂过，的确这在我们人生中是最美好的一段时光。在这段日子里，也许会有非常幸福欢乐的故事，也许会有很悲痛的记忆，也许会哭，也许会笑。无论你是谁，在青春期，你总会感到有很多困惑和迷茫。这段时期，请相信你自己的力量，相信父母的力量，相信友情的力量，甚至是相信爱的力量，你一定可以平安地走出困境。

青春万岁！愿所有人青春永驻！

第十五章

专业选择，职业选择的第一步

本章精彩提示

1、**选择专业还是选大学？**知己，全面剖析自己的性格特点、兴趣爱好，找到适合自己的专业；知彼，四处搜集信息，深入了解目标专业的实际情况，避免空想。

2、**冷门专业有前途吗？**很多人说金融、经济这些专业好找工作，说管理空泛、小语种泛滥成堆、文史哲出来没饭吃。但是在我看来，社会是不断变化的，需要的人才也是多方面的。一个真正有能力的人，无论学什么专业，最后都会成功。

3、**如何看待家庭对专业选择的影响？**选专业需要正确看待各种影响因素，包括家庭。一方面是家庭的物质基础，文史哲政治等专业被称作“贵族学科”，家庭条件不好的学生要更多考虑为家庭奋斗，因此，要做一定的现实考虑；另一方面是家人的意见，对此孩子应该充分沟通，不能一味地不带任何理由地去坚持，而是找到能够站得住的理由来让父母认同。

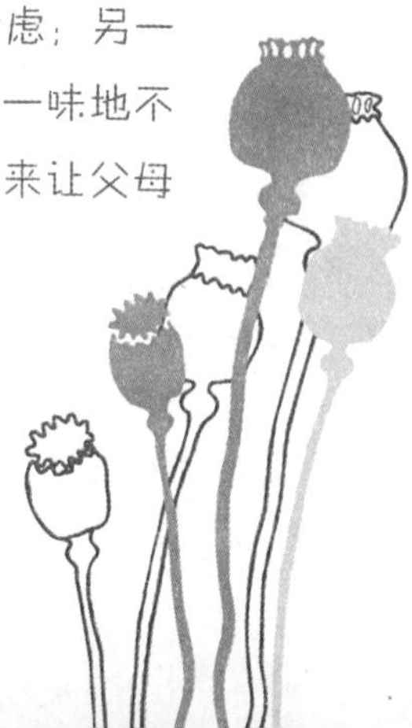

在大学里，职业生涯发展规划课，或者就业指导课很受学校和老师的关注。这些课程旨在让学生认识到自己的性格特点以及兴趣导向，了解社会上的需求，以寻找一个最适合自己的职业去发展。在这些课上，老师一般都会给学生做各种各样的测试来看看学生的性格特点以及兴趣所在，然后会告诉学生所适合的职业。这种课程的作用有多大并不好说，很多人只是把这门课当作一个可以放松休息的公共课来对待，真正认真去听的没有多少。但是从这种课程中，我们可以发现，职业选择的必经之路，就是认识你自己，在认识自己的基础上再去选择一个职业。无论在选择大学所学的专业，还是在日后的职业选择中，这都是一个通法。专业选择这一部分对于我自己来说，还是有一些研究的，而且自己也经历了转专业的纠结痛苦，所以想说说自己的看法。

人小的时候可以很坚定不移说出科学家、政治家这样大的志向，但是随着年龄的增长，很多孩子对于怎么达到这个目标会感到迷茫困惑，那些大的目标在他们看来是很虚无缥缈的，找不到方向，不知道该如何一步步走到那个位置。曾经我也想过从政，想学一个政治方面的专业，然后去当政治家，但是不可能一步登天的，看着那些政治界的高层人士是如何一步步走到最高点的，不得不感慨不容易做到那里。想到自己不知道何年何月才能到达这个地方，我就觉得这个理想并不是那么靠谱。相信很多人也都有同样的感受，年龄越大觉得迷茫困难的地方越多。所以对于孩子来说，选择一个专业才是最切实际的事情。

而在职业选择上，父母对孩子有很大的影响。一方面父母自身的工作对孩子造成很大影响，医生、老师等职业都容易出现代代相传的情况。另一方面，父母可以帮助孩子认识自己，让孩子尽快找到属于自己的兴趣爱好，找到职业目标。同时，父母的兴趣爱好和导向也会在孩子选择过程中起到支持或者反对的作用。

职业选择前的关键一步，就是孩子大学的专业选择。很多人说现在专业和职业不一定对口了，但是不可否认专业对孩子未来职业的影响之大，所以我也会在

成长路上，总会有“双刃剑”

专业选择，职业选择的第一步

序号	姓名	性别	原院系	原专业	转入院系	转入专业	年级
42	李鲜	女	劳动人事学院	人力资源管理	历史学院	历史学	2011

专业申请表

专业这一部分着重谈谈自己的看法。毕竟对于孩子来说，大学四年是确定职业的重要阶段，荒废了总是不好的。

孩子的兴趣爱好、家长的影响、社会的观念，这都会影响到孩子的最后选择。作为女性，本来在性别上就会遭遇到一些歧视，如果能选到一个适合自己的职业，才真正能够实现自己的价值。我倒不觉得现在的女生在职业上的选择会很单一，应该是和男生一样范围很广。不得不说的是现在对于女性在什么职业专业是最好的说法依旧存在，这和社会对女性的认识以及父母对孩子未来的考虑都有关系。相信在将来会有一天，无论什么职业专业，都会有很多人心甘情愿去选择。

专业这方面的选择，是高考之后的一件大事。有这样一种说法，高考成功有两个方面，一是考得好，二是志愿报得好。而志愿无非就是学校和专业报得好。高考后家长们都不能放松，要花费一切精力来研究专业和学校，尤其是专业，着实是头疼的事情。而究竟是选专业还是选大学，是选好大学的差专业还是次一点大学的好专业，是根据孩子的兴趣爱好还是根据社会潮流，这些都足以让家长和孩子头疼好久。

而在我看来，专业不是应该早就想好的吗？这种大事在短短的十多天里面决定，是不是有些草率了呢？不得不说现在很多家长在高考前一味地关注如何提高孩子的成绩，如何让孩子抓紧一切时间去学习，而忽略了对孩子兴趣爱好的培养，忽略了对选专业这件事情的前期准备工作。在我看来，父母应该从小让孩子培养各方面的兴趣爱好，最后找到一个他最喜欢的方向，作为日后的专业方向。而究竟什么专业最适合孩子，父母也应该从小和孩子一起探讨。社会上的大潮究竟有多大的参考价值，也是父母应该提前开始考虑的。由此可见，为了对付应试教育，家长竟然会不知不觉忽略了职业生涯中的第一步。

就我个人来说，专业的选择从小一直比较明确，即使中间有过变动，但也是有明确的某个专业目标。爱好历史，爱好英语，爱好政治，于是想过历史系、英语系、国际政治系等等。

究竟是选专业还是选大学，是选好大学的差专业还是次一点大学的好专业，是根据孩子的兴趣爱好还是根据社会潮流，这些都足以让家长和孩子头疼好久。

现在很多孩子喜欢的是很模糊的一个范围的专业，自己不知道有哪些专业是符合自己兴趣爱好的。在贴吧逛的时候，总是能看到很多人的如下表述：喜欢能当官的专业，喜欢能赚钱的专业，喜欢轻松有趣的专业等等。这个也不能说孩子没有专业目标，只能说太泛泛，而且把专业想得太天真了。

而孩子和家长在专业选择上，很容易受到社会潮流的影响，举一个最简单的例子就是金融。都知道中国人民大学金融是全国第一，很多人都想来上这个专业，即使高考没考上，在大学里也千方百计想转过去。但是想上这个专业的人中，有几个是真正知道金融是干什么的呢，又有几个人是真正热爱金融的呢？不得不说现在大多数孩子选择专业，都是冲着社会上所说的好就业的、高薪的专业去的，“有钱途”是唯一标准。或者是当官，或者是赚钱，这也是社会风气带给很多孩子的价值观。谁对谁错暂且不去考虑，这样被牵着鼻子走的选择难道就是最适合自己的吗？这个问题孩子和家长都应该多想想。

在我看来，选择专业有以下几个步骤需要去完成。

知己，全面剖析自己

职业发展课上老师对我们做的第一件事情，就是告诉我们要认识自己。而在对孩子的培养过程中，家长也应该注意让孩子养成分析自己的习惯。

了解自己，就要敢于直面真实的自己。很多孩子在写自我评价的时候，最喜欢写一大串优点，而在缺点那一项里根本不知道应该写些什么。更有甚者，让说出自己的几个优点，也会觉得没有什么话可说，只能说出几个空泛之至的词来。我记得小时候在老师给我的评语里，有一点让我觉得很不好意思，就是不能正确认识到自己的缺点。这一条也许到现在我也没能改变太多。

作为家长，在这种情况下应该多和孩子交流，让孩子多列列自己的优缺点，然后去保持好的、改正坏的，在生活中也要锻炼孩子的自我分析能力。在孩子发现自己缺点的时候不能大加批判，而是应该和孩子一起商量如何解决这些问题。在孩子成功解决了自己的缺点之后，也要对孩子提出相应的表扬。这样的目的就是培养孩子直面问题的习惯，告诉他犯错不要紧，有缺点也不要紧，只要改过来就好，让孩子可以更加自然地面对缺点，不用想着去逃避。比如在每次考试结束后让孩子养成认真分析自己为什么出错，学习中有什么问题的习惯，在每次完成一项任务之后让孩子总结自己有什么得失等等。久而久之，在这种自我分析中，孩子也就学会了如何面对自己的优缺点。了解自己的优缺点，可以为孩子增添不少力量。

而在大一这一年和高中生交流中发现，他们在问我问题的时候总喜欢问："我考了这么多分怎么办？""学习不好怎么办？""错了这么多题怎么办？"等等这样的问题。有的时候我就想说，"拜托大哥大姐，你们能先分析一下自己每道题为什么会出错吗？能分析清楚自己各科的问题到底在哪里吗？"对于我来说，考试完之后分析自己的问题已经成了家常便饭，只有分析清楚自己每题错在哪里，分析清楚自己各科到底有哪些问题，自己的学习中到底存在什么方面的问题之后，我觉得才能找出最好的解决方法。而绝不是像那些孩子一样怨天尤人，只能白费工夫。所以在我给那些学生写的方法里，我喜欢写上一句，一定要认真分析清楚自己的问题所在，而不是一味的逃避。

对于专业的选择，孩子还需要分析的就是自己的性格特点、兴趣爱好。那些三天打鱼两天晒网的兴趣爱好绝对不能作为专业的选择，只能当个消遣爱好罢了。而对于性格特点，父母和孩子都要多听取他人的建议，并且可以采用一些测试手法来进行测评。毕竟孩子自己是主观的，父母虽然说客观一些，但难免有主观的因素，有自己对孩子的偏爱。多听取朋友、老师和专家的意见，对于孩子的全面分析也是有好处的。测试方法有很多种，对于文理分科的测试，对于如何选择专业的测试也可以去尝试一下。我记得在文理分科的时候，老师让班上同学做了一个文理分科的测评，让我们发现了自己适合的方向，我则更加坚定了自己历史的梦想。在高考前做过一个专业选择的测评，也发现自己的确喜欢历史。这也直接导致了我后来所做的一些会影响我一生的选择结果。

在分析自己的兴趣爱好时，一定要明确自己到底是一时兴起的喜欢，还是想把这个当作自己事业的喜欢，毕竟专业和你的喜好是不一样的。在我转专业的时候，我曾经非常纠结一个问题，如果我不转专业，是不是就证明我根本就不热爱历史。如果我转了专业，但是父母都说我不适合学，我是不是真的热爱历史。这个问题也确实是专业选择中很重要的问题，孩子到底是不是真的对一个专业感兴趣。但当纠结痛苦了两个月之后，我觉得，转了也许有痛苦，也许会有不如意的地方，但是总比自己现在的这个鬼样子要好得多，至少自己有兴趣，有喜好，就可以克服那些所谓的困难、不合适。最后还是做了决定，去学历史。也许一个兴趣爱好是要经过时间的考验，也要经受自己和家人的考验的。总之，兴趣爱好也要慎重分析。

知彼，四处搜集信息

在高考前后，学校会下发一本大的选专业指南。每年的那个时候，成千上万的家长会抱着那个书发愁，看来看去那么多专业，又应该怎么给孩子选择呢。那么多专业，又懒得一个个去了解，很多家长就会凭着感觉和自己的喜好来给孩子随便挑选专业。而很多孩子对专业的了解上也很欠缺，在这段时间也会摇摆不定，一会儿觉得这个好，一会儿觉得那个好。

在今年高考完之后我深刻体验到了这一点。很多考生来咨询报考问题的时候都问，这些个专业都是干什么的，我还得给他们解释一遍。而在很多结果都已经出来的孩子口中，还是问出了自己报的这个专业好不好，到底是做什么的这种问题。我不能不为他们觉得很遗憾，自己的专业就这么不知所以然地填报了。很多孩子把原因归结于高考没时间研究这些东西。但是专业这个东西，如果不经过自己的研究考虑，以后难免会出现后悔不如意的情况。这就提醒了我们，早些开始对专业的了解也是非常重要的。

专业的数量其实是很多的，如果要一个个去了解肯定也不可能。这就需要在第一步分析清楚自己的基础上，选择一些自己最感兴趣，也是家长最推荐的专业来了解。了解的不能只是这个专业空泛的介绍。如果只看这些，孩子还是不知道这个专业到底是干什么的，而是要了解清楚这个专业会学什么，专业的水平如何，专业的就业方向和就业情况怎么样。与此同时，家长也应该以自己的或者是身边正在从事这些行业的同事的经历告诉孩子这个专业在社会中的真实状况，让孩子可以全面了解。经过这样的了解后，再决定是不是选择这个专业就是一个考虑比较周全的选择了。

其实身边还是有很多正面例子的。很多孩子对自己要上的专业早就开始研究了，从很久以前就查过了相关的资料，甚至还在高二高三的时候就已经和这个专业的学长学姐建立了联系，时不时去和他们打探专业的各方面信息。我觉得这个做法是很可取的。在现在交流沟通这么便利的条件下，想找到相关人士了解已经比以前容易很多了。如果经过自己的了解，还是感兴趣的话，可以考虑将这个专业作为目标去努力。而在听取了父母对这个专业的意见之后，孩子也可以根据社会需求和这个专业在社会中的真实生存状况来确定自己是否选择。

总之，知己知彼，百战不殆。在这里的知己便指的是自己，而彼就是指的专业了。如果在不了解一个专业的情况下就去选择，那种感觉肯定是急迫的，不太愿意的，倒不如趁早去了解自己感兴趣的专业，慎重考虑之后再做出选择。希望那些到报考结束了都还不知道自己的专业究竟是做什么的情况不要再重演。

走好理想和现实的平衡木

在选择专业的时候，不可能不提到社会的因素、父母的因素，这个专业并不是孩子想选什么就可以轻松做出选择的，除非是一个非常开明的、不用考虑钱途的家庭，家长可以任由孩子的兴趣走，否则还是或多或少会发生一些冲突。

我前不久在贴吧里面提出了自己的这个疑问，究竟选专业的时候应该怎么去考虑，现实还是理想，父母还是自己，这些都是让人很纠结的地方。于我自己而言，纵然自己一直都希望选择自己的理想专业，一直都想自己做出这个决定，不受社会上的潮流影响，不听父母的阻拦，但是做不到。一是自己确实是一个很容易受别人影响的人，另外一个就是怕自己做出错误的决定，怕承担这个后果，但在最后还是选择了这条路。很多人佩服我的勇气和执着，但他们不知道这一次父母站在了我这边。我觉得选专业和结婚有共同的地方，就是只有父母祝福、父母认可、父母支持了，这才是最有动力、最觉得安全的选择。所以我想这也是很多人最后会妥协的原因吧。

那么究竟应该怎么去看待这些因素给我们带来的影响呢？

首先在理想和现实之间，要做出选择。

最美好的情况莫过于自己喜欢的就是现实中那些口碑最好、就业最好的专业，以后出来前途也不错的专业，这也是有一部分人的。这种情况当然是要义无反顾地去选择。然后就是理想的专业在现实中属于一般的，这种情况下，一般还是应该选择去坚持自己的理想的，然后可以根据现实的情况稍微做出一些调整。最不好的一种状况就是完全冲突的，比如自己喜欢的就是史哲这样的学科，但是现实又是最不好赚钱的专业，这种情况就看自己的理想和现实何者更强势去压倒另一方从而做出选择。

而现实的因素，我们也应该正确去看待。很多人说金融、经济这些专业好赚钱，好找工作，说管理空泛，小语种泛滥成堆，说文史哲出来没饭吃，这是再正常不过的说法了。但是在我看来，社会是在不断变化的，观念会不断改变。而且社会很大，需要的人才也是多方面的。一个真正有能力的人，无论他学什么专业，最后都会成功地站在最高点。我了解到的就有小语种专业毕业了进入了德意志联邦银行工作的。管理的确是比较好找工作的专业，文史哲这些学科研究深入了，自己有一己之见可以让别人信服的，照样可以以此留名于世。既然我们要去选择自己所爱的专业，就要用自己坚定的态度去说服他人，去堵住他人的嘴，就像我在中国人民大学自主招生考试面试的时候说过的：无论什么专业，只要学得够好够精，就一定会有好的未来。

当然在专业选择的时候，家庭的条件也是不得不考虑的，因为家庭条件而向现实妥协的情况是一定会出现的。文史哲政治等专业被称作“贵族学科”，也是有道理的。怎么可能要求一个家庭条件不好的学生去学这些东西呢，他们自然是要为了自己的家庭奋斗的。也许在他们完成养家糊口的重任之后，会有时间去学习一些他们真正喜欢的东西。

第二就是在父母和自己之间，要做出选择。

父母毕竟更有阅历，对很多事情都有见闻，了解的东西到头来还是要比我们多出很多，经验也有很多，无论父母是同意你的选择或者是不同意，你总是要受到他们意见的影响。

我见过一个例子就是自己热爱新闻，而父母想让她去学金融经济类的专业，这个女孩子最后还是选择了新闻。在她和父母的斗争中，她坚持兴趣爱好是最好的老师，告诉父母："如果去学那些她不感兴趣的，不及格怎么办，最后毕业不了怎么办？"而且她用她对这个专业的了解来告诉父母，这个专业一样可以让她生活得很好。虽然父母并不是非常愿意让步，但还是不得不尊重了女儿自己的选择。现在那个女孩子在这个专业做得很好，在她喜欢的地方发挥着她的才能。

这给我们提供了一个很好的例子。孩子要多和父母去沟通，专业的事情不可能是你一个人的事情，必然要牵扯到父母，牵扯到家庭的未来，所以在选择上，家庭要经常讨论一下这个问题。在发生冲突的时候，不能一味地不带任何理由地去坚持，而是一定要找到能够坚定自己信心，并且说服父母的原因，让父母能够认同自己的看法。而如果当自己觉得父母说的有道理的时候，也要静下心来，撇开自己的叛逆因素，好好想想究竟哪个专业更加适合。只有在这样的不断交流思考后，孩子选择的专业才会是一个双方都满意的专业。

总之，现实，父母，这两个在专业选择中总是起到重要作用的因素，我们不得不去正视。无论如何，希望所有的孩子都能安然度过专业选择这一课，开始自己最美好的大学生活，无悔大学四年。

专业关系到我们大学的四年将如何度过。我见过很多因为坚持了自己想法而过得很幸福的大学生，也见过很多因为专业不满意而非常痛苦的大学生。总而言之，选择专业也是一个浩大的工程，不可能短短几天就确定，这需要孩子和家长早做准备。充足的时间，充分的自我了解和对专业的了解，适当地去解决现实和理想、自己和家人这两个矛盾，才是选择专业前应该做好的准备工作。希望我们都能在自己如意的专业度过大学四年生活。最后想说，能选择自己热爱的专业是再幸福不过的事情了！

第十六章

理财意识的培养要趁早

本章精彩提示

1、**应该给孩子零花钱吗？**如何看待钱，如何理财，如何生财有道，这是值得思考的话题。从小让孩子形成对钱的正确认识，学会正确使用钱、赚钱、理财，也是教育的一大课题。因此，从让孩子管零花钱开始，教会孩子理财是一种很好的方式。

2、**要对孩子进行物质奖励吗？**物质奖励就是在孩子做了一些好的事情之后用金钱来奖励孩子。这样的方式既可以帮助孩子养成好的学习、生活习惯，又可以让孩子体会到付出就会有回报的道理。

3、**孩子的理财意识应该从哪些方面培养？**最关键的还是应该从平时做起，从小事做起。要让孩子有自己管理钱的权利，也要让他们承担管理钱的责任。让他们知道钱的来之不易，让他们有自力更生的意识。

关于钱的俗语、谚语数不胜数。从古至今，如何看待钱，大家的观点都不一致。很多人可以大声说出“钱乃身外之物”来表明自己的态度，但是真到用钱的时候也可以不惜一切代价去赚钱，这也许就是人的矛盾性吧。如何看待钱，如何理财，如何生财有道，这都是值得思考的话题。从小让孩子形成对钱的正确认识，学会正确使用钱、赚钱、理财，也是教育的一大课题。

记得小时候还不知道钱为何物的时候，大人们给我的压岁钱，我就看着自己喜欢的要，舍弃一百要十块的情况时常出现。后来逐渐知道钱是好东西了，但是也并没有意识到赚钱是多么不容易，总是喜欢悄悄地从家里的存钱罐里抠硬币出来花，对钱的认识仅仅停留在可以买东西上。由此可见孩子小的时候对钱的认识是多么不全面，对钱是如何来的就更不清楚了。

勤俭节约是中华民族的传统美德。多年以来，我们的父辈、祖辈都是在艰苦奋斗中为我们创造了今天的美好生活条件。但在这样的条件下，一些青少年对钱的态度并不像父辈祖辈们那样，他们奢侈地追求名牌、不计代价地随意花钱、无论什么东西都要以物质利益来衡量等等。这也是一个令社会所忧虑的现象，这一代青年还能不能扛起重任是很多人怀疑的问题。

钱不是万能的，但没有钱是万万不能的，这越来越成为当代青少年的金钱观。我们并不能说这个有什么错误，在我看来也确实是这样的，父母也是这么教育我们的。取财有道，用之有度，仍然是被父母、社会所提倡的，也是孩子应该懂得的道理。

以我自身为例，从小花钱都掌握在父母手里，平时从来不给零花钱，需要什么了就跟他们说，然后才能拿钱买。压岁钱发下来一律交公，最后用到什么地方去了都不知道。看到别的孩子在讨论零花钱、压岁钱应该怎么花的时候，我只能在一旁听着。看到别的孩子拿着零花钱、压岁钱去买自己喜欢的东西时，我总是很郁闷为什么自己没有这些权利。以至于每次都要从家里的存钱罐里掏出点硬币，出去买点自己最想吃的小零食，买本最想看的杂志。家人总是有各种各样的理由不给我管理这些钱的权利，哪怕是一点点。我也想过抗争，去争取这种权利，但最后总是以失败告终，只能听命于家长。等到大了，也自然而然养成了无欲无求的购物倾向，而且买什么东西对价钱都很敏感，自己再想要，看到那个价钱不合理也会把这个东西放回原处去。因此父母再也不担心我会乱花钱了，就把钱交给我自己使用了。这完全不同于别的家庭教育，其实我也不知道到底是好还是坏。如果仔细来想想，好就好在让我知道了不能乱花钱，不可能满足自己所有的需求，以至于在没有管制的情况下也不会乱花钱，坏就坏在没有让我养成自己管理钱的习惯，如果没有这个习惯，到了以后自己生活的时候，也许就会出一些问题。

在教育孩子的时候，要让孩子养成正确的金钱观，让孩子养成正确使用钱的习惯，培养孩子自己赚钱的意识和行动，让孩子明白钱的得来不易，更加珍惜现在的生活，学会勤俭节约。

如何引导孩子树立正确的金钱观

在这个物质生活发展极快，人们的生活越来越物质化的年代，家长在教育孩子的时候，应该结合社会上的事实来告诉孩子一个正确的金钱观。

在我看来，“钱不是万能的，但没有钱是万万不能的”，是符合现在社会发展的一种金钱观，既不像“一切为了钱”，也不像“视金钱为粪土”这样的极端。对于一个生活在新时代的孩子来说，他们需要懂得钱是生活中的必需品，学会使用，学会料理，学会赚钱。但是也要明白，钱是要通过自己的辛苦付出得来的，嗟来之食、不义之财不可取，为了赚钱而害人害己、颠覆原则也不可取。

作为女孩子来说，本来在社会中就是一个相对较弱的群体，对于钱肯定是比较需要的。所以我们常常看到富人身边有不少女性追求者，而很多女性在设定理想对象的时候也会把财富作为重要标准。这是无可厚非的事情，毕竟生活在这个物质社会中，我们确实需要钱来满足自己的物质、精神需求。因此家长从小就要告诉孩子，不求太多，只是以后也要找一份可以养家糊口的工作，来满足自己的基本需求，这就足矣。

在我看来，虽然自己很想学习古人那样的高风亮节，说出“视金钱如粪土”这样的豪言，但是事实看来，钱的确很重要，日常生活中自己需要的东西大多要用钱来得到。自己现在用的是父母的钱，也许可以不考虑太多，可以说出“自己不在乎钱”这样的话，但是想想日后要自己立足，还是压力山大的。所以，虽然我的心态上认为钱不需要太多，但是也必须要够生活用才好，不然活得太贫苦对于女孩子来说也并不是件好事情。

但是同时需要明白的是，绝对不能通过违背自己原则、做出伤害自己的事情去赚钱，而且钱并不是所有，很多东西不能用钱买到。

现在电视剧的热门话题就是小三。也许有的人觉得小三也有真爱，但是不可否认的是为了钱去做小三，就是一种违背了道德的事情，也是违背了应有原则的事情。而现在一些出卖自己身体去赚钱的女孩子，在伤害了自己的情况下赚来了钱，可是这些钱又有什么意义呢，伤害已经无法挽回了。而贪污受贿一类的事情，更是为社会所唾弃。以上等等，都是告诉我们，有一些不能去触碰的东西。

很多东西是金钱买不到的。一个好心情，一个幸福的生活，亲情、爱情、友情等等，都是买不到的。这世界上最真实、最纯洁的真善美，如果沾上了金钱，也许就不再像以前那样美好了吧。在小时候我们都知道这些东西需要用心去换，这样才是最真切最美好的东西。现在想想那些用钱买到的虚伪的友情，用金钱利益获得本来不应属于自己的东西，真的是一件很别扭的事情。

家长在孩子小时候可以通过多讲述一些关于正确看待金钱的故事，让孩子多接触到真人真事，培养他们对钱的正确意识。看似是小事，但是所谓的意识先行，只有养成一个正确的意识，才可能指导我们做出正确的行为。

如何教育孩子“会管钱、会花钱”

对于孩子来说，花的是父母的钱，必然不会像花自己赚来的钱那样小心谨慎，毕竟花完了之后还可以接着再去要，父母肯定还是会给的。这样下去，孩子的经济意识、理财头脑是不可能得到开发运用的。那么应该从哪些方面开始培养呢？最关键的还是应该从平时做起，从小事做起，要让孩子有自己管理钱的权利，也要让他们承担管理钱的责任。让他们知道钱的来之不易，让他们有自力更生的意识。

1. 零花钱

这一点上，我觉得自己可以说是很悲剧的一个孩子，小时候根本就没有属于自己的零花钱，每次悄悄从家里掏硬币不说，被发现了还会被臭骂一顿。四五年级时有几次和父母抗争要零花钱，也只给了很少一部分，最后还是以妥协告终。

其实也可以明白父母的心思，小孩子管不住自己，随便乱用怎么办？养成坏习惯怎么办？钱丢了怎么办？孩子小的时候什么都想要，什么都想买，把钱花在那些不值得的东西上面，也太浪费了，是得不偿失的事情。父母不愿意让我拿零花钱，一就是害怕我大手大脚地花钱，养不成勤俭节约的好习惯；二就是怕我随便乱买对自己没用的东西。小零食对身体不好，漫画书、杂志不利于好好学习，所以不给我钱也是一个明智的选择。

但是让孩子自己管理零花钱是一个很好的锻炼孩子理财能力的方式。孩子自己拿着一定数额的钱，自己去规划应该怎么使用，使用完了之后又要怎么办等等问题。让孩子管理并不是完全放权，而是有条件、有规矩地让孩子进行自我管理。

其实自我管理就是一种习惯，所有的东西都归自己管，就得承担起相应的责任。让孩子从管理零花钱开始也是对他人生一个自我管理的开始。

家长可以这么做，规定好每天或者每星期或者每月给孩子多少的零花钱，让孩子自己去管理，而且要记下来这些钱怎么使用的，用了多少钱以备日后的检查对账。要跟孩子定下规矩，如果钱提前就花完了，就不能再要多余的来使用了，剩下的日子就要承受自己提前花完钱的代价。

这样的方式看似很简单，但通过这种方式，孩子对自己日常的规划就会更进一步。而且规划都是有共通性的，会规划一种东西了就一定会规划另外的很多东西了，比如规划自己的学习、自己的工作任务等等。可见培养孩子的规划能力是多么重要。孩子如果有自己想做的事情，想买的东西，也可以通过自己攒钱来完成，通过自己勤俭节约攒下来的钱买来的东西，也会更加珍惜。

2. 压岁钱

这一点我更加没什么话可说了。每年我的压岁钱都会上交由父母管理，每次都说会给我存起来，存折由我自己保管，但是每次都不知道这些钱被花在了什么地方、用完没用完。每次遇到你怎么规划你的压岁钱这样的问题，我也没有任何想法。别的同学会说买书、买游戏机等等，而我，什么也说不了，因为从来没有自己管过。父母不让我管压岁钱的原因大致和零花钱一样吧，何况这还是份数量更大的钱。

还有另外一个让我觉得看似成立但是又有些不成立的理由，就是大人总喜欢说：“压岁钱都是别人给你多少，我们就得给别人多少，所以这钱根本就不是你得来的，是来补我们给出去的那一部分的，理应由我们大人来保管。”每次我都对这样的理由无话可说，也许很多孩子也是一样的。但其实也有反驳的道理。家长们也常常说自己的钱就是我们孩子的钱，所以说，让我们提前学会管理自己的钱也并不是什么不好的事情。

其实压岁钱的管理方式和零花钱大体上是相同的。家长可以采取两种方法。

一是将压岁钱存入银行，开通一个属于孩子的帐户。一方面，是让孩子的钱通过存储慢慢积累，也是一种理财方式。另一方面，可以让孩子熟悉银行的一些操作，方便孩子以后的社会生活，避免上了大学都不知道应该怎么取钱存钱这种现象的出现。压岁钱不断的累积，让孩子看到了自己积累下来的成果，也让孩子知道什么东西都是积少成多的道理。而且将压岁钱管理起来，以后给孩子买买手机、电脑这样的大件也是未尝不可的。这样更能让孩子发现自己积累的丰厚成果，养成存储的习惯。

二是将压岁钱直接用作孩子的零花钱。将压岁钱分成很多部分，也是定时定量发给孩子，让孩子自己管理这些钱。大体的管理方式和零花钱那里所描述的应当是一致的。

压岁钱作为孩子每年会拿到的一笔数目较大的金钱，应当在父母的帮助下妥善保管这些财富。让孩子自我管理，积少成多，用在真正需要使用的地方。

3. 生财有道：物质奖励的必要性

何为物质奖励？

顾名思义，物质奖励就是在孩子做了一些好的事情之后用金钱来奖励孩子。这样的方式现在也有越来越多的家庭开始使用了，既可以帮助孩子养成好的学习、生活习惯，又可以让孩子体会到付出就会有回报的道理。

可能很多父母不愿意采取这样的方式的原因就是，让孩子觉得这些付出可以换来钱，而不是让孩子当作一种自发的习惯，让孩子更加物质化，是一件很不可提倡的事情。因此很多家庭宁愿逼着孩子去做这些事情，也不会用金钱诱使孩子去做。

但这些父母忽略了一个事实，就是刚开始也许孩子会因为钱而去做这些事情，看上去是很现实很物质主义的，但是其实到了后来，习惯成自然了，孩子便会自己主动去做这些事情，不让做了反而觉得有些不习惯。

就拿我自己的例子来说吧。

小的时候，父母公司有个规定，员工孩子如果在学校拿了三好学生的荣誉，可以凭借证书拿到70块钱的奖励，而父母每次都是将这70块钱直接交给我保管。我觉得这是一个赚钱的好方法，所以之后的每个学期都尽自己最大的努力去做到最好，无论是学习还是其他方面，最后总能拿到三好学生。到了后来，虽然这样的规定没有了，但我已经习惯了在每件事上都力争做到最好，做到能让自己满意的地步才肯罢手。于是这样的好习惯一直陪着我走到今天。

另外一件事情就是学习英语歌这件事情上。当时父母很想让我通过各方面来提高英语，他们规定我学会一首英语歌，给他们背着唱会一首英语歌，就可以奖励我5块钱。虽然5块钱不多，但是积累下来也有不少的数量。于是我每周都要固定地去学一首英语歌，就这样一周周下来，学会了二十首英语歌，也攒到了属于自己的100块钱。后来父母便不再给钱，但是现在我学英语歌锻炼自己英语水平的习惯还在继续。

由此可见，也许刚开始是因为钱的事情，后来会变成自愿的、习以为常的，所以父母不要担心这样会让孩子变得更加物质化。也许你这样去做了，孩子就在不经意之间体会到了赚钱的不容易和拿到钱的喜悦与珍惜，也养成了很多以前没有的好习惯呢。这个办法不妨去试试。

这种做法其实也是告诉孩子生财有道，通过一些值得去做的事情，对自己有好处的事情，可以让自己得到锻炼和提升，也可以让自己收获到物质的奖励。到了以后的社会上，孩子也会尽力去做这些有意义的事情。

4. 要让孩子明白父母赚钱的不易

这一点说容易也容易，说难也难。

哪个家长不曾多次在孩子面前喊着：“唉，活着太累了，为了那几个钱，天天累死累活的。你一定要节约点用，别大手大脚的。”但是最后的效果又怎样呢？事实证明也许光这样喊喊还是远远不够的，父母应该通过各种方式让孩子知道赚钱的不容易。

上面所提到的物质奖励就是一种方法，孩子或动用智力、或动用体力，或用智商或用情商，受到些磨难，最后能够拿到一些奖励。这样的事情，可以让孩子体会到赚钱的不容易，毕竟没有白吃的午饭。

而另外一个方法，可以带着孩子去自己的办公地点看看，让孩子看看自己是怎么工作的。在那个繁忙的办公室里，来来往往的人都在忙着自己的工作，打电话、开会、协商等等。这些虽然让孩子感到陌生，但是每个人的那种认真、忙碌，还有办公室的百态，可以让孩子体会到什么是职场的压力，什么是赚钱的不容易，也就更加让孩子理解父母的工作，理解父母不让自己大手大脚花钱的原因了。

还有就是带着孩子去山区、贫困地区走走。所谓的不比不知道，一比吓一跳，就是指这样的情况。湖南卫视有个节目很受欢迎，叫做《变形记》，城市和乡村的孩子交换生活地点。刚开始让人气得牙痒痒的叛逆城市少年，在乡村磨砺之后会变成一个懂得感恩、懂得父母赚钱不容易的好少年。这也告诉我们要有对比才知道自己有多么的幸福。父母可以带孩子去那些乡村学校看看，去那些贫苦的人家体验一下，让孩子亲身体验一下什么是差别，相信孩子会有自己的心得，以前的那些不满足、抱怨，也就一扫而过了。

其实当孩子慢慢长大，接触到社会后，也就逐渐会理解父母的苦心了。我在上大学之后，也慢慢能够理解父母为什么天天那么累了。我在学校可能一天或者隔几天才会碰到一件麻烦事情，这都足够让我哭鼻子的了。而父母在办公室，天天都要面对这样的事情，那种压力可想而知，我和他们比起来还差得太远了。所以每次看到父母回家疲惫的身影，我就深感，赚钱真的不容易，养家糊口真的不容易。

让孩子明白的最好办法只有一个，就是让孩子自己去体验，而不是家长的灌输。

最后想说，金钱对于很多孩子来说，可能仅仅停留在可以用来买东西的这个阶段，并不知道如何去赚，如何珍惜。随着年龄的增长，孩子会明白的越来越多。父母要抓住小时候的机会，让孩子养成良好的用钱习惯，学会自我管理。孩子长大后接触社会，到时候肯定会更加理解父母当年的嘱托。

希望每个孩子都能在这个社会中实现自己的价值，拿到属于自己的回报，学会正确地对待钱。

第十七章

课外班，孩子的“助手”还是“负担”？

本章精彩提示

1、**要不要上课外班？**因人而异、因材施教。课外班不是万能的，不上课外班并不意味着就没有好成绩。在孩子真的需要加强的科目上，家长可以好好和孩子沟通，让孩子先去试听，但一旦决定上了就要全心全意。

2、**如何挑选课外班？**只买对的，不买贵的。多咨询、多讨论，选择大品牌，质量有保证；多分析、多反思，少上“临时抱佛脚”的课程，谨慎对待各种打着大学名号的夏令营。

3、**孩子不愿意上课外班怎么办？**孩子不愿上，家长要先反思。第一，为什么要让孩子上这个课外班，这个课外班是不是值得上。第二，孩子为什么不想上，如果不上是不是有能力学得一样好。想清楚这些问题再做出决定，会比逼着孩子去学或者听从孩子的不上课外班要好得多。

4、**如何让课外班学有实效？**无论选择课外班与否，都希望孩子们能利用自己的时间来学习，不要浪费了美好的青春年华。无论学什么，都要明确自己的目标，不要过得糊里糊涂的，为了上课外班而上课外班。

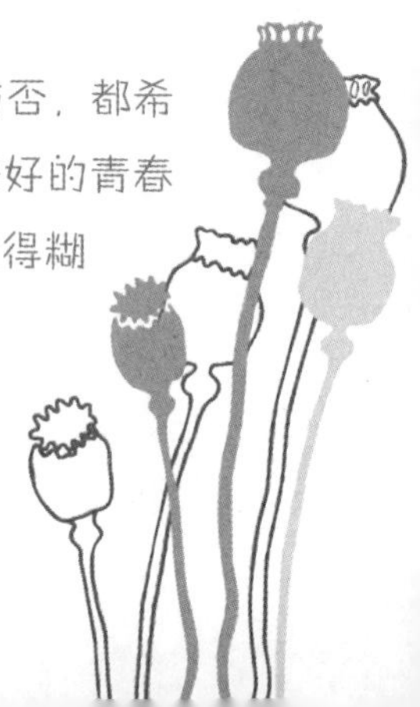

课外班一直都是父母和孩子斗争的一个焦点，也是很多人都在热议的话题。到底应不应该送孩子去上课外班，应该去上什么样的，应该怎么挑选课外辅导机构等等，都是需要家长考虑的事情。

现在的课外班五花八门，而家长给孩子安排的学习任务也是一个比一个多，好像也在攀比一样，看看谁学的东西更多，给孩子报的班多、学习面广、持续时间长、花费大等等，都是现在家长要孩子去上课外班的共同特点。

下面就从不同方面谈谈我对课外班的看法吧。

课外班：学生的必修课吗？

很多孩子都想不清楚：为什么父母非要让自己去上课外班？好好的周末时间，不就是应该在家里好好休息的吗？干吗要费那么大劲，交那么多钱，跑到好远的地方去上课外班，去学那些不想学的东西，或者学那些老师在学校都会讲的东西？作为孩子，主动愿意去上课外班的并不是多数。家长为什么要花那么大的功夫让孩子学这学那呢？

首先，家长小时候没有这样好的条件，所以在培养孩子的时候，希望将孩子打造成全方位发展、德智体美劳的全才。现在大多数家庭都只有一个孩子，正好可以着重培养一下孩子的各个方面。父母会常常有自己儿时没有办法去学习的东西，也有自己无法弥补的自身缺点，所以寄希望于孩子，想把孩子培养得更加成功。因此，一个个周末就被弹琴、唱歌、补习文化知识等等课占满了。家长总觉得在孩子小时候就应该让孩子多学些东西，让孩子更喜欢学习，养成良好的习惯。这样也能让家长觉得满足了自己的心理需求。

其次，社会的压力实在是很大。来到北京之后我最惊讶的一点就是，在课外补习机构里，无论年龄大小，大家都在上课外班。无论是奥数，还是英语还是其他学科，都在学。一直都记得我高一去学英语旁边那个教室的三年级孩子在回答奥数问题的场景。我觉得自己以前过得太幸福了，北京竟然是这样的地方，不学好像才是不正常的。后来才知道，不学不行啊，很多家长都想让孩子在小升初的时候通过考试而进入好的初中，而不是按照片区划分，分到一所不好的初中。小升初一般有两种方式去考，一种便是乐器、舞蹈、体育等特长，所以家长会让孩子去学习乐器、跳舞，有的还不止学一样，一种便是靠参加数学、英语竞赛，所以家长会送孩子去学奥数、学英语。有的为了保险，同时会准备两方面的考试，可见北京的小学生有多么痛苦。我妈妈的很多同事，家里买车就为了每周接送孩子去上课外班。这还只是小升初，可见中考高考会有多少家长花掉多少钱让孩子去参加补习班。很多人喜欢说北京的教育很轻松，其实不是的，在这种每周末去上课外班的潮流中，孩子家长都不得安宁。

看到别的孩子去上课外班，听到别的家长议论上这个那个的课外班，想必没有哪个家长会甘愿让孩子落后于别人的孩子。就算本来没打算上，在这样的“攀比”中，也会给孩子报课外班，而且数量也会比照着别人的孩子上多少来给自己的孩子设定。

还有一种情况就是孩子确实需要在课外学东西。孩子的某些课程学得不够好，为了让孩子不落后于别人，做父母的当然希望让孩子赶快找个课外班给补好。现在的孩子也需要熏陶一下文艺气息，所以很多家长送孩子去学文艺方面的特长，希望提高孩子的品位。

此外，不能排除有自己主动想去参加这些课外班的孩子。孩子慢慢长大，能看清社会的需求和压力，也能理解父母的苦心，同时也能看清自己的实力，在觉得自己有需要改善的地方时，自然就会自觉去补课。我妈最喜欢跟我讲的就是一个姐姐在高考后没有出去玩，而是马上到新东方做了一个出国留学的咨询，明确了下一步自己的目标。

那么，课外班究竟应不应该上？

这个问题也是一个很开放的问题，什么样的回答都可以有，因人而异。前不久看到一个报道，某个省的状元在高中开讲座的时候，专门提到了课外班的事情，他就是在小时候去学了奥数，觉得没有什么用后就回家不学了。这个事例就给家长们做出了最好的证明，课外班不是万能的，不上课外班并不意味着就没有好成绩。

家长们也应该明白一点，强扭的瓜不甜，逼迫着孩子去学他们不愿意学的东西，最后的结果只能是不好的。孩子抱着抵触的心理，怎么可能学好课外班呢？

不过在孩子真的需要加强的科目上，家长可以好好和孩子沟通，看看孩子到底想怎么去补上，要告诉他们课外班有课外班的好处，让他们先去听听，去了就要全心全意地高效率听课，不然浪费这些时间，又不能玩又不能好好上课，实在是很可惜。让孩子明白自己需要补的地方，自己慢慢去适应上课外班，其实也是一种习惯。每周都习惯了去听几个小时，也挺有用的。

孩子的课余生活应该是多姿多彩的，家长在周末也切忌给孩子安排得太满。孩子需要时间来好好回顾课内的内容，并且根据自己的情况作出进一步的学习，而且需要一些时间来多阅读一些对自己有帮助的书。两天全部用在奔波上，也太占用时间了，得不偿失，希望家长还是多考虑一下。

浪里淘沙选好课外班

这一部分分为两类来说。一类就是文艺类的，为了提高文艺素养，有个一技之长。一类就是文化课类的，一切为了考试成绩。我觉得如果在孩子时间可以安排过来的情况下，根据需要两方面都可以进行。

以我自身经历来说，文艺方面小的时候学过画画、跳舞，后来还学过一阵子声乐，从小到大一直坚持的就只有电子琴，后来也接触过一两年的小提琴。很多人看到都觉得为什么这么多？其实不同时期学学不同的东西，有一样能一直坚持下来，这样也就足够了，无需同时坚持好多样，这样孩子受不了，家长更受不了。而学习这些，确实会给孩子增加不少文艺细胞，让孩子有个一技之长，也可以提高孩子的自信。在以后别人要求孩子表演什么的时候，孩子不至于羞涩到不敢表演。同时这些文艺类的内容也能陶冶孩子的情操，磨练孩子的品性，让孩子变得更加全面。文艺类的一直以来也是寄托着父母的希望，因为他们喜欢这些东西但却没有机会去学习，因此把希望都寄托在孩子身上，希望孩子能圆他们的文艺之梦。孩子一开始也许会觉得很烦，很有压力，但是到最后也会在学习中找到属于自己的文艺小乐趣，还是值得让孩子去学习一下的。

文化课类的课外班随着年龄的增长，上的科目也会一点点增加。在小学时候，很多人就是学学奥数、剑桥少儿英语之类的。等大些的时候，全科都学的孩子也不在少数。在这方面，父母当然都是为了让孩子的成绩更上一层楼，所以花多少钱让孩子去学都不为过。

记得我从小到大，一直在坚持学习的就是英语，因为父母觉得这是以后交流要使用的工具，所以一直很支持我学。我上过很多种英语课，剑桥少儿英语、新概念英语、外教口语、中高考英语等等。到了最后的高考，还是英语给我撑住了分数，没有枉费我这些年的刻苦努力。而其他科目，我觉得家长可以根据孩子的需求来选择。奥数从小学也很锻炼孩子思维的，不过即使没学过的，到了后来也不一定就会差，家长也不用太着急。到了需要迎接中高考的时候，很多全科全天或者每周的课外班也是很多家长的首选。其实真有多大效果还是看孩子如何去学习了，家长只能根据孩子的需求给他们报上这些班，真正的学习还是靠孩子自己。

现在出现了很多夏令营，这些夏令营虽然也有出去玩的性质，但是最大的目的还是补习提高文化课成绩。比如新东方英语的住宿班，就是拉到一个封闭式的地方进行集中培训。也有一些名牌大学的夏令营层出不穷，这一类的夏令营，还是根据这些项目的口碑再决定是否给孩子报比较好。让孩子找个暑假出去，在外面玩玩，同时学习些东西，培养一下自理能力，认识一些朋友，何尝不是一件好事呢。

正所谓上有政策，下有对策。现在有什么考试需要应付，那么最后就会出来什么样的考试辅导班，就会有什么样的课外班出现。为了考试能有一个好的成绩，让孩子去学一些这样的课程也是不错的选择。

孩子不愿意上课外班怎么办？

其实我就属于这一部分孩子。很多时候我都觉得课外班要么占用了睡觉的时间，要么占用了休闲时间，所以对于上课外班，总是有些不情愿，除了有些自己就很想去的课程之外。而家长为了让我学到点东西，都会逼着我去。我为了面子，不然别人都在学，我没在学，感觉少了点什么，还是会继续去学。作用到底有多少，我也不是很清楚，有的时候不知道是自己本来的能力还是有所提高。

我觉得如果孩子不愿意上课外班，家长就应该好好考虑两方面的问题。第一，为什么要让孩子上这个课外班，这个课外班是不是值得上。第二，孩子为什么不想上，如果不上是不是有能力学得一样好。想清楚这些问题再做出决定，会比逼着孩子去学或者听从孩子不上课外班要好得多。下面说几个有代表性的情况。

如果家长只是为了满足一下自己的心理需求，让自己得到一些心理安慰，看到什么课外班都想让孩子去学习，都想让孩子去上，觉得这样好像孩子能学到很

要不要上课外班？

因人而异、因材施教。课外班不是万能的，不上课外班并不意味着就没有好成绩。在孩子真的需要加强的科目上，家长可以好好和孩子沟通，让孩子先去试听，但一旦决定上了就要全心全意。

多东西，自己也在和别的父母做对比的时候觉得心安一些，这样的情况最好还是听从孩子的，不要去学了。父母如果都是这个心态，那么孩子便更是了。满足心理需求地上课倒不如把这个时间花在其他更加有意义的事情上。

如果孩子纯属为了回家能偷偷懒而不去上课外班，那么即使逼迫他也要去学，毕竟这也是让他远离家里的各种诱惑去学东西的途径。虽然说孩子可能会不愿意去上，有反抗情绪，但是身在那个环境里面，总是会受到点熏陶，不会无所事事下去。

如果孩子觉得没有什么实际用途，而且自己有信心学得好，家长还是应该给予孩子自主的权利，要相信孩子的判断力，不要觉得孩子就是想偷懒。让孩子自己去学学，一段时间之后看看效果再说别的。如果实践证明确实不错，那么就让孩子自己学下去，这样既省了去课外班的钱，也培养了孩子自主学习的能力。如果效果不好，那么可以再去课外班学习。

孩子有的时候还是喜欢单单从自己的喜好出发去选择课外班，但这是不够的。家长在让孩子上课外班的时候也要培养孩子的耐力，要让孩子学会坚持。孩子自己选择去上的课外班，不能半途而废。

如何挑选课外班？

课外班的种类五花八门，教育机构也一个接一个冒出来。

从最有名的新东方，到精华教育、学而思教育这些比较有名的，还有其他各种大大小小的培训机构，究竟上什么课，上什么机构的课，还是值得思考的，要慎重考虑，避免上当。

课外班还是要挑选那些有口碑的、教育质量公认的机构，比如说去新东方学习英语。虽然现在新东方有的课水分很大，教的也不像以前那样好了，但是不可否认的是品牌的力量是很强大的，这个机构的精神和事迹已经让大家有目共睹了，所以还是可以去选择，至少它不是弄虚作假骗钱的。

家长可以在和别的家长交流中得到一些这种课外班的信息，在了解后认为可以去挑选，就去试试。比如在我初中的时候，父母在一次公司活动中和另外一个同事聊天时得知了一个外教口语机构，那个机构都是外教授课，可以提高听力、锻炼口语。了解过后觉得可以让我去学一学，就给我报了那个地方的课。刚开始我也不是很愿意去，但是去上过课之后觉得很好便一直留下来学。最后给我的感觉也是相当好，让我觉得在交流的时候更加自信大胆了。

有一些考试并不是靠教育机构的培训就能够提升多少的，这是很多家长的一个盲区，他们觉得上课外班就一定能提高孩子的能力，可以达到考试高分的目的，但事实上不是这样的。比如自主招生的一些培训班，其实就是很虚无缥缈的东西。自主招生本来就是考察一个学生积淀和能力的考试，怎么可能靠几次培训就解决这么多年的问题呢？很多家长为了让孩子在自主招生考试里面抢得先机，不惜花很多钱，带着孩子来北京或者去省城找各种机构去学自主招生的知识。我见过有人千里迢迢从广东跑到北京来学这些，但事实上也没有什么效果，只能说是白花钱了。家长在这些课外班上要慎重选择。

现在新闻也会曝光一些骗人的夏令营，打着北大清华夏令营的名号，其实就是高价拉着一帮学生旅游一番，估计在北大清华里面转几个小时就离开了，也没有什么意义。所以在夏令营的选择上，要注意质量，最好能问问以前参加过这种夏令营的人的意见之后再做选择，不要吃亏了空后悔。

在市场经济的今天，商家的趋利性是很明显的，为了保障自己的权利不被损害，保证孩子的教育质量，就需要家长多做做功课了。

无论选择课外班与否，都希望孩子们能利用好时间来学习，不要浪费了美好的青春年华。无论学什么，都要明确自己的目标，不要过得糊里糊涂的，为了上课外班而上课外班。这就是我自己的看法。

My education practice

PART.2

要么你自己找找为什么会这样，从自己身上找也从别人身上找，要么你就是心里过不去，你也可以学别人玩嘛，看你到最后怎么办？

A people's congress, the growth of the girl's note

我的教育实践

与高中生之间的那些事儿

第四篇

For struggling students

写给正在奋斗的高中生

第十八章

发自肺腑的寄语

本章精彩提示

1、**高三，你的任务是什么？**高三是整合之前所学知识的过程。你要做的就是跟着老师的节奏，分析自己的问题并加以修整。

2、**目标在哪里？**目标并不一定是某个大学，也可以是个分数。比如你现在500分，短期目标可以增加几十分，长期目标可以定在进步100分。所有脚踏实地去追逐的梦想都不会是可笑夸张的空谈，就看你自己怎么去对待去实现这个目标了。

3、**如何对待平时考试？**小考小练高三必不可少，没必要天天盯着那个分数着急。你需要关注的是排名，以及分数丢在哪里了，这既能了解班里同学大概的学习状况，也可以剖析清楚你的问题所在。

4、**一些想告诉你的话：**成功的人都是耐得住寂寞的人；端正态度，不要对任何一科有抵触、厌恶的情绪；切勿吃老本，切勿自以为是；多做分析，少找借口；我就是我，不被别人牵着鼻子走；只有不想做，没有来不及做；在正确的时间里做正确的事。

如果你想知道逆袭之道，那么我只能无可奈何地笑笑。

我并不鄙视那些逆袭过的人，因为他们最后得到的那个结果，也是付出了相应的代价，算为自己的行为买单了。

尤其是看我这篇文章的对象，高二还有高一的，你们这大好的时间，想逆袭干什么？那些妄想逆袭的、喊口号的同学，我实在懒得对你们说什么，有些浪费口舌。

当然，如果你把高一、高二学习不好到高考慢慢进步的过程叫做逆袭的话，那么没有问题。但如果你打着高三再逆袭的旗号挥霍高一、高二，那么不好意思，我对你无语。

你觉得你是那个逆袭的命么？如果那么好逆袭，那 丝都在哪里？我有的时候自嘲就说，哪有那么多能逆袭的，有的人就是 丝的命，别想着变成高富帅白富美，学习也一样。

我相信日积月累，不相信短时间逆袭。虽然有成功的，但是你干吗不踏踏实实减少风险，反而要去赌？而且，谁知道你有没有那个资本赌？逆袭又不只是说说。

我们都不要老提贺舒婷，别老提花开不败那个作者，你做的有人家十分之一多么？还天天说：“哇！好励志！”当然励志了，因为你永远做不到，你才会去那么仰望别人。说实话，真正踏踏实实走过来的人，都不会觉得那是什么奇迹，因为那是得到回报的付出。

我的座右铭：天道酬勤

我想说，多年过去了，我的座右铭没有变，依旧是天道酬勤。

看过我文章的人都知道我是怎么解释这个词的。

我看过好多人说不相信这句话，总说还有各种各样其他的因素。但是说白了，那些各种各样的因素中，不还是你自身的因素最重要么？如果觉得自己努力了但没有获得结果，难道不应该从自己这个大因素上找问题么？怨天尤人有意思么？

写给正在奋斗的高中生

发自肺腑的寄语

勤，何为勤？自己要搞清楚这个定义。

如果你花时间了就算“勤”的话，那为啥还有那么多学习不好的？不都是从小学到高中 12 年学过来的吗？

别傻了，别再用那种低效利用时间，或者磨蹭或者心不在焉，用这样的东西来和“勤”相提并论了。

天道当然不会酬劳你，能为你自己赢来酬劳的只有你自己。

我看到太多这样的吐槽了，类似“真不知道怎么回事，同桌或同学天天上课玩下课玩，为啥就是比我学得好啊，真是想不通”等等。

对于这种案例我只能说，要么你自己找找为什么会这样的原因，从自己身上找也从别人身上找。要么你心里不舒服，你也可以学别人玩，看你到最后怎么办？

我妈可喜欢用这种事情教育我了，你以为人人都那么单纯、那么傻啊？你以为世界上就那么多单纯的傻孩子么？人家学啥了人家自己知道，你是跟着他一刻不离么，你咋知道人家就没学呢？我舅舅当年就被同桌这么忽悠过，同桌故意在舅舅面前表示自己啥都不学，玩玩就可以考高分。结果那人自己在家猛学，到最后考得挺好的，我舅舅就被坑了。

不要以为别人都傻乎乎的，不可能有这么多想法。有人就是做个假象给别人看，为自己减少一个对手是一个。学习本来是自己的事情，太看重别人干吗？天道酬勤酬的是你又不是别人。

而且我已经很无力面对“我明明很努力了，但是就是没有提高”这样的问题了。

我能说什么呢？决定权还是在你，你可以选择就这样颓废下去，也可以选择分析清楚找原因。

勤，是有效率地做事情，是在有正确思想意识以及方法做指导的情况下的。

也就是说，首先，你要清楚你到底要什么，你到底应该以一个什么样的态度去做事情。

然后，你要有方法。（可能刚开始找不到，看了别人的方法慢慢摸索，最后有自己的方法。）

拿数学为例，吧里很多人有这样的问题，“我做了多少多少题，我花了多少多少时间，但是怎么就没有效果”之类的。

首先我最想质疑的就是，你是一种什么心态在学习？是抵触的，是懒散的，是做不做都无所谓的？这就不是一个对的意识，你自己都觉得无所谓的东西你可能学好么？其他同理。

然后，你的方法是什么？当你所认为正确的方法并没有取得你想要的成绩时，不应该多问问为什么吗？

而且对于“我觉得做数学太麻烦了，还不如去做英语、做文综”这样的同学，那敢问你还靠什么提高？烧香拜佛咩？

对，很多人觉得自己费了好多好多时间，但最后都没用。那么想过为什么吗？是不是哪个环节觉得不会也可以，是不是哪个地方根本就不懂但也不想去弄懂等等。

不要怕面对自己这些过程中的短板，不要怕面对自己内心那片不想被窥探的地方，还是要了解你自己到底是个什么样的人。

我所奉行的另一句话，便是“出来混，迟早是要还的”，感觉很像黑帮电影里的台词吧？

去年转专业前的纠结时光还历历在目，那个时候我写了一篇同名的贴子，抒发自己不得志的心情。那时有人回复我说，没必要觉得后悔，没必要遗憾等等诸如此类的话。但说实话，除非是看破红尘的人，不然，谁做得到？

当时的纠结点就在于，我学了自己不喜欢的专业是因为自己高考少考了点分数，所以悲剧了。现在的一切都是当时没有坚持住，或者有这样那样的毛病造成的。

如果当初 xxx，那么现在 xxx，这是大家惯常喜欢用的假设公式。暂且不说有没有用或者有没有意义，至少我们或多或少都会这么想。

而如果说现在的我和当年喜欢抱怨乱想的我有什么区别的话，那就是自己体会过才知道什么叫“出来混，迟早是要还的”。

对于我个人来说，当然没有意义再怨恨过去，再觉得感伤，但是那些遗憾却是激励自己的动力和警醒自己的鸣钟——不会后悔，会遗憾；不会一味为过去感到悲剧，而是会引以为戒，会时刻谨记现在做的事情以后也是会有报应或者报答的。过去不可追，未来不可知，唯有现在可以把握。

而很遗憾的是，在接触了很多人之后，我发现不少人不明白这个道理。

他们都喜欢说：“我好后悔之前一两年都没有好好学，现在也不知道怎么办，还是堕落”，“没事，等到之后再逆袭，从明天做起”。这几天看到一个让我想吐槽的贴子，“求骂醒！”真心觉得很可悲。所有的道理，所有大家的经验，想说的都是：“重在当下。”你是活在当下的人。昨天，明天，那都是什么？

因此对于那些喜欢矫情的人，我只想说，你慢慢矫情吧，华妃娘娘那句话太适合你了。别人无论是激励你还是骂你、刺激你，你都无感觉，你还想怎么样呢？

说，很容易，可以夸海口随便说，但是做，不容易，这需要你们的毅力。

写给正在奋斗的高中生

发自肺腑的寄语

高一的同学，不要以为自己还是高一，可以随便过过，有大把的时间可以补回来，殊不知，你们现在浪费掉的时间会给以后的学习带来很多困扰。

高二的同学，你们已经是准高三了，不要到明年这个时候去着急，去问“还有四十多天，只有三四百分该怎么办”，那时已经来不及了。

高三的同学，不留遗憾地努力吧，能学多少是多少，不要让自己留遗憾。

大家记住这句话吧，出来混，迟早是要还的。今天的一举一动，都会影响你的以后。

高三，你的任务是什么？

最近也有不少人在问：一轮复习应该做些什么？要到高三了要注意什么？

高三（也就是指高考总复习，大部分都从高二下学期开始），为什么会存在？自然是因为之前学了那么多东西，有些科目不同时期的内容没有多少联系，为了对付高考，自然需要一个长时间的总复习过程。更何况那些科目或多或少都会涉及初中知识，当然不指望你还能记着。当然高三在整合之前知识的同时，对每个人都有个说难也难、说容易也容易的任务，那就是根据自己的情况，对自己掌握欠佳的地方进行修补，以达到一个较好的水平。

所以很简单，高三，就是跟着老师的节奏，意识到自己的问题并加以修整。一般来说老师都是带过高三的有经验的老师，所以整个大的流程跟着老师学，总比你一个无头苍蝇乱钻要好。而老师也只是根据大家的普遍接受情况来制订复习计划的，复习内容可能与你的水平并不相符，这样就需要你自己额外做些事情了。

就比如最简单的一个例子。我之前某个必修的内容没有学好，在总复习的时候应该怎么办？当然是老师在讲到这一块的时候，你多做点相关的复习内容去尽力补上就好。如果在总复习前时间有余的话，就可以提前开始了，反正高考前越早补上越好。

我当年高三就是这样，一步步乖乖跟着老师走，要做什么题，要记住哪些东西，老师每天留什么任务，我就完成什么。但是在我自己比较薄弱的环节，比如政治的经济部分，数学的数列等方面，我都要自己多做专题练习，多总结、反思以提高成绩，所以要我说也没有什么特别的，就是全面扫描知识，具体针对自己的弱点下手。

成功的人都是耐得住寂寞的人

这些话曾经在贴子里被一些人吐槽了，但即使这样我也想陈述自己的看法。

很多人说，“我不习惯啊，没有朋友一起吃饭一起学习”，“看到同学和别人玩得开心，自己却在学习，觉得被疏远了”，因此很多人居然就因此心情不好了。（当然这也是人之常情。）

说实话，我觉得没有必要花太多时间纠结在友情上，当然我不否认高中也可以交到很好的朋友。但如果你因为友情的事情而心情不爽了，而纠结了、暗自神伤了、无心学习了，导致你退步了，你自己想想值不值得吧？

而爱情嘛，作为一张白纸的我只能说，在那个时候我从没觉得爱情是必需品，也没觉得不谈恋爱有多么的异类。

友情、爱情，高中的时候不要看得那么重，重感情自然是好事情，但是该看成是浮云的时候就看成是浮云吧。上了大学，我很想知道你所谓的友情能坚持几个月。上了大学我看你还能跟以前的那些所谓的朋友多亲密，上了大学我看你能跟你男 / 女朋友好多久。我当然不否认有很长久的友情、爱情，但是当你发现这些耽误到你的正常学习生活的时候，当你在这些上面流了太多不必要的泪水，花了太多不必要的精力的时候，果断看开吧，神马都是浮云。

很多人在高三的时候，和朋友因为一点事情闹别扭，闹到影响学习，而很明显这些事情错不在你，你却要为此付出代价。和女友、男友谈了又分了，虽然不排除有很强大的人能不受影响，但多数人还是受到影响了。

所谓当局者迷，旁观者清。站在另外一个角度，绝对看得更清楚。真正的朋友，是志同道合、共同奋斗、共同进步的。好的另一半，也是这样的，绝对不是喜欢瞎闹腾的人，不是你因为学习不跟他 / 她玩就生气就疏远你的人，不是分散你注意力和精力的人。

我没花太多精力想过什么感情问题。朋友方面，高一的时候还是有些铁哥们的，后来高二高三一心都在学习上，跟班里每个人关系都不错，但是没有能天天在一起玩的人，没有天天一起吃饭、一起聊个不停的人。

我一直觉得，路最终是要你自己走的，你的未来只有你自己可以买单。和朋友关系好，在乎朋友当然是好事，但是打扰到了自己，你就真的得不偿失。即使在大学里我也早就习惯了一个人去上课，一个人去买东西，一个人学习，一个人吃饭。没什么不好的，一切都随缘吧。

也许你嘲笑我太现实，鄙视我太无知，但我还是想说出这些话。

目标、动力在哪里？

很多人纠结："我没有目标，不知道要考什么学校"、"我都不知道哪些学校自己能上或者不能上"、"没有动力怎么办呀"……

没有的话，能怎么办？那当然是找啊！

目标并不一定是某个大学，也可以是个分数。比如你现在500分，短期目标、中期目标可以增加个几十分，长期目标可以定在进步100分。如果你担心自己好高骛远了，那么说实话，我觉得你并没有付出提高分数的努力。所有脚踏实地地去追逐的目标，都不会是可笑夸张的空谈，就看你自己怎么对待这个目标了。

定下一个大学当目标并没有错，无论你现在对大学了解有多少，无论你是不是真的喜欢还是因为名气高、分数适当等等原因定下来的，定一个高一点的目标总是没错的。有的人就认准某个学校去了，就比如厦大，原因可能就是漂亮、名气大，动机在知道厦大真正情况的人眼里完全不纯。但是如果因为这样的目标而成功了，或者考得更高，何乐而不为呢？总比那些觉得这考不上、那考不上，干脆就不定目标的人好太多了。

同时我也表示很疑惑，怎么会有人觉得自己没有动力呢？

为了上个好大学，为了开心欢乐的大学生活，为了让爸妈开心、自己满意，为了遵守和朋友的约定，为了出去玩或者买某件自己喜欢的东西等等，这些不都可以是动力么？

如果你问我，我的动力是什么？那么我可以不怕羞愧地说，一部分是为了满足虚荣心。

说白了，我确实不知道北大到底有什么具体的优点，只是知道一个大概，但是我知道，考上北大很有面子，父母出去脸上也会很有光。这完全动机不纯，但对我来说就是种动力。未来伟大、崇高的梦想其实都不如这些来的管用。动力可以是多种多样的，没人会限制你，但就怕你不去给自己找一个。在我看来，动力真的很好找。

没有动力，我不相信谁能学得好，只要知道有个东西要去追，那么你就会走得更确定一些。

有目标和有动力还有一个好处就是，在某些同学纠结自己的梦想达不到，自己就是不能努力、坚持不下来的时候，我可以怒斥："你有什么资格，你凭什么，你的目标不想了么？！要么你就别想安心待着，要么你就好好拼，否则活该你难受。"这些话也应当是在我们犯懒颓废之时多问问自己的。

利用好你的一切资源

原来的贴子里，我比较强调的资源有老师还有同学，其实还有更多。

不懂就问，不耻下问，这是千年传下来的中华传统美德，何况你问的是比你厉害的老师、和你平等的同学。很多时候我们不是害怕提问题，而是拉不下面子。

我常常自问，高三是否有要改进的地方？其中之一就是和老师的交流不够。当时总是看很多人去问问题，自己也觉得是不是不去问不太好？但那些自己有些不清楚的地方，总是经过自己或正确或曲解的理解后，觉得没必要再去问老师就算了，无形中也就留下了一些未解决问题。如果多问问老师，也许就会更清楚一些，如果多和老师交流一下，对自己的复习肯定有益无害。一定要注意那些似懂非懂的地方，那是有必要搞清楚的，切忌自己瞎琢磨。（如果你的老师水平不行或者爱搭不理的，我建议你可以去找别的老师，只要有题，相信总会有老师乐意给你解答的。我一个北大的学长告诉我，他基本上向英语办公室里的所有老师问过题。）

同学是很多人不好意思请教的对象，很多人觉得："同学有啥厉害的嘛，我比 xxx 厉害多了。"

这完全就不是一个好的态度。有些时候，同学的想法会给你很大的启发，毕竟老师是站在师长的角度来指导你，有固有的思路，有的时候也不会解释得很直白。而同学之间没有代沟，是一个立场，思路方法相对来说会更容易接受一些。不懂的就去问，不要怕那些比你厉害的人不屑给你讲题或者敷衍你，那是他们的素质问题，你已经尽人事了。实在不行的话还可以去问老师。

其他的资源我一一来说吧。

首先，网络。我知道很多人对于网络的印象就是，很杂，上面的那些资料，无论从排版还是从整理的质量来看，都比不上老师的或者是辅导书的。这点我承认，精品确实不多，而且很容易在找资料的时候，管不住自己而去干别的事情。但是网络好就好在确实有些大神总结的资料，或者说一些学校的精品试题，你是可以下载来用的，而且会有不少经过试验可行的方法供你参考。所以我的建议就是，资料最好在百度文库下载，那里下载次数高、评分高的大多数都是精品。而各种各样的方法，我的建议是可以看，感觉和你自己情况很像，跟你想法吻合的多留意，自己在现实中多去用用，检验一下效果。

关于辅导书，怎么挑选？我看不少贴子的内容都是介绍自己用过的辅导书。我的建议就是，以自己挑选为主，辅之以别人的意见，毕竟情况只有你自己最清楚，不同的辅导书有不同的适用人群，而且不同的人对于辅导书的评判标准不同。质量当然是第一位，但是排版字体等因素也是不少人关注的。比如天利令人无奈的一点，就是文综大题留出的空白太小，还怎么答题呢？别人的建议只是给你一个指导性的意见，在自己实在无法决定的时候帮个忙罢了。所以不要总是问什么辅导书好，要自己去看了才知道，别到时候买回来再埋怨别人误导你。我高中最喜欢去书店，而去书店最喜欢去教辅书的那一片区，基本各种教辅书都被我翻过，我只会买自己觉得可以的，从来不知道在网上还可以问别人的建议。

怎么用？辅导书的知识总结自然是好东西。在你对知识无法全盘掌握，无法构架起结构的时候，辅导书能帮助你。如果你不知道应该记住哪些知识点，辅导书也可以帮你。而上面展示的例题以及解题方法，方法点拨、难点解析等，则是在给你提供重点难点信息，也可以帮你疏通一下做题的思路方法。而题目，我就不用说了，那更是你应该好好对待的，用来考察自己复习状况的良品。

还有一点就是，辅导书买多了到最后都写不完怎么办？一般来说，在高三的时候，大部分人都不会吝啬钱，毕竟是为了高考而花的，所以自己觉得要买什么就买了。我的想法是，不要手痒痒，看到什么都想买，一定是要对自己有用处的才好。但是也不要优柔寡断，有的书哪怕只有那么一点点用也是值得的。

然后，家教、课外班等。不要觉得这是一种对自己水平的误判或者说是一种“侮辱”。我当时就觉得，让我去找个老师指导就是对我成绩的不信任、对我自己的不信任，那时是十分抵触的，但现在看看，其实未尝不可。如果你的基础很差，各科确实有比较大的问题的话，找个人给讲讲是很必要的。上一个便宜点的短期班，暑假寒假去上个课外班整理一下，也是可以考虑的。但这些都有一个前提，那就是你必须是自愿的。被迫学习的过程中，你也许会收获到些东西，但绝对不会是最好的学习效果。你只有自己想去学，才不算是浪费金钱和时间。

我想告诉高中生的话

1. 端正态度，不要对任何一科有抵触、厌恶的情绪

我们不能要求你对每科都有兴趣，但是既然是你都要学、都要去拿分的，你何必厌恶、抵触呢？这样你永远不可能学好。在应试教育的环境下，你不对付好所有的科目，你是走不过去的。所以，这不是你该任性的时候，也请你别要你那小性子，别矫情。

目前凡是看到“xx 科怎么办呀，我听不进去，很抵触很烦躁”这样的问题直接就想删帖了。您都抵触了，还指望别人能摁着你学么？谁稀罕费这工夫？你

不喜欢的东西你能学好那才是本事。别天天拿自己没兴趣当借口，除非你真的只想考那么点分数。

抵触、不想学、不去学，越来越抵触，越来越不学，这就是一个恶性循环，一旦陷入哪是那么容易出来的？所以趁你还想提高，还没有完全堕落的时候，赶快抓紧时间，只要你觉悟了那就不算晚。

切记，这个世界上很多事情都是，你无法改变，你必须去适应，除非你愿意头破血流，否则就要不惜一切代价去改变。可惜面对高考你做得到么？你能促成啥改变？

2. 切勿吃老本，切勿自以为是

因为越是需要基础积累的科目，越容易出现吃老本的情况，而且基础还不错的同学容易出现这种状况。

很多时候我们会发现一个怪现象，那就是明明是你所谓的优势项目，明明是你所谓的感兴趣的科目，你却总是达不到最好水平，甚至还会退到很一般的成绩。这个时候你总会疑惑，为什么会这样？

这就是有点吃老本的现象了，尤其是你所谓的强项。感兴趣的科目还倒可以说，你感兴趣但是对做题并不感兴趣。

出现这种情况一定不能放过，你必须好好排查。

很多人问，自己弱势项目想赶快补补，所以强项可不可以先放一放。我一般的回答都是，确实要重点抓那些不好的科目，但是你自己觉得可以的科目却也不能松懈，因为你的信心真的能担保么？所以还是要抓着，别彻底扔，可以不用太费工夫，但是老师要求记住的、要求做的题不可以不做。

自以为是也是很悲哀的事情。你要知道，你永远不可能达到你的最高水平，所以别想着可以沾沾自喜于自己还不错的分数，等你摔下来的那天别哭。

你需要掌握的东西很多，需要改善的地方也很多，所以时刻保持一颗谦虚的心，主动去学习吧。自以为是也可以适用于向他人请教这个事情上，不要觉得自己哪里都好哪里都行就不去问了，别以为你自己多厉害。

记住，你是一个需要不断学习、不断进步的学生，你不能吃老本，你也不能自以为是，踏踏实实走好自己的路，再重要不过。

3. 多做分析，少找借口

写给正在奋斗的高中生

发自肺腑的寄语

高三这一年，你会碰到各种各样的挑战和困难，但无论是什么情况，永远别找借口，别逃避，因为你的借口不会为你最后的结果买单，你的行动才可以。

不要逃避出现的问题。我们都是人，不愿意去承认自己的错误。我相信没有谁会很开心地说，我犯了 xx 错误。所以很多时候，我们选择逃避来安慰自己，但这都只是一时的，你能永远不去面对么？只有你最了解你自己，若你都不想看清楚，谁能帮你看清楚？

不要给自己坚持不下去找理由。什么太苦太累，什么自己实在太差了，什么自己就是没办法坚持，不觉得这些话很可笑么？你太苦太累，你爸妈这么多年养你不苦不累？你爸妈养家糊口不苦不累？别站着说话不腰疼。你觉得自己太差了，那么你以前干啥去了？你如果知道你以前做错了后悔了，你还有什么理由现在不去做？你就是没办法坚持，我看你是有办法矫情。

不要给自己的松懈找理由。什么劳逸结合，什么学累了玩玩，什么先不学先放松一下，拜托你扪心自问一下自己到底有几分是真的？我并不是否认这些，但是希望你别骗自己，你真的累了，还是你在为自己的玩乐找理由，在为自己的懈怠放松找些幼稚的理由？你现在适合过安逸的生活么？

别为退步找理由。尤其是这样的情况，上次考得还不错，于是松懈了，结果这次没考好。于是你就可以说看我以前考好过，所以这次也不用在意，下次自然而然会回去的。哎呀，如果真是这种情况，那你这次咋就考坏了呢？别人那些一直年级前列的人怎么就不会失误呢？这种心态是好的，相信自己能提高，但是同时也一定要好好分析情况，下次要翻身！

4. 我就是我，不被别人牵着鼻子走

不管是不是高三，还是其他年级，以下状况绝对有：

看到别人做什么，你就想去做。

看到别人在复习什么，你也想复习什么。

看到别人做题做了多少，想想自己还有多少就开始急。

听别人说自己怎么怎么不努力最后还考了个好分数，就对自己的努力抱质疑态度。

看到别人的分数，自己怎么怎么着急自己的。

看到别人……自己……

相信各位总会有这种纠结的时候吧。

你要明白，你的学习是为自己学的，那么在意别人做什么？做自己！（这里说句，如果这人比你强，而你觉得他/她的方法确实值得你去借鉴一下，那么你可以去模仿一下。但如果无效就不要管了，还是做自己吧。）

高三的学习最需要你了解自己的方向，而不是无头苍蝇到处撞，绝对不是看到啥学啥，一点都不知道自己要什么。

BE THE BEST OF WHATEVER YOU ARE!

别人好的可以借鉴，有些好的方法可以吸取，但是不代表你可以完全被别人牵着鼻子走！

你要知道，在考场上，别人翻动试卷的声音都可以让一个心态不好的学生觉得自己速度慢了，觉得不安，更别说其他的了。所以，要坚定地做自己，别太在乎别人如何。

永远记住，你是最特别的自己，你有自己的情况，别人给你提供的方法、推荐的资料一定要动动脑子，想想是不是适合你再去用。

不要跟风，看到别人怎么做就怎么做。不要妄自菲薄，觉得自己什么都不好，什么都应该跟别的人学。但是也不要妄自尊大，谦虚谨慎需要牢记。什么都要把握那个度。

5. 具体问题就是需要具体分析

这句话我真的很喜欢，因为无论什么情况下都是适用的，我看是真理。

别人问我方法的时候，我都会回复那么一句，请先说说你的具体情况。无论什么事情，想要做具体的决策，要定具体的计划，都得根据具体情况来。

开篇第一条，我就提到了要根据自己的情况进行复习，这真的很重要。

对于高三的孩子，你们在费尽心思想解决自己存在的问题的时候，你们在费尽心思想提高分数的时候，牢记这句话——只有分析清楚你们自己到底哪里有问题了，你才可能解决掉。一定要细致到一个题目你是怎么错的，这样才能有针对性。

同时对于高三的孩子，相信你总会有在作业和你自己复习发生冲突而迷茫的时候。很多高三的都说，我也想好好补补自己不好的科目呀，但是那么多作业我应该怎么办啊？做不完老师又要说这说那的。这个很正常，一方面是老师的大众要求，一方面又是自己本身的不足。

只能说，不要一味跟从。老师的作业，自己有把握确定会做的就对付对付，能不写就不写，必须写就不要太上心。和老师多交流交流，得到老师的理解。

写给正在奋斗的高中生

发自肺腑的寄语

在复习中，一定要给自己留出有针对性的复习时间！高三如果没有这样的时间，那是很可怕的，你复习了那么久，到头来只知道老师讲过的东西，而到最后你都不知道自己的问题到底在哪里！

6. 只有不想做，没有来不及做

当然，自己早点觉悟是最好不过的。只要你真正觉悟了，那么效果肯定会比你浑浑噩噩的时候好。觉悟指你思想上坚定了，也可以行动了，而不是单方面的。

不要还没做就想着效果怎样，你不去做，你不去参加，你怎么知道效果？！

不要考虑太多，有好的方法就去尝试吧。既然你之前已经浪费了那些时间，如果你想有好的结果的话，就只能从现在开始拼了，哪里来的那么多废话。

我很讨厌的一种问题就是，万一我去做了，到最后没有效果怎么办？同学，未来你能预知是么？你怎么就知道没用？如果这样你还不如现在就不学了呢，反正也没人能保证你最后就能成功呀！

还有问我来不来得及的人也是的，我如果说来不及你准备怎么办？放弃了？我怎么就不信呢？！这种所谓的安慰你还是别找了，有这时间纠结，你还是干点正事去吧。

7. 走好平衡木

这个世界上矛盾无处不在，学习和休息，作业和自己的任务，每科之间的平衡，复习的时候是看书还是做题等等。

怎么找平衡最关键之处就在于：你要明白自己的情况，不能逃避自己的心。

最了解你的只有你自己。哲人说的没错，认识你自己。

只有你自己明确自己的强项、弱项在哪里，你才有可能对自己进行一个比较全面的规划，才知道自己到底应该做什么不该做什么，才能知道你的侧重点应该在哪里，时间应该怎么分配等等。

剖析自己，认识你自己，然后去寻找平衡，寻找度。

之后就靠你运用矛盾论中很重要的一条方法论了，重点论与两点论的统一，无论是主次矛盾还是矛盾的主次方面，都应遵循这个。找到你现在的侧重点，以此为主，同时也不放松其他的学习，这样才是正道。

8. NEVER NEVER NEVER GIVE UP

我知道很多人在学不会某一科的时候会想放弃，我也知道很痛苦。也有的人根本不知道应该从何处入手，根本不知道应该怎么开始。这种时候，是最容易放弃的时候。但是，你真的就能放弃了么？

用我喜欢说的一句话来说就是：谁让你自己以前没有好好学，你能怨谁？

在学习过程中困难多了去了，碰到一个，就想放弃一次，你不累么？难道你不觉得克服困难就很有成就感么？

世界上没有偶然，有的只是必然。你今天的一切都是以前造成的。

为了以后不再痛苦，我想你明白你应该怎么做。

我知道很多人数学头疼，地理头疼，当然还有其他的，这些根本就不是攻克不了的东西。

如果自己觉得就是学不好，那就扪心自问到底用心没有。

勤思考，多练习，多总结，绝对不会错。

就上课听听明白了，下课随便做做作业就想搞明白，就想有举一反三的能力，你也太轻松了吧？！

三天打鱼，两天晒网，你休想得到什么好成绩！

人家学了 12 年考出来的成绩，你凭什么就靠随随便便突击一下就拿到？！

别羡慕别人，别悲伤自己的分数。Just try your best and never give up！

9. 在正确的时间里做正确的事

看到不少这样的话，你不觉得在这样美好的青春年华，把时间葬送在应试教育上很划不来么？

我就想说了，如果你觉得划不来了，那你什么时候去学习？难道一辈子就这么玩过去？

你可是生活在中国的人，你要清楚中国的价值观是什么，而不是标榜外国那样的生活。你老是觉得国外的中学生多么轻松，学的东西多么简单，但你真的了解人家么？人家进大学门是容易，可出来呢？天天熬夜到半夜的日子要过 4 年，你觉得轻松么？

所以说，无论是哪里的人，无论国情有多不同，有一点是肯定的，那就是在正确的时间里做正确的事。

我妈很喜欢说，你要学习就一定要从头学到底，不要出来工作之后再想着回去读研究生，那太辛苦了，而且你学习的黄金年龄也该过去了，那个时候你背负了更多的压力，哪里可能心无旁骛地好好学习？

高中生你说你不好好学习，你难道想用父母的钱去享受么？

很多人觉得高三自己学得差不多了，什么娱乐啥的也该玩玩，谈谈恋爱，随随便便过过就行了。你在这个时间去做这些，你就不怕在别人享受大学的时候，你痛苦地生活吗？你就不怕别人在一个好大学里面过得各种好，有各种好资源，而你只能饮恨待在一个小破学校，怨天尤人么？

所以，掂量清楚你现在的位置，掂量清楚你到底要什么东西，不要在不对的时间里面做不对的事，否则一定会得到相应的报应的，让你在未来继续过着这样错位的生活。

10.那些可能妨碍学习的不良因素：上网、手机、小说、电视、追星……

追星：我本人也追星、哈韩，但这些仅限于平时上学放学路上听听歌，周末假期有时间看看视频之类的，绝对不会每天就为了这些明星而活，绝对不会一天到晚盯着贴吧、微博天天刷，为的就是看到明星的一些动态。我也不是没有见过这样的同学。对此我最想说的是，明星是明星，你是你，你们之间没啥关系。你也只是默默关注，你也不是明星经纪人，为什么你要如此热心在乎？明星当然也不会知道你算哪根葱。你高考考差了，跟人家有半毛钱关系么，人家会知道吗，你值得吗？你之后还会这么喜欢这个明星么，还敢看么？你就不怕自己内疚么？相反，你高考考好了，光荣地拿到所好大学的录取通知书，就是最好的证明——这个明星的粉丝也是很有出息的，这反而是件长脸的事情。而且上大学之后你可以有更多时间来关注明星，好的大学也有不少机会能见到明星。

上网，很多人都说，上网就为了看看方法，找找资料，为了看新闻等等。胡扯！除了少数控制力极好的人，有几个能做到只做这些？我就做不到。能做到的人我佩服。那些有时间在网上吆喝着做题，吆喝着签到，吆喝着互相监督的，成绩有多好吗？有那个闲工夫，自己做做题，比啥都强。最近的逆袭求战友我就不多吐槽。

小说，你不看也不会死，就这么简单。如果你能控制得住自己，每天真的是完成任务之后再看那么一会儿，不超过这个底限，那么还说的过去。但如果你是不看完小说不学习的人，把时间全挪去看小说了，那你还是省省吧，有时间多看看教材，多做做题。电视也一样。

手机，别顶着什么我要和父母联系这样的幌子，堂而皇之地玩游戏上网，自己害自己，自欺欺人！最好换个只能发短信打电话的。要么就干脆别带，少带一天不会出事。

这些诱惑因素，能抵制的就抵制，绝对不能上瘾，自己控制不了的让父母帮着管着，不然后果一切自负吧。

11. 如何对待平时考试？

高三会有各种各样的大考小考。无论什么考试，都要明确一点，只要不是高考就可以补救，只要是一次练习、一次考试，那就是你查缺补漏的一次机会。

高三的小考小练必不可少。没必要天天盯着那个分数着急，也没必要天天数你对了几个错了几个，没必要关注什么正确率，你需要关注的是你的排名，以及你那些分数丢在哪里了。这些是必须的。了解班里同学大概的学习状况，也剖析清楚你自己的问题所在。

对试卷的分析至关重要。不要天天喊，“我多少分怎么办”、“我错多少个题怎么办”，你要问问自己，有没有把每道题是什么考点、为什么出错、哪些方法还不会分析清楚了。分析不清楚就让老师帮忙分析，自己不知道该怎么学了就去请教老师。你的任课老师不给你回答，你就去找别的老师，要有打破砂锅问到底的执著。

我再也不想看到“我考了 xxx 分，我该怎么办”这样的提问了，真的很可笑很可悲，知道么？考完试，把自己做错了的题，犹豫含糊过的题都分析清楚，是什么问题写出来，一项项去解决掉。高考前这些考试，目的也就是为高考查缺补漏的。

12. 自主招生

这个东西，一定在自己高考复习上没啥大问题的时候再去想吧，不然白花力气，就算有加分，你也考不上。不知道这个是什么的可以问百度也可以再跟我交流。

自主招生考的是能力，也有些运气成分，也会有些不公平的地方，考生们还是应该平常心对待，高考才是王道。自招考好了反而给自己留下了一条退路，不利于自己的进一步发展。而没有过的，不少倒可以釜底抽薪奋力一搏，考出超常的水平。我见过太多自招考好、高考悲剧的学生，所以告诉所有的同学，高考是最重要的！

13. 心态问题要怎么看待

大大小小的波动绝对会有，烦躁、厌倦、不想学了等等情况都会有。我也一样，很多时候想的很多，但是很难踏踏实实去做。我个人觉得，即使在你很烦躁的时候，也要去做事情，必须逼着自己去做，能做多少是多少，以后再说其他的。这样起码你还能看点东西进去，在这个过程中，慢慢你的那种烦躁感就会被磨没掉，一切也就会恢复正常。

别拿心态问题当你不学习的理由，也别在考试后找借口说是心态问题。要有问题也是因为你知识没掌握好，所以心态才会有问题。

在你需要发泄的时候，不要憋着，想哭想闹就去，想找人说话就去，多和父母，多和朋友交流，把不开心的事情一定要表达出来，憋在心里内伤太大。

14. 人生处处皆选择

无论做什么选择，你都要为你做出的选择付出代价，你也必须承担这些。每一种选择都是一种放弃。永远记住，你可以选择随随便便度过高三，也可以选择拼尽全力不留余力，那么最后相应的结局你也要学会接受。我总是说，如果你自己能接受选择带来的恶果，那么你也可以选择控制不住自己，可以选择依旧不好好学。

做选择的时候，慎重考虑是必需的，但绝对不是优柔寡断。一旦选择了就坚持下去吧！

15. 不要熬夜，不要减肥

一味地延长学习时间不如提高白天学习的效率和控制自己的垃圾时间。

还有对女生说，高三不要减肥，考完你有大把时间可以减。高三本来把全部精力集中在高考上就难，如果还要减肥来加大自己身体的负担，这是得不偿失的事情。

身体是革命的本钱，没有了身体，谈什么其他的东西？高考时因为身体原因发挥失常也是很常见的事情。一个有实力上清华北大的人就因为高考身体出问题只去了普通一本，你说值得么？

16. 矫情要不得

我上面罗嗦了那么多，但绝对有人还会哭爹喊娘地说自己怎么怎么不行，怎么怎么苦逼，怎么怎么……

什么是矫情，最最简单的例子，你说的道理我都明白，但我就是钻牛角尖，我就是控制不了自己，我就是……

我只能说，别矫情了，你有那个时间矫情你还不如睡觉呢。

很多心态上的问题，我无法取代你，我也无法完全了解你所处的状态，所以我的很多话在你看来是站着说话不腰疼。

那么你自己难道就是真的清楚吗？你自己就是真的毫无水分地觉得自己有什么问题么？还是说你自己畏难了，你自己不想艰难地去解决？

尤其是高三的时候，很多人都各种说自己心态有问题，心理有问题，把家长老师搞得紧张兮兮的。说实话，这些事情有多少是不能解决的？基本没有。关键就在于学生自己不想解决，很多只是想拿这个当考不好的借口来慰藉自己罢了。

之所以不再单独说心态了，是因为我不知道该怎么说。我完全相信，你们没有什么过不去的。我希望你们也多逼着自己一些，不要太矫情了，该振作该坚强的时候就应该这样做。

停止矫情吧！高三不需要矫情。

17. 你要相信，所有的事情都是宝贵的财富

永远记住，不要觉得自己倒霉，不要觉得自己有多痛苦，所有的高三人都跟你一起在努力，你有什么资格不去努力？

等你努力结束了，回头看看，你一定会觉得这是你的财富，欢笑和泪水都会被你铭记。

最后想说，高考不可怕。

高三是一种习惯，刚开始肯定会不适应，而后来你会适应这种生活，直到离开了还会有不适应的感觉，很奇妙的事情。

不要想傻问题，比如，我的高中不好我能不能考好学校？

比如我还有没有可能上一本？

请相信你们自己，不要多想，踏实肯干是高三必备的！

越来越觉得也许当初你会觉得一个事情多么折磨你，让你很痛苦，但到后来都会发现，这是你极其宝贵的财富，回头看看，情不自禁会露出微笑。在这个过程中，我哭过很多次，咒骂过很多次，想要脱离过很多次，结束后却又觉得有收获，觉得无怨无悔，这就是人吧。

你要相信，没有到不了的明天！

- 各科方法

【语文】

【数学】

【英语】

【文综】

【历史】

【地理】

【政治】

【文综】

第五篇

Bible Study

学习宝典

第十九章
各科方法

本章精彩提示

1. 怎么听好语文课?
2.. 数学如何突出重围?
3. 英语如何保持稳定?
4. 怎么用好错题本?
5. 政治书怎么用?
6. 文科有哪些记忆的诀窍?
7. 历史是只靠背诵吗?
8. 学好地理有什么必杀技?

【语文】

在猫猫看来，语文并不属于高考中能够拉开多少差距的科目，因为具有很大程度的不确定性。但是每一科分数越高当然是越好的，所以就要给这种不确定性留出空间，尽力保证可以掌控部分的分数。

猫猫在高中的时候，高一高二语文一直属于波动状态，最好的时候就 125 分，差了就 100 分出头。每一次考完都稀里糊涂的，语文的分数一度在我看来就是人品的事情。因为根本不知道啥时候会高，啥时候会低。高了就觉得运气好，低了就只能认倒霉。

不过到了高三，每次考试都还是很有把握的，一定能在 120 分以上，甚至好几次在 130 分以上。为什么会变成这样呢？

最关键的就在于作文之前的那些题目的掌控。

虽然高三的语文老师（一个特级老师）我不太喜欢，但是不可否认的上了高三，她的“小题不能出错”这个宗旨让我的语文有了提升。

作文是一个很不可控的因素。现在很多孩纸在提问的时候喜欢问，作文上不了 50 分怎么办，作文总是在某个分数怎么办。其实我都想说，现在作文的分数和你最后高考作文的分数，可能差距挺大的。毕竟阅卷的是有主观色彩的老师，有各种各样不确定因素的影响，怎么可能和你平时分数一样。所以作文，平时尽量提高吧，但是如果一直是一个中等偏上的水平，也不用太着急。

而其他题，也就是基础选择题、文言文、默写、诗歌鉴赏、科技文阅读（全是选择题或者有一道问答题）、散文 / 小说阅读（选择 + 答题，或者全是答题），这些题目要尽量得到更多的分数。

猫猫记得特别清楚，一次语文考试，我得了 125 分，作文只有 45 分，扣了 15 分，但是前面那些题一共就扣了 10 分，阅读部分更是只扣了几分，这样让我比作文 50+ 的人总分还高出不少。

1. 语文课重要么？

很多孩纸跟猫猫说，语文课老师讲的特别无聊，东拉西扯的，不想听，所以都干别的事情或者自习了，不知道这样行不行？

其实猫猫高中时候的语文课，有不少都不知道怎么上过来的。高一高二的时候，很多课文其实猫猫都不感兴趣，而且觉得老师一边讲课文，一边喜欢提问的方式很老套，所以上课的时候可能会看自己的东西，或者写别的科目的作业。

不过有几种内容的语文课是会好好听的。

一、考试讲评课，包括作文讲评课。这种课其实最重要的不是听正确答案是什么，而是听明白自己的错误是为什么错，听明白那些自己疑惑的题目应该怎么去做，掌握老师所说的那些技巧方法。老师在讲评课的时候会归纳总结一下诗歌鉴赏或者阅读理解的答题方法，也许不是每次都总结，但是只要总结了就必须要记下来，如果漏记了也要找同学的笔记来补上。（猫猫在这里说一下，其实高一高二猫猫这种课听得不认真，所以答题的时候都是随意来的，结果每次都是那几分。老师每次讲的方法只能在脑子里有个大概印象，也用不上。不过上了高三之后，老师每次讲我都用心听了，在做题的时候也按照这些去做，分数自然也就有提高了。）

其实作文讲评课呢，猫猫不是很喜欢听。因为猫猫觉得别人的思想是别人的，有的人再怎么听也还是原来的样子，所以这种课一般听听审题的思路，保证自己不会跑题，听听写作的结构，保证自己的作文层次是清楚的，听听文章里的素材，积累一些新鲜素材，充实自己的积累。其他的像语言多么优美飘逸，立意多么高明，掌握不了也罢。

二、讲文言文的课。这种课其实是猫猫最喜欢听的课了，因为猫猫很懒，觉得这种课就老师一个劲讲，你好好记下来那些词是什么意思，什么用法，这个句子是什么用法就行，不用像别的课文那样，老师还动不动来个提问，让你动脑子想想东西。（不要跟我学！）

这种课很多人会觉得无聊，而且一个劲记多累啊，但是就是在老师逐字逐词讲的过程中，你能积累到更多实词、虚词、句式等等的用法。很多孩纸跟猫猫说，怎么才能记住文言文阅读里那些实词虚词的意思。猫猫想说，其实在你以前学文言文的时候就应该已经积累过很多啦，所以大家不要忽略这种课哦。

2. 如何对待语文作业

猫猫现在已经记不太清楚高中时候语文作业都是什么了，就记得还在讲课文的时候，有那种每课配套的练习册，或者就是抄抄字词读音，或者是背课文文言文，或者是文言文积累等等这样的作业，到了后来会有高考或者模拟题的各种练习。

语文作业猫猫记得很多时候就那么糊弄过去了。高一高二那些抄抄生词的作业，我都是边听音乐边写，当放松项目了。那些要求写的阅读题或者诗歌鉴赏题，我总是会先看参考答案再写，也没少被老师发现是抄答案的。

不过文言文知识整理这种作业，我是从来没有懈怠过的。高中整理的教材上每篇文言文的知识，本子还是很厚的，复习的时候也不愁找不到方向了，所以猫猫的文言文基本是不会出错的。还有作文，猫猫从来不敢懈怠。即使我不喜欢写作文，每次作文也都得正式一些面对，毕竟这样练笔的机会不多。如果每次都想靠考试作文去练，那你考试时候的作文肯定写的不会好。写完一篇作文，好好听老师的讲评课，或者私下找老师帮你批改，然后自己再反思一下有什么可以改进的，这才是一次有收获的写作过程。

到了高三，猫猫觉得自己做得不太好的那些题型确实值得好好去做一做了，老师布置的题目也都会去好好做，不管好坏，先把自己想写的写出来，然后认真听老师讲，对照参考答案找自己的问题。应该怎么组织语言，应该用什么答题结构，都是在这个时候练出来的。至于抄字词、抄读音这样的作业，还是当作放松的一个环节，毕竟不用动脑子，写过一遍，至少有个印象。

3. 语文课的笔记

曾经在开学前兴致勃勃地买了好看的本子，说每科都要好好记笔记，但到最后都会发现这是自欺欺人的……因为语文这一科，老师上课最喜欢东拉西扯的，记不了什么东西，所以还是强调能记的就只有文言文那些知识了。

不过到了高三，也要有意识地自己开始总结一些题目里遇到的东西，比如字音字形的积累、成语的积累、病句的积累、文学常识的积累，还有诗歌鉴赏里常表达的情感、常用的方法等等，阅读理解里答题的结构、答题的方法技巧等等。这些都是可以自己在做题之后整理到笔记本上去的。然后每次考试前拿出来看看，挺有用的。至于作文的素材也是，有好的素材就积累到笔记本，常翻翻看看。虽然我知道很多人不一定翻看，但是好记性不如烂笔头，写一遍总算是有个印象。

有的孩子问文言文笔记的事情，那就说说吧。我的文言文笔记，就是老师上课的时候，讲过的一篇文言文里面的知识，给分类记好。分文言常识、通假字、常用的虚词和各种句式（比如定语后置、宾语前置等等），课文下面老师讲过的比较重要的实词解释也要整理。学完一篇就整理一篇，减轻最后复习的负担。

4. 自己平时的学习

很多孩纸都不在语文上下什么大的功夫，做题神马的估计不是作业或者考试逼着也不会去做。最关键的就是希望各位，如果自己在某种题型上有大的问题，或者分数老是不见长，保持一个水平不变，想要提高的话，就还是要花功夫去做练习。

像背这种事情，猫猫觉得没必要死记硬背，任何科目都是，无论是文章、诗词，还是字词成语，猫猫觉得最有效的方法呢，就是边读、边写、边记，最好是在理解这个文章或者诗词什么意思的基础上。

猫猫在高三语文课上，一般都是拿着天利38做自己不擅长的题型，比如阅读、诗歌鉴赏等等，主要就是找那种答题的感觉，多写写，考试的时候就会形成习惯，知道什么样的问题应该用什么语言结构去答。

其他的就是按照自己某次考试出的问题来做相应的练习。猫猫当时除了老师订的三年高考两年模拟，还有自己买的龙门专题，专门用来练小题、诗歌鉴赏、阅读理解这三个方面的题目。

在作文方面，猫猫一直没花太多时间，都是买的市面上的高考满分作文。主要看别人怎么审题的，看思路是怎样的，立意、结构、素材这些都看。尤其是素材，看到新颖的一定要记下来的，不能忽略掉，自己在以后的写作里也会有意识地用一下。

总的来说，语文学习不需要花特别多时间。很多孩纸说自己文学方面的积累不多，怕比不过别人，但是高考里的语文，考的不是积累，更多的是方法和技巧。所以用最短的时间、最少的精力，去拿到最高的分数，是至关重要的。何况还是一个不能拉开多大差距的科目，为其他几科留下更多时间。

5. 针对高考具体题型来说：

A. 基础部分：（字音字形、成语、病句、文学常识、默写部分，有的地方还有排序题等其他类型的题目）

这一部分又是除作文以外那一部分中必须拿下的分数，因为这是唯一可以肯定的一些题目。如果这些不能确保，又怎么去确保阅读、诗歌鉴赏这些有主观性的分数呢？

无论是平时学习还是高考复习，开始的时候便是这些基础。

很多孩纸觉得这些又多又繁琐的，平时也懒得看，每次考试就碰运气，撞到会的就做得好，不会的就得不到分了。猫猫有一段时间也是这样，不过后来觉得这些是必须拿下的，不能有丝毫侥幸，便也开始花功夫了。

老师布置的抄词、背诵、默写的任务一定要认真完成，后面两个不真的做也得抄抄，必须留个印象，至少过个脑子。

具体方法：

老师都会给出常考的字音字形、成语、文学常识的内容，这些都不是发给你让你想起来看看，想不起来就扔一边的东西。如果你觉得自己的基础并没法做到全对，就要定时定量来看这些东西，尤其是这几种题型的问题，而且越早弄会，越早养成习惯最好。

尽量利用琐碎的时间，把这些基础的东西都整理好，时常看看，读一读，平常说话时也要注意这些词的发音。（虽然很麻烦，不过为了高考，大家就忍忍吧）。

字音字形的记忆，也可以用一些自己的小方法，或是从意思或是从读音联想到别的东西来确定自己的记忆。比如一筹莫展，既然有展，肯定是展开筹码这种东西而不是愁苦的愁。（这种幼稚的小例子只是我的低级想法啦~）

像成语、病句这些题目，都会是让你判断正误的题型，所以不需要你的记忆百分之百准确，但是病句的类型、成语用错的各种情况要弄明白。每次做题的时候，要把每一个选项里的错误都找出来，并且要弄清楚它们的类型。

做病句题，有些特别熟悉的错误例子，比如语义重复，差不多大概一起用，像这种情况，形成条件反射了就不会出错了。而其他在你觉得乍一看没有什么问题的句子，就需要开始分析一下句子的成分了。其实分析句子成分并不难，每次老师讲到的时候注意听一下，自己做题的时候去试一下，病句的成分分析就完全不用担心了。

尤其是成语题，做完后要把选项里每个成语都积累下来。久而久之，你会发现考的成语也就那么些，会出现重复。有的成语可以靠字面意思来联想，而有的正好与表面意思相反，需要大家认真甄别一下了。

排序题就是发挥你中文语感的时候了，而且要看你对上下文句子意思的掌握，找到能放在中间的意思。要搞清楚每个句子之间的逻辑关系，才能排出正确的顺序。这种题平时也没有什么好积累的。如果这种题型没有问题就算了，如果有，就要在每次见到的时候认真分析语段还有给出的各句子。

默写没有什么好说的，越早背会背熟越好。猫猫表示因为担心默写会出错，对自己背书没有信心，导致每次考试前，语文的复习就是背这些课文了，特别费时间，而且考完觉得特别不值得，所以功夫最好都花在平时吧。

文学常识也不难，不会有我们想的会出多么生僻的点，而是经常会在非常细小的地方出题，例如作者的国籍啊，作品名称啊，朝代，或者作品的类型等等，所以大家一定要非常仔细地去看每个选项后再做选择。

这一部分除了保证正确率也要锻炼速度，在考试时不能用太多时间。平常和考试前每天可做与高考题型相同的题，例如字音字形、成语、病句、文学常识等等题型各一题。在自己没有把握的那一类题型上，要下功夫练，对症下药练习。推荐练习：专题练小题的，龙门专题、试题调研、天利 38 套（有那种随身做的小册子）。

B. 文言文部分

很多孩子吐槽过历史题里面的材料看不懂，那是不是就意味着你语文就木有学好呢？所以说，文言文是很重要的。多了解一点对你肯定是有益无害的，毕竟这是古老的中国文化的一部分。

前面也说过了，老师讲的时候一定要好好听课，这是最基本的。然后就我上面所说的，做好笔记是必须的，这样等于又复习了一遍，脑子里印象又深了一层。

如果是高一高二的孩纸，姐姐觉得，可以在假期或者平时有空的时候多读读文言文的书籍。《古文观止》就是很好的书，或者读点有意思的《世说新语》。没必要读所有的，就读读那种选编，一定要有注释有翻译的那种。不为别的，能积累一些是一些，文言文的语感和英语一样，也是可以练出来的。很多词句，见多了就熟悉了，再见到自然而然就知道意思了。

具体方法：

文言文也是一种语言，听说读写这四个学语言的通法自然不可缺少。

听的话自然不可能像英语那样听，但是可以在老师讲到文言文部分的时候好好听。说就和读一起了，平时要求背诵的文言文，以及没有背诵要求但是你接触到的，最好都大声读出来。读就是为了让你的脑子过一遍文章，对于古人说话的习惯掌握得多一些。相信在一段时间之后，在做断句题的时候或者虚词、句式等题的时候，你能自然而然地写出来符合标准的答案。另外在自己闲来无事的时候，也可以试试古人的说话方式，虽然可能有点做作，但是也算是培养兴趣、锻炼语感的一种方法。写，让你写出文言那样的文章自然是不可能的。既然这样，就用你的“烂笔头”做做题，抄抄文言文，抄抄翻译，这些总是可以做到的吧。在背书背不下来的时候，多抄几遍也是可以提高记忆效率的做法。

这些都是功夫用在平时的表现，如果没有那么多时间，马上就要高考了，应该怎么办去抓紧提高分数呢？

想要提高的方法也是要多练，只有熟悉每种题型才可能找到突破口。前面说的希望大家学会分析，做题之后，最重要的就是分析这个环节，不管你是实词、虚词、句式、翻译等等哪种题出错了，都要好好分析清楚为什么，是因为确实不知道这个意思，还是因为其他的选项蒙蔽了你，还是因为自己记忆出了偏差，或者没办法从上下文中推出这词的意思，我相信每个人都还是能分析出这些来的。

很多孩纸喜欢在看到文章的时候就先去看题，这点，我建议在你已经有了一定鉴别能力的时候再这么做。毕竟说实话，如果你对一些基本性知识掌握得不好的话，看到选项只能误解你，一旦这些错误答案先入为主的话，无论怎么读文章你都会觉得是这个选项。我有的时候钻到错误答案里面出不来，也就是一开始认定了就觉得自己是对的懒得改了。做题要仔细，更要全面，选出最适合的答案才是要求。

文言文阅读和英语阅读一样，刚开始有些地方读不懂没事，要学会猜，要学会联系上下文来看。有的时候我们就得相信自己的感觉一些，凭借你读完上下文的感觉，猜出这个的大致意思，然后找和这个意思比较接近的选项。

但是每做完一篇阅读，都希望各位能将全篇文章翻译出来，里面的虚词有点多就不用掌握那么仔细，但是一些常见的实词，一定要记下来。至于什么是常见的实词，第一是你做题中老见到的，靠你的积累来判断。第二可以弄一本语文基础知识手册，上面肯定有常用实词的总结。通假字的用法也要注意。对于翻译题，最有利的当然就是每次做完后的全文翻译。对于断句、句式、虚词，这些比较靠语感的题，文章读得越多，感觉就越准，积累越多，正确率就会提高的。

实词题目上面提到了，需要大家的实词积累和联系上下文分析的能力。这种题目，大家在选的时候如果实在没有想法，就根据自己的第一感觉走。往往像选项里的通假字，这些一般都是对的，当然不一定。里面有什么小技巧的话，还是靠大家多去总结了。如果看到选项你没有想法，也可以把那些解释带回到原文，看看是否通顺。

虚词不多说，老师会给你们 18 个虚词的用法，一定把每种都弄清楚，课内的典型例句也要弄清楚。虚词比较看你的感觉了，有的时候你觉得这个就是并列，就不是递进，也很难将你的想法掰过来。有的地方虚词里会出现课文里面的原句，这就看你对课文的熟悉程度了。如果是判断相同与否的，课文里出现的那个字的用法你是否清晰，就决定了你是否能判断出对错。知道课文里那个虚词的用法，代入这个句子中，觉得通顺就是一样的，觉得别扭就是不同的。

文章大意理解属于等级要求更高的一种题型。有的选项是对全文的一个概括，这种选项就得靠你做阅读时候对全文的掌控能力了，看前后，看关键句，这都是节省时间的好办法。至于具体到某段内容或者某句内容的，和英语阅读里的细节题也差不多了，回到原文再仔细看就行。这种题目可能会在一个很小的地方给你埋下一个错误，所以大家要仔细审每一个选项。不能看到第一个选项觉得有点别扭就选这个是错的。有的时候，别扭的不一定是错的，说不定后面那个选项里存在致命的错误呢。有时拿不准就凭第一感觉。这种题的练习也就是我上面所说的做完一篇要大致翻译一篇。

翻译这种题目，有的时候不一定和标准答案一样才能得满分，要抓住关键词和关键的句式。题目做多了你就知道哪些是重要的采分点了，对于这些点是要重点翻译的，其他的有偏差的话问题不大。结合上面每种题型的特点，只要能把实词、虚词，文章文意理解的练习做好，这种题目也不是难点。

断句这样的题，一定要注意是有一定的方法的，比如看到之乎者也就要注意是不是应该断开，一些发语词、语气助词等等的，都是可以让你判断断开与否的地方。所以平时读文言文的时候要多注意文章里的句读，注意很明显的断句标志。每次出错了的题都要记住为什么错，是没有理解清楚句子还是忽略了关键字词，这样才方便以后改进。（这个对于以后想要读中文系、历史系的孩纸是基本功，到大学还是需要的，所以要重视啦。）

这一块的话，别看就是那些分数，也是不能随便丢分的题。而且对于自主招生这样的考试，对于以后大学想修人文学科的孩纸，还是要好好打牢基础的。

推荐练习：都是专题练习，同基础部分。另外可以多做做各种套卷上的文言文，阅读一篇翻译一篇，积累一篇里出现的各种用法，增强语感和基础知识。

C.诗歌鉴赏部分

今天猫猫回高中去见老师了，然后看到高一孩子的期末考试卷子。第一块看到的就是诗歌鉴赏部分，不得不说，看到一些小题前面的“0”分数，感觉和我高一高二的境遇好相似啊！

我相信很多孩纸在这个题目上，无论有几问，回答的时候肯定是没谱的，能答多少是多少，自己觉得对的都写上，也不管有没有看懂，不管有没有什么技巧。而这样的结果，就是分数比较悲剧，4 分 5 分的题可能就 1、2 分，甚至 0 分。

在我高一高二的时候，这块从来没重视过，因为我觉得这就是人品问题，你遇到自己觉得有感觉的诗词了，你就是能多答点，就是能看懂答对，而碰到自己不熟悉没有感觉的，你再怎么写都是偏的。所以每次老师讲评的时候，懒得看卷子上那惨淡的 1、2 分，都不怎么听。

不过到了高三，在全方位钻答题技巧的时候，发现这个完全是有技巧可以找的，就算你懒不想自己总结，网上就有现成的可以让你去套。这个套的难度不大，不像文综，套的时候还要转换啊还要结合实际，直接就能用。

下面来看一个例子，看看猫猫是怎么做诗歌鉴赏的，大家可以用这样的步骤方法。

阅读下面这首宋词 完成 8-9 题。

思远人

晏几道

红叶黄花秋意晚，千里念行客。飞云过尽，归鸿无信，何处寄书得。

泪弹不尽临窗滴，就砚旋研墨。渐写到别来，此情深处，红笺为无色。

这首词表达了什么样的感情？“红叶黄花秋意晚”一句对表达这种感情有什么作用？（5 分）

“就砚旋研墨”与“临窗滴”有什么关系？“红笺为无色”的原因是什么？请简要分析。(6 分)

解题如下：

第一步，先看题目怎么问的。

做题的时候要把题上的关键词标出来，就像我上面的一样。

第二步，看原诗 / 词，将和题目有关的画出来。

两题的关键字词用不同颜色画了出来，这样便方便答题。

第三步，组织语言，按照问题的层次结构答题。

层次结构是什么呢？看看我的步骤：

第一题有两问。第一问问这首词表达了什么样的情感，那么从词中我们找到的线索，秋、千里念行客、飞云、归鸿、寄书、泪等等，可以看出是对远方游人的思念之情。这一问直接答上就行，不用说怎么看出来的，能省字就要省。第二问，问这特定的一句对表达情感的作用。那么我们要明确，怎么答作用这种题。首先要说出用什么手法，然后要说出表达了什么情感。答案便是，第一句起兴／或是借景抒情，以红叶黄花两种意象描绘出深秋的景象，渲染离别的悲凉气氛，增添对远方游人绵绵不尽的思念情怀。

第二题有两问。这题是需要我们充分理解下片的意思然后进行作答，并不难理解。

眼泪临窗滴落了，所以正好就着砚台借用泪水研磨。后一问，原因便是作者在写词中不断落泪，情到深处，泪便将红笺打湿，使其褪去颜色。

看到上面这个例子，我想大家或多或少有些感觉了吧，以后做诗词鉴赏的时候可以试着踏踏实实耐心一些去这样做。其实就是在诗词里找和问题相对应的，而且要尽量通过这些关键词理解这首诗或者词，在答题的时候，同时注意手法和表达的情感，看清题意，不要只答一方面，而在可以省字的地方也不要赘述。

答题有层次，干净利落，这是老师最喜欢的。你想想老师每次拿到卷子，都是一坨在那里，而且答的没有层次感，找不到要点，即使你的意思是对的，老师应该怎么给你分呢？

至于有的孩纸说，这些手法啊，还有意向神马的，我都不知道不懂肿么办？那么我可以说随便网上的一个诗词鉴赏的方法 doc 或者是五三之类的辅导书上都会有总结的，你总是可以找到的。怎么将这些理论变成你自己的呢？就是靠实践了，自己一定要落实到笔头上好好写写不同类型的题，再形成自己的方法。

下面提供两个我觉得很好的网址

一是 2012 年所有高考卷子里的诗歌鉴赏以及解析。这方面有问题的孩子不妨把这份材料翻来覆去做做，看看，哪怕多抄抄问题的答案也好，形成一种答题的模式。

http://wenku.baidu.com/view/1dd5d1a7284ac850ad02421c.html

二是诗歌鉴赏技巧的总结。这个百度文库上有很多，大家可以下自己觉得好的，这个是下载数量最多的一份，我觉得还不错。

http://wenku.baidu.com/view/ef6619d9ad51f01dc281f104.html

做练习的话，高考卷子上还有各种模拟题上的题就足够了。猫猫当年上语文课就老是自己写诗歌鉴赏，后来变成了特别喜欢写这种题，因为想要验证一下自己的方法是不是管用，看看是不是特别有效率。每次都是找关键词，把答题要点一列，然后去对照答案，一样的地方就不看了，就看漏掉的或者表达的不好的，这样一来，提高就会很快了，做这种题也会是一种寻找自信的乐趣，以后这一部分就是必得的分数了。

还有孩纸们，如果你们想提高自己的诗词鉴赏水平呢，我推荐你们可以去读读《唐诗鉴赏辞典》或者《宋词鉴赏手册》，主要是看看上面分析的手法还有语言表述，倒不是指望高考能撞上里面的原题，但至少也是一种熏陶。其实读读挺有意思的，诗词里面有时蕴含的不只是文学意义上的事情，和历史哲学也都有关联。

诗词里有些提示性的词句，什么柳枝，什么大雁，看到这个就能想到送别、依依不舍之情之类的这种，通过自己做题，可以总结出很多来。像各种诗人怀才不遇、壮志难酬更是泛滥。做多了之后发现无非这几种，每次结合诗的题目、诗的注解和问题，即使不算明白也能胡诌出很多来了。像炼字、问感情什么的题，都是千篇一律的，有固定的答题模式，比如先说这个词句什么意思，起什么作用，然后上升到全诗的高度，和诗人情感联系起来。

这些都靠大家用心啦，你要是用心，你就可以成功攻克掉这种题型。

D.科技文阅读

这种题目就是那种特别长的一篇文章，讲讲科技方面的或者一些比较有意思的生活方面的题材的阅读题目，其实并没有很大的难度，但是因为还有其他题目的压力在，这篇上不可能放多长的时间。所以怎样在最短的时间内，最有效率地完成这种题型，那就是一门学问了。

猫猫做这种题目其实也不是百发百中，在那么长一篇文的压力之下，还要在最短时间看完、做好题，还有后面的大阅读和作文，所以有的时候难免看不了那么细致，难免会注意不到细节问题。

这题的难点，我觉得就是在于你是否能够做到细致了，很锻炼观察能力。而且科技文章，一般来说不是很有意思，间杂着不少晦涩的科技知识，对于文科生来说，趣味性就差了那么些。但其实我们也不难发现，如果是这样的文章，条理往往会比那些文字通俗有趣的文章清晰不少，所以仔细看题，去理顺文章的条理，是做对这种题的关键。

具体方法：

不可否认的是，很多人看到这篇文章会慌，感觉有点像是做英语阅读，篇目太多了，每篇都觉得很烦，怕后面的题来不及了。方法其实和做英语阅读有点像，通过题目里问到的返回到原文里去找，这样才能提高效率。但是在这之前，要先大概扫一眼文章里各段的大概意思。

这个读文章不是单纯地看一眼，而是拿着笔，仔细地去读，把每一段的主旨句（一般段首或段尾），一些给东西定义的句子，一些关于时间地点人物的词画出来，一来帮助各位理解文章的大意，二来让各位对于文章中最重要的一些信息有所了解。在看题的时候看到相关的选项也知道应该回到原文哪个部分去找。

这样之后再去看题目。一定要把每个选项都好好看清楚，人物时间定义等等，不要看到一个觉得是要求的那个正确或者错误的答案你就选了。在出现混淆不知道选哪个的时候，注意是选最合适的那个。

一般来说，你自己觉得跟文章很像但是文章里面没有明确提到的，只是你引申出来的，都需要好好考察一下，因为很有可能只是你主观上认为它是对的，无论在做哪种题的时候都不要想当然。

细节决定成败，所以嘛，不用多说，大家的选项以及选项所对应的原文部分一定要看得仔细再仔细一些。相信你们没问题的。

推荐辅导书：那种练现代文阅读的练习册就可以，平时套卷里的题目也都要好好去做。做完之后，有错的题一定要好好分析为什么出错，是哪个词句没看到，还是理解审题有问题。总之一定要有耐心去做。

E. 大阅读

这个部分说起来和诗歌鉴赏很像，真的是挺像的，你也不用读多明白这篇文章是什么意思，然后就可以根据固有套路把答案组合起来。

说说这个读文章的问题。很多孩纸不知道是应该先把文章仔细读完再看题，还是先看题再去看文章。我的建议是先扫一遍文章大概的结构内容，很快看看就行了，不要每段每段看得很仔细，然后去看每道题，根据每道题问的再返回原文中寻找相关内容。因为如果直接看题去找的话，脑子里的那种印象还是浅了一些。

再说答题。有的地方的大阅读里，会有一道选择题，问的是符合文章内容或者不符合的哪一项是什么。这种题的方法就和科技文阅读一样了，仔细看好每个选项，回原文找相应位置，选出最合适的那个，不要自己断章取义想当然。

有的只有一堆问答题，这些题和诗歌鉴赏一样，在网上都是可以找到答题模板的。比如这个网址 http://wenku.baidu.com/view/ba741029bd64783e09122bd3.html 或者这个 http://wenku.baidu.com/view/9b809289680203d8ce2f2462.html 不得不说，网上有太多这样的资料，看看大家会不会去找去用了。比如某某词句对于表达情感有什么用，要答出用的手法也要答出表达了什么情感。再比如这句话有什么作用，要答出内容上的作用，也要答出结构上的作用。这些方法怎么来？靠你看别人的总结方法以及自己做题的经验。

关于怎么去练习。其实这个都需要大家多写的。猫猫以前不喜欢做大阅读，因为考试的时候总是会出现和诗歌鉴赏一样的0分、1分、2分这样惨淡的分数……所以每次都看一眼，觉得自己差不多知道答案就行了。其实不行，这样相当于啥都没做，不自己去写写就永远不知道应该怎么得分。

其实练练也不会耽误多少时间。先看文章，把文章大意、有主旨句的标出来，然后看题，画出题中的关键词，看清楚人家要求你答什么，然后按照自己总结过的，或者看到的别人总结的方法套路去套。写的时候，写出大概要点就行，比如分成几问，每问要分成几分方面答。只要掌握大概要点，考试的时候连成句子就不是问题。这样的好处就是，无论你什么时候再做阅读，都会养成分问题分点去答。绝对不能一大段写下来，都不知道哪里是哪个问题，混着作答，老师应该怎么给分呢？不是每个老师都好心会去找。还有个好处就是能简练语言，不会写一大堆废话，让人读了觉得烦。

有的时候做烦了怎么办，就是说看到就不想动脑子怎么办？我建议你去抄答案。我在高考前复习的一段时间里，诗歌鉴赏、大阅读都是直接抄答案。我不想看文章，但是我要抄答案熟悉答题的语言，以便于我能保持自己的水平。

关于文章的情感主旨把握，这应该是最高的一个要求了。有的时候，你可以通过大致扫一遍文章就看出是什么意思，有的时候你可以借助后面出的那些题目里的提示看出来。如果你看不出来，就根据文章里的一些词句大概猜测一下吧。那些情感其实都很普遍，真善美或者是哲理性质的。高一高二的孩子如果有时间，可以多看看高考常出的那些人的散文，比如周国平、毕淑敏、迟子建等等。先不说丰富视野啥的，就是去熟悉一下应该怎么去理解文章，怎么去找大意。高三的话，就可以功利一些了，阅读范围就可以控制在高考题还有模拟题上的阅读，读一篇然后看后面题目里面有关文章情感的答案，看看自己抓住的文章感情主旨是不是准。

每次做完一定要总结归纳。考试出来之后，没有得到满分的题目也一定要搞清楚为什么。要不断和最好的答案做对比，不断找到自己的问题，不断去模仿标准答案的样子回答。不要觉得那分数就那样吧，不管不顾自己问题的结果是永远都不会有大的提升。

F. 作文

唔，终于到了这个苦大仇深的板块了。昨天我回高中见了语文老师，看着他桌子上那沓高中生的语文卷子，看看孩纸们写的作文，就说，虽然作文拿不到高分，不过每次上 120 都 ok。老师说你这样其实是最好的。

就像我在语文这块最早提到的，作文这东西，能写得很好那是天分是缘分，是可遇不可求的。如果一直保持在 40 多分到 50 多分的水平，中等偏上的话，那也不要强求了。最惨的就是作文好不容易写好了，50 多分，结果被前面拖了后腿。不过也因人而异吧，有的人前面的不好要拿作文分数来抵，但是还是希望各位也要尽力提升前面的部分。

说说怎么个练法吧。作文，既然是写文章的功夫，当然是要写的。我觉得大部分学生跟我一样，都不喜欢写作文这个作业。真的又麻烦，又没有一个规定答案，自己又得花时间费脑子去想，还那么多字，但是对于作文想提高的孩纸，还是踏踏实实写吧。

写，一定要用心去写每一篇，抓住这个练习的机会，不要想着这次先糊弄过去，下次再好好写，这样你永远不会认真写。从审题开始，好好读题目里的每一个字，如果有材料也一样。然后列好大致想写的那些点，列出自己想要用的素材，然后开始写。

拿到一篇老师改完的作文应该怎么办？很多人肯定是扫一下分数，悲剧一下那个分数或者激动一下就完了。但是知道自己为什么是这个分数的原因么？如果知道，比如是真的跑题了或者写的确实很假大空，那就还好办，自己下次写的时候要注意。如果不知道，一定要去找老师问清楚，最好能单独找个时间去请老师点评一下你的作文，问一下修改意见。是不是真的去修改不重要，重要的是知道以后应该怎么办。

作文对于我来说，觉得很重要的就是一定要审题仔细，一定要用到适合的素材，一定要有清晰的观点和层次结构。这些我相信老师都会讲过很多次。

如何练审题？最好的办法就是拿高考真题还有范文来，自己先看题，然后写出自己的大致思路和大致行文提纲，然后对照解析以及范文来看看是不是准确。如果跑题了，一定要分析清楚为什么，自己不明白的话就去问老师，这样练下去我不相信你还会跑题。

如何积累素材？生活中的很多事情都可以当作素材用，千万别沉浸于司马迁屈原李白杜甫的世界里就出不来了，这太土了。市面上卖的论文素材的书不少，关键是你能保证买了能看么？平时读到的范文里就存在着各种类型各种题材的各种例子，这种时候，就准备一个本子，把这个素材的大概内容记一下，并写一下适用于什么状况。每次写作文或者考试之前拿出来看看，这样的效果会比专门去看素材书要好一些。

如何有层次有条理？写作的时候，要有自己的观点，要有自己的论据。我推荐一本书，叫《议论文论点论据论证手册》，上面就有各方面的论点、论据还有具体的论证示例。不能说这上面的一定能让你得到多高的分数，但是怎样明确地摆出自己的论点、论据，可以学习这上面的例子。另外，在每次看范文的时候，一定要注意全篇文章的架构，看清楚每段的安排，和主旨句、分论点等的位置、表述等等。

常常有人问应该看些什么书来提高作文。功利些的，就直接看高考满分作文，而且看的时候是要从我上面说的那些方面去下手。如果想长远些的，建议多看看哲理性质的散文。前面提到的周国平、毕淑敏、史铁生、迟子建等人的，然后文化感比较浓的余秋雨（知道很多人不待见他，但是这两本书真心推荐）的《文化苦旅》、《山居笔记》，比起看网络小说，如果能看得进去这些书，底蕴还是会不一样的。有些书，像安意如的《人生若只如初见》、白落梅的《你若安好便是晴天》，我其实并不是很想提到，因为里面可以学的大概只有那种语言风格，和一些比较美的词句。但是这两本书，在解读诗词、人物上，难免有为了清新华美的语言风格而故意矫揉造作的意图，所以希望大家能辨别开来。

好啦，罗罗嗦嗦这么久的语文篇就要结束了。不知道各位看了之后，是不是颠覆了你对语文学科的看法呢？那天有个人说我的方法像是三纲五常一样束缚了你们的思想，我只能说我没有那个意思，就是把自己的想法说出来罢了，爱听呢就听，也许本来对你来说无所谓的语文，我在这里用了很多笔墨，因为我觉得，只要是分数，无论哪一科多一分岂不就是美事？所以语文上我也希望各位能更好。当然如果你觉得自己语文差不多就可以了那也没什么，每个人情况不同。

语文，作为文学的代表性科目，是我们的母语所代表的科目，还是应该引起重视的。我们需要积累，这个积累不光是文化知识上的积累，同时，也是做题经验、方法的积累。多留意你所见过的东西、老师给你推荐的书，例如四大名著或是《古文观止》、《史记》等等文言的，或者是诗词，或者是现代作品，既然读就好好读，能从里面吸取些精华也就没有白费功夫。学的再仔细一些，肯定不会有问题的。

P.S. 针对一个叫做“阅读延伸”的题型说两句。这种题是根据文言文或者诗歌鉴赏或者大阅读里出的问题，写一个 200 字左右的小语段。这种语段并不难，但是想得满分也不易。得到差不多的分数的秘诀就是，看清楚题里到底问的是什么，有的时候会有陷阱，比如有个小问题并没有带问号，就容易被忽略过去。看清问的是什么，然后答出答案。一般都要求结合例子或者自身经历之类的进行论述，按照要求做就好，和原题紧密结合就行。如果有觉得难以提高的，可以多找些题来练，找老师帮忙批改提意见。

【数学】

文科生的心头大患啊！要是有个文科生数学极其好，每次都 130、140 以上，估计就是很多很多人的偶像了，就会有一堆人拥过去请教了。

说实话，文科数学真心没有太大难度，把基础题和中等难度题拿下，120 以上的分数总是有了，所以很不能理解为什么会有四五十分这样的分数出现。

Ⅰ.请先摆正你的态度Ⅰ

数学为什么学不好？最大的问题就是，很多学生并不喜欢学数学，毕竟这是理科科目，所以从高一或者初中开始就没怎么好好听过课了，到后来分数考不高也是很正常的事情了。还有的觉得自己天生就笨，就是想不到那些地方去，就是没有思路，所以自然就学不好。

但是，不喜欢学数学，就是学不好数学的理由和借口么？觉得自己笨，就是学不好数学的理由么？

虽然说高考并不能决定人的一辈子，并不是最重要的事情，但是也是很重要的事情，也是能影响你人生的事情。这次机会，相比起以后社会上的各种复杂事件，已经是相对公平的了。你努力学了，大部分都有一个比较符合的结果。如果你连这一关都过不了，以后又怎么办？你不喜欢数学，那你能告诉我你以后面临的事情都是你喜欢的么？你能说，哦，所有我不喜欢的东西，我就可以不管不顾么？如果能，那我恭喜你，你的未来是悲剧。人最了不起的，不是将自己喜欢的东西学得特别好，而是将自己没什么兴趣的、讨厌的东西学得很好，前提是这个东西你无法逃避。以后社会上的事情，你也许可以选择逃避，但是你眼前的这道坎，别无选择，你必须去走。

我高中同桌，全年级第一，最后高考 649 分去了香港科技大学。她对各门课并没有什么兴趣，像历史这种东西，她上高中才开始有比较多的接触，但是她能学得比我这个爱了历史那么多年的人好。你可以说她是考试机器，可以觉得她悲哀，为了应试教育而生。但是你能否认么，人家就是因为可以很好地应付应试教育，将没兴趣的学科照样学成第一，所以人家得到了一个更好的大学平台，可以在那里寻找自己真正感兴趣的。举个例子，你口口声声说你爱的是历史、政治、哲学等等，讨厌数学，那么请问，如果你不能借助高的全科分数，你怎么上一个好的大学，你怎么在一个不错的环境里发展自己的爱好？难道你想去一个三本、大专，天天研究历史、政治、哲学么？

再说说笨的问题。我也觉得自己笨，那又怎样？真正智商低的很少，你别老把自己归到那类去，别找借口。笨鸟咋了，笨鸟还会先飞呢。没听说过勤能补拙么？如果你做不到，不是你笨，而是你懒！真正堕落的人，从来都不是因为笨，而是因为懒。你不觉得如果自己觉得自己笨，但是数学照样能学得很好，这是一件多么值得高兴的事情么？你为啥不去突破突破呢？

上面是想告诉大家，别给自己数学不好找借口，也别安于现状，不思进取，否则很危险。你想清楚吧，你要是自愿放任数学成绩那么悲剧下去，自愿去一个破学校，我也没什么可说的，一切随你！

都给我提起精神来，别怪我说话冲，说话重。因为自从高考后，到现在一年半了，看到了太多太多数学有问题的，其中不乏很多理直气壮地说自己不喜欢数学、说自己不听课等等的，然后还想问怎么提高数学。那我请问了，您自己这态度，压根就没准备学好数学，还来问做什么？！所以第一步，端正自己的态度！就算你不喜欢，那你也得啃下去！你不觉得这样才是真正有成就感的事情么？！

2. 数学课应该怎么上？

我相信一般来说，数学老师都是先讲一节知识，然后讲例题，然后让大家做一些题，然后下课布置这课相关的题目。

语文课我不管你们喜欢怎么上，但是数学课，没有二话，必须好好听讲。如果你想高三的时候再哭爹喊娘哀悼自己的数学，那你可以不听。错过的就没那么容易补回来，要付出代价的。

我上数学课从来都是要跟着老师的进度走的。老师黑板上写板书讲概念公式，我就在书上画出来，把重要的抄在笔记本上。老师讲书上的例题，肯定要认真听。老师补充的例题，必须是要抄在笔记本上的。要求做的教材上的题，也是肯定会做的。

老师上课讲的你没听懂怎么办，如果老师允许上课不懂的直接提问，那你就大胆点问。如果觉得不好意思就下课去找老师单独问。如果不问，这问题迟早会影响你的成绩。读书不求甚解是非常危险的。

3. 数学笔记怎么办？

数学笔记这东西，不是让你上课记下来，满足一下自己的心理需要的，好像自己多认真学习了一样，记完就不知道扔到哪里去了。很多人说，书上的题、老师讲的题当时能明白，过一阵子就忘了。这个如果你是真的用心了，根本不会出现。

笔记是要常常去翻看的。每天做作业之前，每次考试复习之前，不要觉得数学没什么可复习的，反正也没有原题。看笔记复习是必须的，笔记上的题目，都是你高考前应该好好复习的重点。

4. 数学作业怎么办？

很多人说自己做数学作业就很慢，或者有的时候看着觉得不会就干脆直接抄答案了。做得慢不要紧，毕竟你是自己在思考，而直接抄答案就有点说不过去了。

数学作业是一定要独立完成的，千万不要养成抄别人作业的习惯，考试的时候你去抄谁的呀？刚开始做得慢就慢慢做，争取把自己做过的每一道题都印在脑子里，下次再见到就不会有问题了。如果实在有不会的，自己思考了很久还是觉得卡住了做不了，两种办法：一是先看答案，把答案抄上去，但是这题要标注出来，思考清楚为什么想不出来。老师讲过之后要记录下来，将自己卡住的地方解决掉。二是空着，第二天找机会去请教老师。

无论错题有多少，一定要好好分析清楚问题到底在哪里，然后想办法解决掉。你是有手有脚有嘴有思想的人，所以，不可能想不到解决方法。

5. 错题本这种东西

要不要做错题本，这种问题也是很纠结的。我的回答是，如果你觉得自己做了之后还能时不时看看的话，还是做吧。或者你没有自信能一次性将自己错过的题全部解决掉的话，还是做吧。如果你能够在看到错题后第一时间发现自己的问题，并且找到方法解决，那么错题的价值就发挥完了，也就不用费工夫了。最关键的是，上面几种情况，各位要如实对待，不要逃避。

6. 考试肿么办？

在这里提一下考试怎么对待。数学考试应该视作是很好的机会，毕竟你平时做作业和你考试是完全不一样的状态。很多人说自己作业做得可好了，一到考试就悲剧了，也摸不着头脑不知道为什么，所以这样的实战机会是检验你的大好机会。

考试之前的复习工作，都应该落实在平时，而不是考前突击。那么多科目，都突击不得累死你。教材、笔记、错题、做过的题，这些都应该是你要去复习的，然后考前做做题练练手感就差不多了。

考试的时候，每一块都是有时间要求的，绝对不能拖沓。平时训练的时候也要注意做限时练习，不要觉得不是考试就无所谓，那到最后你做不完考试卷子能怨谁？选择题填空题一般来说40分钟要解决掉，然后留出充裕的时间给后面的题。

考试的时候，太多的人说自己粗心大意马虎等等，那你就不能仔细点么？虽然肯定每次都还会有问题，但是能少一点是一点。每道题做完之后都对一遍草稿，然后再做下一道，要在保证效率的前提下提高速度。

考试完拿到改下来的卷子，无论分数是喜是忧，我拜托各位，一定一定要踏踏实实搞清楚自己每道题是怎么出错的，为什么出错，不要笼统地说，这是粗心了、那是不会做、想不到之类的。为什么会粗心？为什么不会做？为什么想不到？这都是能再挖掘的细节。求求你们了，不要在提问的时候还是说自己错了那么多题怎么办，麻烦你们分析清楚根源问题。分析完了之后该请教老师请教老师，该改错改错，该继续练习就继续练习，对症下药。

总之，数学学习，所谓的题海战术可以用，而且会有效果。但是如何做到事半功倍的效果？不是盲目做题，不是说要把所有题都做完，而是要知道自己的问题在哪里，针对那一块的问题做练习。不对症的药怎么可能有效呢？

数学的话，其实老师的作业、学校定的练习册，好好做好就差不多了。如果自己觉得不够的话，可以再买其他的来做。总之知道自己要做什么，知道自己现在在做什么就好。

高中文科数学真的没那么难，如果你高中文科数学就搞不定，那你大学怎么学经济类、管理类、金融类等等的专业啊，那些可都是要求高数的。

辅导书的话，根据个人情况吧。总复习就比较推荐五三、天利和教材同步，我喜欢用中学教材全解，王后雄的题有些偏了。基础比较差的上面也提到过了。试题调研的那种小题狂练我并没有做过，各位觉得好的话可以试试。其实最主要还是以学校复习为主了。

7.答疑中碰到了n次的各种问题

A.我的基础不好，应该怎么办？

这个问题，我可以说，无论你去问谁，无论你去看哪个人的方法，回答都是一样的。看教材啊！很多人说教材有啥好看的，上面的东西那么简单，跟考试题又不一样。那我可以说，基础不好的同学，把教材里的题抽出来让他做，肯定还有不会的。

（教材至关重要！！！！！教材的重要性我都已经不想再提及了，实在是最基本的。作为一个学生，虽然教材也许会枯燥些，但是里面都是必须学好的东西。所有基础差的同学，没有别的可说的，教材上的基础概念、公式、例题、习题，所有的都必须搞懂，没得偷懒，否则你会知道后果的！）

教材怎么看？一课课，拿着笔，把概念、公式先看了，该记的记下来，然后把例题好好做一遍，接着去做课后习题。就算有的题老师没有要求做，你也得去做一遍。

教材是第一步，然后是老师上课讲过的那些基本例题，教材上没有的，一定要好好复习笔记。还有考试中的那些简单题，我想你应该能分辨出什么是简单题什么是难题。

有本书《高考数学轻松突破 120 分》，我推荐。很多人说这个只有 2010 版，你管是什么版呢，基本要求的知识点都一样，你如果能搞定这本书，那你绝对能 120 分以上。《知识清单》这样基础的我也比较推荐。

B. 我的基础很差，老师讲的都听不懂，教材上很多看也看不懂怎么办？

这种情况明摆着了，去请教老师呗，没什么不好意思的，先搞好自己的学习才是最重要的。不会就去问，这是最基本的能力吧，如果这个都不行，那以后怎么和别人打交道？如果觉得自己班上的老师不好，或者老师不待见你，你可以去请教别的老师吧，只要问明白就行，问懂为止。然后一定一定要好好记录下这题，用心记，以后要不时拿出来看看。如果有条件，可以请个老师一对一教教。

或者你可以问同学，不管同学愿不愿意，这个最起码说明你是在想办法去解决问题的，而不是自己闷着什么都不做的。

还有就是，你觉得自己看都看不懂，你如果不去请教，你难道指望自己突然有一天灵光乍现，什么都明白了么？

C. 考试做不完怎么办？

这就是平时做数学速度太慢惹的祸，所以平时一定要注意速度，不要拖沓，保证正确率的情况下不要磨蹭。每次写作业的时候都给自己规定好时间，每道题都要有个限制才行。

D. 平时能做好，考试做不好，这是什么问题？

我特别想说你的基础还有问题。很多人老是说自己的心态问题，毛线啊，哪里来那么多心态问题？你觉得那些考得高的人就没有心态问题么？你咋知道呢？别人还不是照样得高分。所以说，别把罪推给心态，自己该找哪里的问题就是哪里。

自己想想，平时做作业是不是可以查笔记？或者说是不是可以借助答案，借助同学的帮忙？是不是和考试的状态不一样？这样的问题多问问自己。不要觉得挖掘到最根本的问题有多么可耻惭愧，不要觉得不好意思，只要发现了这个问题，下次解决了就是好的。

还有一种情况，我知道现在度娘很发达，你们也很喜欢百度，也不乏在考试前去网上找答案的事情。但是这样的事情少做，高考的时候谁给你找答案？我相信你们明白，浪费一次练习机会那就是浪费了，找不回来的，珍惜吧。

E. 考试老是粗心怎么办，会写但是没写出来怎么办？

老是粗心那你就细心点咯。这个问题，难道想让别人在考试的时候在旁边抽打你，告诉你要细心点咩？这个纯粹靠自己，发挥你的主观能动性吧。

会写但没写出来，问问自己为什么。我就不相信了，你要真的是思路畅通一点问题都没有，你怎么会写不出来？写不出来，自然是当时卡在哪里了，或者说你没有看清题，没有发现里面的关键条件等等。这些难道不是你应该注意的么？好好分析吧，孩纸，不要觉得自己已经分析得很透彻了。

F. 数学基础很差，别人都说来不及了，怎么办？

碰到这种问题我好想直接拉黑啊，明天又不是高考你怎么知道？别人的话那么重要你还学习干什么？别人说的那么重要你就为了别人活着吧。

该做什么做什么，该补什么补什么，能进步多少进步多少。人生在世，求的是问心无愧。

G. 老是做不会，没信心了怎么办？

拜托你摆正心态。信心是什么？这个东西是要靠成就感来积累的。而怎么有成就感，那是靠你一次次小进步换来的。怎么有小进步，那是靠你做对一道道题得来的。刚开始一道不会，后来会了一两道这就是进步。一定要善于抓住这些点，让自己增强信心。一定要相信自己，不要放弃。

H. 我说过 n 次的话：

别老抱着分数哭或者笑，看看分数背后的真相。

不要自欺欺人，数学这学科怕这个。

I. 老师讲的时候我都会，但是自己做题就不会，不会举一反三怎么办？

这种情况的唯一可能就是，你只是听会了，并没有变成你自己的东西。你有去仔细揣摩老师的思路为什么是这样的么？是从哪个条件，想到的哪种方法，一步步是怎么推导的，想过么？我想是没有的。

怎么变成自己的东西？当然是多动脑、多动手。动脑就是多想，动手就是多做。做题的时候才是理论真正和实践结合的时候，我想哲学的这条道理你们都懂。

做完了把这一类题的方法思路大概整理一下，以后碰到一个类型的就运用吧。如果你说我不知道什么是一类的题，那我只能说你根本就没有理解清楚这个题的意思，也就是白做了，做的是无用功。

B. 就大概这些吧，然后按照各知识块来谈谈

A. 函数

这是高中开始学习的内容，和高一的孩子交流，也能感觉到其实学的不是很好，有很多东西还理解不了。其实吧，我高一的时候学的也没有多好，考试分数就是中等偏上，有的东西还真是自己想不到那里，但也没有多想多问（不要跟我学……）。当时庆幸的是每本必修之间并没有啥联系，得过且过了。但是有一点，即使我不可能拿到最高分，书上的那些概念、公式我还是很清楚的，要做基础性质的题也是没有问题的。一轮复习的时候经过老师的讲解，便有了不少进步。这一部分，最基本的就是各种函数你要掌握，就不要求你要做出来最难的那种题。

其实函数要求掌握的就是函数的性质以及几个特别的函数，题型也都大同小异。我就是跟着老师的复习脚步走。我们的高考总复习书是《步步高》，我按照老师要求先填好最前面的知识结构，然后看给出的例题以及解析，然后按照老师要求一个个去做题。不会的题就标出来，每次考试前就拿着这本书去复习。

如果是高一高二的孩子，想要自己补，应该怎么办？建议你们买与教材同步

的辅导书。前面都是概念，后面有例题，然后是习题。按部就班地往下做，你会有提高的。不要嫌麻烦，觉得那块不好你就不碰了，恰恰相反，你必须去接触。

所谓熟能生巧，像函数，我当时在学校、在家里、在外面的辅导机构，很多题型做了很多遍，很多经典的题型做了一遍又一遍，方法自然就很熟悉了。经典题型是什么就不用我总结了吧，相信你们能弄清楚。

函数的图像一定要清晰，真的，很多时候，函数题，如果你画图画得准确，那么答案马上就能看出来，比如交点、区间，画得好的话是很准确的，所以大家要熟悉图像。

B. 导数

这一块看似很难，但对我来说，求个导数其实不难，反正就是把公式一套就完事了，数字也不难算。但是只学到这种程度明显不行，后面的大题都是要求能灵活变换求区间或者极值的。刚开始做大题的时候，导数大题永远做不好，最后一问永远不知道是什么方法，即使老师都已经教过几次了。那阵子挺懊恼的，明明看到过的题，就是觉得思路打结了。

后来就觉得，这样下去不行，绝对不给自己设下限制，不能潜意识里觉得做不了，一定要试着去做。于是，就从一个很普遍的求范围的题下手了，看过去其实还是不敢下手去做，但后来就模仿老师的方法，将要求的那个 a 放到一边，其他的都放到另外一边。然后对另外一边的式子求导，求范围，进而求出 a 的范围。后来这么一做发现，也不过如此，没有难到哪里去。不会的题，再照着老师讲过的同一类型的模仿几次，之后就再也不是问题了。

也就是接触到导数之后，我觉得数学其实也是有思路方法可以找的，只要掌握了就不用怕。之后的圆锥曲线也是一个道理。

后来我就是在做题的时候，积极吸收老师讲过的方法，结合题目的情况，多试几次。哪怕这次做不对，就记下来，以后做的时候又多了一条思路。

导数的作图也是很有帮助的，大家都知道求极点、区间，画画图更清晰，千万不要搞混了原函数的图还有导数的图。

大学高等数学这部分也很重要，所以高中就打好基础吧。

C. 三角函数

这个我其实挺搞不懂为什么有同学不会的，因为真的，在文科数学里这个算很简单的了。老师每次说，必须要拿下的大题，这个肯定是其中一种题型。小题就不说了，最多算个数，套个公式。大题也是一样啊，最多变换一下，求一下区间极值这样的。那三个三角函数掌握好，那一堆公式掌握好，其实都是那种题目，算值、算区间、算函数。

可能有人说公式多，其实很多公式都可以从最基础的几个推导过来的，自己忘记了也可以现推。至于最基础那几个是什么，就去请教老师吧，猫猫已经远离数学好几年了。

所谓熟能生巧，这些公式都懒得背，用的时候还要去翻书，养成这样的习惯，考试怎么办？那就更别提去做稍微难点的题了。

要多做题，熟练公式。做题的时候不要随时翻书，尽量自己去记，或者自己推导，这样才有印象，有一个记忆回忆的过程。

另外要说一点，这部分的公式对于大学高等数学的学习也相当重要，所以基础一定要打牢，尤其是热衷于财经、管理类专业的孩纸。

D. 向量

不知道别的地方怎么考的，我们考卷里面一般只会出现平行垂直关系还有点乘这种题型，至于其他部分，即使我有的理解不算很透彻，但是高考中也不会出错。所以，我建议各位可以好好看看高考的试卷，看看历年的题型，有些不考的点可以稍微偷懒一下，就好好攻那几个必考的就行。

像平行垂直关系就是公式就行了，点乘也是，就是要求熟练掌握公式，看到题有那个敏感度，一下就能想到。

这块不应该有什么问题，大题也不爱考，不会的好好练练这块的题也就差不多了。

E. 不等式

个人觉得有难点的是：第一种，好几个不等式同时求，这种时候容易产生混乱，是大于还是等于，空间应该取哪一段。建议就是，如果是 A< 某式 <B 这样的，就把两头分开求，不要逞能，觉得合在一起方便。还有如果在分辨不出来的时候，用画图这招，就比较清晰了。

另一种，就是那个均值不等式，这个刚开始我自己都觉得难，总是觉得就是想不到应该怎么变形，几个公式都知道，都能列出来，就看着发呆不知道该做什么了。不过后来觉得也就是几个公式倒来倒去变，有做不出来的时候乱凑凑最后都能凑出来。

说个例子，见过很多次的一个题了，也有不少人问过。

如果 x>0，y>0，且 x+y=1，则 1/x+9/y 的最小值为 ____

这个题乍看上去也没法凑啊，其实只要把 1 换成 x+y，9 换成 9（x+y）就行。而这种经验怎么来呢？可以说，第一就是老师上课会讲些例题，会有些代换的思想传授给大家。第二就是自己在做题中体会出来的这种代换思想。对均值不等式，代换思想挺重要的。

F. 立体/几何

这个我都不知道要怎么说了，猫猫当时高一的时候，都快学哭了，就是看着别人无论什么题，都能最快地想到用哪几条定理，都能解出来，我就只能干着急。每次老师上课要求做题，总是有人很快做出来得到老师的一阵表扬，而我总是那个假装在纸上画来画去，实则没有想法的。考试的时候也怕看不出来应该用哪个定理、方法该怎么办。

后来到了高二下学期一轮复习时，数学老师给我们发了一张大表，上面有各种定理推论，比如线线关系的、线面关系的、面面关系的，都分类列了出来，让我们自己把那条概念抄上去，而且要求我们会用文字表达式以及画图表达，要求把每个定理推论什么的记得滚瓜烂熟，之后的课上还会发新的表下来让我们默写。

在这个过程中，我就一遍遍去写这些东西，写的同时也在思考，从刚开始需要照着书抄到后来自己根据那个定理自己能写出字母表达式能画出图，这个确实是很重要的一步。所谓死去活来，那些东西，确实很重要，虽然枯燥……如果苦于记不清，不会用那些定理推论公理之类的东西，可以试试这个方法。

题目非常重要。到最后高考前做卷子，我都觉得看到的都是如出一辙的图形，以前早就见到过的图形了…… 其实就是多做。首先老师给的例题一定要研究清楚，究竟是什么条件导致我应该往这个方向想，究竟是什么条件让我可以去用某一个定理，可以有几种思路，哪种是对的哪种又是错的，原因又是什么等等，多问几个为什么。这个思维过程是一定要有的！很多人觉得数学没什么可总结的，其实是因为你不懂得去问自己问题。

多画图，多画辅助线。辅助线的画法其实也都是有规律的，一般根据已知和设问可以做出一种做图方法，这些都需要自己去做题去总结的。但是一定要敢画，其实有的时候，你的问题不是你不会，而是你怕你画不对，但是还是要先去做一下的才好。

（此处注明一下，我觉得别人的东西无论怎么着确实是别人总结出来的，想要变成自己的，必须加入自己的努力和理解，所以我不想随便从网上找些方法往这里放，希望各位同学们，如果立体几何不好的，自己能多研究研究，多动手动脑。）

G. 数列

这块可以说是我挺头疼的，因为一轮复习的时候去参加夏令营不在学校，就缺了一块。给我公式让我求值这个我能做得很好，但是给个式子让我推通项公式出来，确实对我来说有困难。具体的情况用哪种方法，因为没有听讲以及老师讲例题的这个环节，我做的不是很好。

后来还是那样，不好怎么办？从基础做起呗。把原来高一上课的笔记（可见从高一开始好好记笔记是多么重要）和后来复习又记了一次的笔记拿出来，一条条看概念公式，一个个看例题。刚开始觉得记不下来，那就死记硬背，后来做了些题也大概知道怎么用了。

比如求和有几种方法，求通项公式有几种方法，相信都会有老师给你们总结的。然后我就照猫画虎，先从简单的题开始，按照这些方法和公式去试验。经过几次试验发现可行了，就敢自己去用了。

其实数列有的时候求总和，错位相减这种方法真的是很考验计算能力的，很多人都容易算错，一个不小心就前功尽弃了。这种题一定要把式子列清楚，最后结果算错但是前面步骤没问题的话，也就扣个一两分。平时在练习的时候一定注意，不要因为看着很繁琐你就不写不算了，这样高考里你肯定也算不出来。

H. 解析几何

这块刚开始做时，也是最后一问永远不会，就是不敢去做、直接跳过的那种题，每次都习惯性把它列作自己肯定要丢分的那部分。

后来题目做多了发现，那些题，无论如何把韦达公式放上去绝对没错，就算算不出来摆上去也会有分数的，步骤分真的很重要。

在做难题的时候要注意方法，其实数学也是有方法可找的。就比如说解析几何椭圆这类型的题，是联立还是点差法，在每次做完题后，根据题目设问的类型要进行反思和整理。

这种题如果老做不好，就记录下来，以后每天坚持练一道解析几何的大题，不会的东西再记下来，好好研究这种题目的思路。每次考试前拿出来看看，也可以留出一些时间再做一做。不要求重新规规矩矩做一遍，就把大致的步骤思路写出来就行。至少明白应该从哪些条件入手，又应该用哪种方法应对这些条件。相信如果真能总结出来这些，那就是你的财富了。

有本书叫《轻松搞定高考解析几何》，是王金战主编的，里面的题挺经典，如果这一部分有问题的，可以看里面的概念方法总结，模仿里面的例题，做后面的习题，相信做了之后会有结果吧。

I. 复数、概率统计等等

这种题没有什么好说的吧，真心无难度，就是好好记住公式就行了。概率那种题，会画树状图就足以应对高考概率题了，关键就是要细心。而统计那一部分就是考算术，一定要细心再细心，算完之后对照草稿再查一遍。这些题型丢分了就太冤枉了。

再来分题型说说我的一些建议：

A. 选择题

一定一定一定要善用排除法！！！既节省时间又能提高正确率。

而且，有的小诀窍就是，有的角度题拿量角器去量量，一般题目的图都很标准，量出来的自然很标准。

函数、三角函数等可以画图的题目，能画就用图来解决，什么交点区间的，一画答案就出来了。

有的时候直接把答案带进题目去，看看哪个符合就是哪个了。

选择题最后一题，可能会难，但是也不是无解的，有的时候就通过上面说的这些，可以得出正确答案，不用自己算。应该怎么提升？那就是把试卷里的选择题最后一题全都集中到一起，看看共性和解决的方法，以后就不怵了。

选择题时间一定要控制好，绝不能浪费太多时间。

B. 填空题

这个就不像选择题那么好蒙了，但是难度其实没有那么大，大多数都是算算数这样的题。

填空题的最后一题，和选择题最后一题可以用一个方法来练，就是多见识一些，多积累经验。

选择填空一定要控制时间，不然后面的大题就要悲剧的。

C. 大题：分为基础题还有最后倒数几道的难题

三角函数、数列、向量、概率统计等等如果出现了，就属于基础题里面的。解析几何、函数、以及不同知识的结合题，就是难题。

基础题是必须拿下的，而且千万别出计算错误，太不值得了。

难题，第一问肯定能做对，第二或者还有第三问的话，一定要写，不能空白，觉得想写些什么步骤就写上去，都是按照步骤给分的。解析几何，起码把韦达公式摆上去，式子列好了。数列也是一样，不管能不能算出来都是。而且如果自己觉得可以蒙一个的话，把结果蒙一个写上去，说不定就对了。

大题一定要动笔去练，特别是后面几道，不要觉得难就不写了，错过练习的大好机会。

另外，在做作业以及做套题的时候，一定要限时，别放开膀子想做多久是多久。不会的题先标注下来，全部做完之后再来想。做作业的时候，就不用我说了吧，手机、电视、网络、小说、音乐等等，一律要杜绝，不然你觉得你是在做作业么？这样的环境，心怎么可能静下来？而且万一产生依赖，考场上哪里来这些东西？

最后还想说几句，高一高二的，好好学吧，如果你们不想高三的时候鬼哭狼嚎自己的数学成绩，那就请努力吧。不要老问来不来得及这个问题，归去来兮辞里有这么一句话，请各位记住：悟以往之不谏，知来者之可追。明天不是高考，你就别想着松懈，除非你真的放弃了。放弃了也好，省的你一边想学一边又纠结来不及了。

千万别跟我说，自己真的多么努力了，真的就是做不来，大哥或者大姐们，真的想问问你们自己，你们真的努力了么？你们所谓的努力是什么呢？

做一堆题，对照答案改完就扔了不管对错，你就自欺欺人管这个叫努力？还是，看过一张卷子，觉得自己都会了就不管了，这样就算做了一套卷子？还是，看着就觉得困难，胡思乱想了几个小时，一笔都没动，时间耽误了你就觉得自己努力了？

上面那些，你们自己也知道到底算什么，只不过你们还是在欺骗自己。

付出有回报，那个付出，指的是真正的付出，也就是有效率的付出。用掉了时间，这就是付出么？那那些既付出了时间又付出了脑细胞的孩子，岂不是更强的不像样了？

想想自己是不是有上面的情况。方法不对，自己不想用脑，自己偷懒，是学不好数学的。我们都知道既然不聪明就应该做题，但是做题，你总应该做完之后对这个题有个大概认知吧，以后看到应该怎么办应该想想吧。扔到脑后不管了，那也难怪你会碰到 n 次之后还是做不出来。

再强调一次，不会的、不懂的，麻烦您，别顾着自己的脸皮，放下面子去请教别人吧，又不会让你缺胳膊少腿的。

好了，数学就说到这里。我自己的数学比较汗颜——但是我觉得自己是个比较笨的人，就是靠一步步跟着老师，一次次做题，一次次总结方法，最后能有个还凑合的分数。希望各位同学一定多看教材，多做题，多总结方法，有不会的一定及时请教老师，实在太差的，有条件的赶早去请个家教一对一补补吧。数学真的非常重要，还在高一高二的注意了，一定学好，无论你喜不喜欢。

数学字数写的没有语文多，因为我觉得，这是个先要有正确态度，再要有正确方法的科目，而且更多的是靠大家自己的实践。多说无益，请各位即刻行动吧。

【英语】

这科一直是我的强项，总是保持在一个不错的水平，所以说起来还是比较有自信的。我是不觉得这科有多么的困难，不过确实想要提高是要下苦功夫的，尤其是以前没怎么学的。在这里我的经验也许就不适用于基础完全为零的同学，毕竟我是从小好好学过来的人。从小是剑桥少儿英语、新概念英语这么上过来的，所以底子还是有的。

高一的时候英语分数一直保持在 137-141 分这个区间里，没出去过。当时还是很自满的，觉得高考时候英语完全不用担心，所以学的时候也多有纰漏。孰不知当时的英语考试还是有很大水分的，比如完型喜欢从课文里面找一段，这样正确率完全有保证。高考哪里可能是这样的出法，可惜当时不明白。

到了高二，第一次考试 128，当时震惊了，这对我来说是个不可能的分数啊，都是 140 水平的人怎么可能只得到这个分数。第一次也就当作是失误了，但是之后，一直在快 130 的水平飘着，少数情况能得到 130、131 这样的分数，但是早已不是最高水平的那批人了。

高三也是差不多的状况，真的是非常沮丧的状态，英语逐渐就成为了需要用其他科目来帮忙拉分的一科了，和优势科目这个称呼相差太远，但是最后高考还是拿到了 135 的分数，在北京高考英语题真的真的不简单的情况下。

综合我高中三年的英语情况，有一些话我是特别想说的，这个过程中的每一个阶段都是有一定原因造成的，并不是发挥失常、人品不好就可以解释的。我也希望各位能沉下来问问自己，英语学不好到底是因为什么？

1. “吃老本”

很多人都会觉得，小学、初中那点英语也不难嘛，自己玩着学，也照样能学到个不错的分数，所以想当然的，高中自然也可以这么学过来。

但是在这么想的时候，我们并不知道，高中英语要求更多。词汇要求的更多了，要求更高了，题目更难了。语法知识也更多了，而且比初中的知识都要更进一步。初中的时候，甚至高一的时候，你也许可以靠着语感、靠着自己做题的印象，做对一道你完全不明白原理的题目，但是高中没那么简单了。

吃老本的表现如下：

老师上课讲的东西你觉得没有多少可听的，一节课下来没觉得有啥收获，笔记本上也没记啥东西，上课走神没听到的东西你也不会想着去补上，因为你觉得肯定没啥重要的，自己肯定没问题。

老师留的作业，你觉得认真对待和敷衍一下没区别，因为自己觉得肯定会。老师让背单词，让好好看语法知识，你觉得没啥难的，就一扫而过。到了该听写的时候，就偷偷翻书查查，也不会觉得有什么不对，心想，我就是一时忘了，考试肯定可以的。

考试里出错的题，你也不会多重视。哎呀，这些不过就是一时不小心出的错，不过就是读这篇的时候状态不好，不过就是这次的题不对我的路子，以后肯定不会了，就是一时失手，也没有啥借鉴价值了，等等。

大家想想自己是不是具备上面说的种种现象……

吃老本是很危险的，吃完了就没了。高中不是大学，你没有那么多选择的权利，为了一个好大学，继续勤勤恳恳学下去才是真的。因为就我个人来讲，英语这门课上吃老本现象最严重，于是就在这里提及。希望有这个现象的同学能改一改。

学习，就是一件细致的事情，尤其对于英语这样的语言学科，更是如此。慢工出细活，细节决定成败。

下面分成不同的部分来说吧，想到什么我就说什么吧。

2. 关于英语课本

很多人觉得课本无足轻重，就跟语文课本一样。课本上的东西又不会考，课文读的熟又有啥用呢，所以根本就不怎么看课本。但是这些人不知道的是，课本上的每单元单词，以及那些课文都是再经典不过的东西了。

高考3500词是怎么来的，课本上的那些单词汇集而成的。你所学的语法知识，想想最开始是怎么接触到的，是没经过课本就直接知道的么？当然是老师讲课文的时候，将课文里的语法知识拿出来教给你们的。

所以，课本真的很重要！高三教材没什么的，真想问一句，你还是学生么？

不管基础好不好，我都想说，这是必不可少的一个复习步骤。在复习的时候一定要看课本，一定要看课后单词，一定要读课文！

对于基础不好的孩纸来说，先掌握好教材上的一切，才是你做其它题的前提。

另外教材上一般会有光盘或者配有磁带，如果发现没有，一定要问老师借一下，刻录下来，或者自己去书店买配套的，因为听、说、读三项的练习，必须用到课本上的相关音频。

3. 关于英语课

不知道你们高中是如何上英语课的，我们高中的英语课其实拓展内容会比讲的内容多出很多，老师真正应该教给我们的和考试相关的内容反而讲不完了。

高一高二还没有开始总复习前的英语课，就是你掌握教材内容的最好机会。老师每节课讲的课文、单词、语法、作业等等内容，都需要好好听，而且一定一定要有笔记本！作为语言学科，把很多东西记下来，下去看，这是非常必要的。即使你可能以后没有机会看，但是这一记，至少是过了一遍脑子的，就不会那么快遗忘掉。

笔记应该怎么记？很多人分成词汇、语法等不同模块来记，有的还分成几个本子记，或者是活页纸分不同块来记，但是这样会耽误上课记笔记的效率。我的建议是，老师说什么你就记下来，然后在前面标注清楚，这块内容属于哪个板块，是词汇还是语法还是考试技巧等等，考试复习的时候，拿着笔记本就一目了然了。如果最后总复习的时候你有精力的话，也可以把这些笔记分类汇总一下。

英语课上如果有发言的机会，一定不要放过。听说读写嘛，英语这四个方面的要求都很重要。多练练说也没什么不好的，一方面自己得到了锻炼，另一方面也给老师留下了个不错的印象，以后去请教个问题啥的也更方便。

4. 关于英语作业

很多人觉得抄单词这样的作业没有意义，我可不这么认为，如果你在抄单词的时候，能高效率地最快记住单词的拼写、读音还有意思，那么是件很了不起的事情。抄单词也是背单词比较好的一个方法，要的是什么，要的是最后的作用。你觉得这种没有技术含量的作用，其实是在帮助你记忆。

另外像阅读完型这样的作业，有的老师可能会留那种长期作业，就是一段时期要做完多少，让你自己去安排。一定要老老实实每天去做，别都堆到最后一天，来不及了还去抄答案，这是十分愚蠢的做法。而且这样的作业，记住一定要限时做，5 分钟一篇或者 10 分钟一篇，根据不同的长度难度决定。慢慢做的后果就是，你考试肯定觉得时间不够，肯定要慌，越慌就越做不好。

作文作业的话，一定要好好写，写出来老师的评价如果不太好一定要问清楚原因，然后做修改，不能放任不管。

5. 错题本，或者说叫积累本

英语的错题，我只建议记一种东西，那就是单选。单选如果实在不想从语法入手，一个个仔仔细细看的话，那么就每天练一套单选，然后从自己错的题再去找相关的知识补上，这也许是最方便的了。因为毕竟单选不是面面俱到的，很多本来就对语法没啥兴趣的人，为了单选一个个去看，也不太可能。所以单选错过的题一定要记下来，以后一定要多复习。

积累本的意思，就是自己平时积累的词汇还有语法知识。做完完型阅读，读完一篇文章，都要养成积累的好习惯。

6. 单词应该怎么背

这个问题，困惑了一大堆的人吧？

我真心从来没有死记硬背过单词，就算明天要听写了，我也不会选择死记硬背。我宁愿自己去写几遍，我宁愿自己大声把单词读几遍，我宁愿再把课文出现这些单词的地方看几遍，也绝对不会盯着这个单词，一个字母一个字母记拼写、记意思，这样也太傻了。

记忆是怎么形成的？我一向认为，很多东西，你见得多了，用得多了，自然而然就记下来了，包括单词，也包括古诗词，也包括文综的那些东西。

比如高二读一本小说的时候，有一个词第一次出现的时候我去查了字典，第二次出现还是去查了，第三次也查了，但是之后就再也没有查过，看到后马上条件反射到那个意思。

还有老是吐槽，单词背了老忘，就是记不住怎么办？这样的问题，解决办法当然是重复，难道你就想不背了，等着它自己钻到你脑子里去么？另外就是，请你扪心自问一下到底是怎么背的，如果真的用心了，那么肯定会记得其中一部分的，肯定是有点效果的。

我的意见，想要扩大词汇量，或者说想要牢牢掌握住高考要求的词汇，好好学课文，好好对待课本后面的单词，多读点文章，完型阅读做完一定要仔细点把里面的词汇都看看，需要积累的做积累。一回生二回熟，见多了也就不怪了。

好记性不如烂笔头，真的不知道第几次提到这个了，要写，一定要过脑子地写！这样才能事半功倍。

其实高考里面比较好的就是，拼写的要求远不如认知的要求高，所以背的时候，如果想偷懒，那么就着重记意思吧，能认更多的单词就是最好的结果。但不代表那些最基本最高频出现的词汇不应该好好记牢，不然你的作文怎么办？

7. 语法究竟用不用学？

碰到好多个问这样问题的人了。其实刚开始我很困惑，你不学语法，那你想学什么？因为我一直觉得，语法和词汇，是英语里面最基础的东西，在最开始答疑的时候我也一直坚持这个。每次别人问我是不是都要一条条掌握清楚的时候，我自己也是心虚的，因为对于我来说，并不是每一条都掌握得很好的。比如让我说出虚拟语气的全部内容，我估计就只能说出那几种情况，一些特殊状况也许就说不出来了。所以后来也在思考，如果语法并没有掌握到非常好的地步，那么高分的保障又是什么呢？

拿我自己为例来说，其实很多时候，靠的是语感或者说是对题目的熟悉程度，比如这个题我一看就知道在考什么，自然就知道该选什么，是因为做的多了的缘故，而不意味着我的语法掌握得多好。

如果想提高英语，确实不用将语法学到登峰造极的地步，这样有的时候还容易让你钻牛角尖出不来。但是有两部分是一定要掌握清楚的，一就是这种语法的基本几种用法，二就是特殊情况，因为考试最喜欢考这些。

其实我在语法上有一段时间很懈怠，因为我觉得自己已经明白一个大概了，就没必要再搞那么明白了，结果导致就是脑子里有个印象。真到考试的时候，总是在两个相似答案上犹豫，导致最后正确率也不咋高。单选这部分就比别人落下不少，更别说后面了。

后来就是，只要是我错过的单选题，涉及到的语法，我就要啃下来，无论是普通用法还是特殊用法，而且着重记忆例子，因为那个是最形象的能让你理解语法用法的。

如果你觉得语法实在是等于零基础了，那我就建议你从头到尾重新学一遍语法。《星火》、《曲一线》等系列的语法书都还是很专业的，一个个知识点看，把要点记录在笔记本上，然后做后面的题来巩固前面看的成果。要考试了就翻出笔记来看看，翻翻错题。

如果你属于那种大条都比较清楚就是有些细节问题的，那么我建议你靠做单选题来查缺补漏，这样会更有效率。

8. 关于口语考试

越来越多省开始搞口语考试了，听说广东的考试是最难的了，因为同时兼备了听、复述、回答问题等等，而且面对的还是电脑。（如果有误，别 pia 我…）如果有想去香港读大学的同学，这个能力也是必备的。

这个涉及到听、说的环节，应该怎么去准备呢？

首先，自然是提高听力和口语的水平。听力就像平时考试一样去练习，一般地方的口语考试并没有那么难，都是很日常的话，不会涉及到高难度词汇语法啥的。换到中央台的英语频道，多去听听，看看英语电影、美剧等等，主要锻炼耳朵听的能力，能听懂多少是多少。而关于口语，那就必须多说了。即使你生活的环境不可能有老外跟你对话，也不可能有人天天陪着你说英语玩，但是课堂上你总可以争取发言吧，平时写什么东西也可以尽量用英语代替吧，比如写写英语日记啥的，而且边写也边说说，不要能想到但说不出来。

然后就是找往年的题型练了，尤其对于英语考试有点难度的地方，一定要好好搞清楚往年是个什么情况，都考什么，往年学长学姐的经验又是什么，应该怎么准备，这些都是应该提前做好工作的，而不是到考前着急。对于其他地方口语成绩不计入高考成绩的，难度相对就要小一些，也更水一些，这种状况就弄明白会怎么考，然后自己去提高水平就行了。

另外要练就一种速记的本领。并不是说像同声传译那么强大的能力，而是听到一段话，在脑子里有印象之后，一定要可以将这段话的大意复述出来，这种能力是很需要的。可以这么练，以后听听力的时候，一遍听完不要借助任何工具，就直接把你觉得这段话的意思写下来，然后和原文对照。因为真正考的时候可能没有地方记录别人的问题，所以要自己在心里默默记录，之后再表达出来。

一定要珍惜每一次能张嘴的机会，不要怕丢人，别人笑两句又能怎样？不说怎么可能会有提高呢。

9. 关于语感

说白了，这是一种感觉。感觉要怎么去练、怎么去提高呢？无非就是增加脑子中的印象，脑子里只要牢牢记住了一定的东西，再看到差不多的，自然就有感觉了，再不需要什么其他的理论做辅助，也可以凭借感觉解决掉问题。

英语学习的听说读写四项，都是在帮助你增强语感。一般来说什么样的孩纸语感强一些呢？接触英语多的，比如天天看英语文章、电影、电视剧的，听英语新闻或者听力的，多读英语、多写英语的，自然是这样的人语感会比较强。因为平时接触太多了，很多东西都已经成了不需要解释的习惯了。

语感的强大，其实应该会有体会的，可以帮助解决一些你基础上的漏洞。但是语感不是全部，并不可能所有的题你都靠语感解决，所以该记的该背的还是不能少。而且语感形成的过程，就是你在接受这些基础知识的过程，不可能脱离那些基础知识。为了好上加好，我们可以去加强语感，但是绝对不能因小失大放弃了基础知识。

10. 切忌光说不做，光看不做！

这里的意思就是，很多人光看单词，光看着单词就管这个叫做掌握单词用法了，或者光看着语法就说自己学过语法了。不行啊，光看怎么能行，那些条条框框的，一个个用法，都是理论，你不真的落实到练习里，就一辈子不是你的。

包括听说读写这些能力，都不能只是大概知道个所以然，都是要在实践中不断去练的。不能说我听了英语了，我听了英语新闻了，就可以了。不是的，在听了之后，必须要写下些自己想记录的东西，无论是新的词或者是一些感悟或者是对方的想法，这样才算有收获。

读也是，不能说我扫一遍课文就算读了，要一个个词读才算。以此类推，其他的就不赘述了。

11. 能不能做些拓展的？比如四级

这个如果你学有余力，可以试试。北京人大附中，相信很多人都知道，高三的时候，老师都直接拿四六级阅读让学生练。其实四级的水平不高，如果高考这块觉得差不多了，想要再增加些难度的，可以往这边拓展，但是要以效果为准，如果没效的话还是不要多花功夫了，顾此失彼。

12. 不同分数段大致问题在哪里？

及格以下的：基础啊基础，一定要抓基础啊，从教材抓起，从背单词、学语法抓起啊。记得有个朋友，从不及格水平变成 115，就是好好背了各单元的课后单词，好好把课文抠了抠才获得了这样的进步。并不难的，要肯下手去做，不要嫌麻烦怕没有收获。

90-130 的：问题大概会集中在完型阅读上，而且听力、单选、写作等题型也并不能保证，主要集中提高点就在于作文前的这些题型。

130以上如果想再提高，那么就是细节了。自己每次考试中出现的各种问题，一定要逐一解决掉，每种题型都要尽量做到最好，不要有侥幸心理。

13. 下面分题型来看看吧

A. 听力

听力是一些考生头疼的题型，但是无可置疑听力拿分是最容易的。市面上有很多听力训练书，大家可以选择一本来练习。最好的就是一套一套的题，完全与高考题型一样，平时在家多练习练习。因为你听课文是一种听法，但是在听听力考试的时候又是另外一种感觉。要做应试训练，虽然有些功利了。在学校老师也会给你们练习的。

高一高二的时候，还是争取把教材的听力都先听下来吧。记得有一个寒假的作业就是，听教材录音然后听写课文，虽然很累很繁琐，老是要往回倒重新听，但是真的很管用，既锻炼了听力，又练了速记。这个对以后的四六级听力是很有好处的，以后就知道啦。

应对高考题呢，我们老师还是一样的方法，有的时候不要求我们听听力做题，而是要求我们听写，即把听到的句子都写下来。这种训练非常锻炼能力，大家可以试试。一次写不下来，多放两次。实在觉得困难，就在每次做完后，把听力材料大声读读，既练了听力也练口语。每次做完听力题也不能放过听力材料，一定要看一遍，那些错过的题更是要注意，为什么会出错，到底是哪里没听明白了。

在每次做听力题的时候，一定要先看题，而且一定把题里一些提示性的词语画出来，也要把答案里的关键词画出来，比如where，when，why之类的，还有题目问的对象，以及答案里的标志性词语。这样脑子里大概就有个印象，这个题是讲什么的，问什么的，怎样最快地找到答案。因为常常会有好几个人对话，要搞清楚到底问的是谁，然后有准备地去听听力。这样的效果比什么都不做直接听要好很多。

上面这个方法，等你们到了大学就知道有多重要了，所以能试试的一定要试试。

B. 单选

单选考的就是单词和语法，最基础的东西。但是说奇怪也可以，说不奇怪也可以，总是有人大把大把地错单选，即使后面做的还不错。如果是这种情况，那么就需要问一下自己的基础到底还有多少未发现的漏洞了。因为细小的地方，后面阅读完型也许用不到，但是单选就会用到。当年我也有些头疼，有的语法知识脑子里差不多都有印象，但就是碰到这部分某些题还是要出错。

这个题型没有什么捷径。语法和词汇是英语的基础，必须花时间去背去记。如果基础还不错的，那么可以通过每天练上 15 道或者 20 道，跟高考一样的数量，然后通过里面出现的错误再去补这一块的漏洞。

很多人说，看到一个单选，我根本不知道考什么。其实最害怕的就是你找不到考点在哪里，因为这样你既做不对，到需要查缺补漏的时候也不知道应该补什么。养成习惯吧，每次做完题，都把考点写一下，如果不知道哪个考点，就去问一下同学或者老师，尤其是那些自己出错了的题。

单词要记住用法而不只是记意思，所以最好背单词的时候能多读读例句，掌握它的用法。在写作的时候要有意识地去用这些单词，这样才能最快掌握一个单词的意思。另外像 go，come，take 等词的相关词组也要能辨析它们的意思和用法，我当时就是懒，觉得记住大概就行了，肯定不会考到，结果每次这种题都要纠结，要么就是错，要么就是纠结了好久才做出来。词组的话，就是平时要多用用，写作文或者其他东西的时候，如果能用词组来表示就最好用词组，即使记得不熟悉，之后直接用语感也可以。

语法是需要用题去巩固的，老师也会在复习完一个语法后给单选题去做，记住一定要认真对待，及时搞清楚它们的用法。在写作时可以用些从句、非谓语来巩固用法，或者就像刚刚说的，出错了之后再去复习。

另外单选也是可以用语感的题目，在你实在没有办法的时候就用语感说服自己去选择。但是你的语感又能有多靠谱呢？所以有时间还是好好提高词汇和语法水平吧。

C. 完型（语法填空）

完型阅读是很有难度的一道题。分两种说吧，一种是普遍意义上的完型，有选项的。另外一种是广东那边没有选项的语法填空。其实很多广东孩子说，完型的方法对语法填空没用，真的是这样么？我不这么认为。这两种其实是一样的，有没有选项并不影响这两种题在考察同样的能力：联系上下文能力，掌握全篇能力，词汇语法能力。

大家在做题时首先要通读全文，了解大体的意思，然后再一个空一个空去选、去填。

先说说有选项的题，这个题的设计有几种：

词汇、短语辨析，这个需要大家对文章的理解再加上对于词汇的意思和用法的掌握。这种题要有一定的词汇积累，有的时候你觉得这几个单词都是差不多的意思呀，为什么最后选出来的就是错的。这种时候就很明显，这个词的用法并不适合这里。或者说即使是差不多的意思，细微之处还是有差别的。

固定搭配，这个在单选或者完型里都有可能出现，不要觉得难以攻克，主要就是一个积累的功夫，就怕你犯懒懒得记，见得多了也就是了。总之就是看你自己了，没什么理解层面的难度。

语法题，一般都是一些从句的语法，考察对语法的掌握。会考到的也就是从句或者非谓语了，其他的可以等同于在考词汇或者考上下文联系。

理解文意的题型，要求对文章有很细的理解，对故事情节的掌握要到位。例如选个表示人物情感的词，或者是最后结论的时候选个形容词或者名词来表达一下文章大意的。

考察上下文联系的题型，做的时候，要求对上下文要有分析才能最后选出这个选项，有时候就是前文或者后文出现过的词，就看你看得仔细不仔细了。

想要提高，就得提高词汇语法，对上下文的分析能力，理解文章大意的能力。

词汇语法不多说，上面已经提到过了。这里的语法不难，毕竟前面单选考过了。词汇的话给我们一个提示，就是在记忆的时候也要记住用法以及与其他比较相似的单词的辨析。

理解文章大意和上下文联系就只能靠多读读来做到了。

每次做完题目后，要把不会的词汇语法积累起来，把所有正确的选项放进空里，通读全文，增强对文章的感觉。做完之后也要通读一遍全文，自己认真去体会每个空和全文其他句子的联系。那些错误的地方一定要明白为什么出错，单词理解不到位还是文章理解不到位等。

再说说没有选项的题。

这样的题其实我没有练过太多，毕竟我不考这种题，但是我认为大致的方法和上面所说的那些一样。如果你真的抓不住解题的方法，那我就建议你找几篇出来，把答案先填进去，然后花几天时间好好研究一下这几篇文章。为什么这个空应该填这个，为什么这个词应该这么变形填进去，上下文是怎么联系起来的等等，这些问题是你要去研究的。之后再去找其他题来练。

不管有选项没选项，该锻炼提高的能力是一样的。另外说一点，无论有无选项，最后最好练成一种能力，就是看到这个空所在的句子还有句中的位置，就应该知道这个空应该填什么样词性的词。

我们老师总是跟我们说，每篇完型里面，每个题的每个选项的词和涉及的语法都要掌握，这样才能确保你最后有个好的分数。我个人觉得，如果真的能做一篇积累一篇，你的高考绝对不会差，就看你有没有毅力和定力了。

D. 阅读

阅读和完型很像，也是要练，而且和完型一样要限时训练。

5 篇阅读绝对不能超过 40 分钟。（当然有的人觉得太苛刻了，但是你自己计算一下考试的时间，看看是不是应该这样的速度。）

在练习的时候最好是要 5 篇一气呵成，和考试一样的做题量，这样才能保证考试时能把这些阅读做下去。（当然这条对于高一高二的也许有点太严苛了，毕竟高一高二还在学习过程中，每天坚持两到三篇其实就很不错了。而且对于基础不好的，为了增强自己的自信，还是先做少一些吧，然后再慢慢增加数量。）之所以要求这样练，原因很简单，考试的时候肯定不会只做一两篇，平时练习的时候如果习惯了只做少数的几篇，那么考试的时候做到第三篇以后的就会觉得没有耐心了，效率也会下降的。

阅读一定要记住，如果你想高效率做完的话，要先看题目再看文章。（当然个人喜欢不一样，也无法强求，不过我是在改成先看题后去文章里找这种方法之后提高的。）把题目中的一些关键词画出来，设问中的时间地点人物、where、why 等词画出来，然后到文中去找，找到后记得把出处画出来。

这样做完之后，如果出错了，也可以看看自己错在哪儿，思路在哪儿出了问题。做完了之后记得把里面不会的词汇查查，积累下来。还有一些长难句，指的是有从句、非谓语这些高级语法的句子，也要好好分析分析。

细节题没有什么好说的，一定要去文章里找出处，如果选项里的表述和文章里的不符合，而意思有点相近的时候，就一定要想清楚到底能不能用选项里的还原成题目里的，不要自己觉得意思差不多就选了，还是有风险的。

理解文章大意这种题，就还是得大概把全文都扫一遍，一定要扫关键句，不然再重新看一遍多麻烦。一般开头和结尾有重要提示，而且一般你的第一反应是对的。在做这种题的时候，一定要看清楚选项，到底这个选项只能适用于一部分的意思还是可以概括全文呢，必然是要选择可以概括全文的那个选项。

阅读练完了不能看看对几个错几个就不管了，一定要把为什么错搞清楚，是细节还是理解还是什么其他的问题，自己能琢磨明白为什么错并引以为戒自然好，如果倒腾不清楚，自己永远觉得自己是对的，就一定要去找老师问问，绝对不能钻牛角尖！

如果是高三的孩纸，我建议每天练一次或者一周要练几次 1 篇完型 5 篇阅读这样的组合，而且要限时，完型 15 分钟，阅读 40 分钟。

还有就是，为什么有的人说每天练完了但是没有效果。第一，也许你的数量不够，而且难度不够，一直停留在少量简单篇目的练习。第二，你做完之后并没有做到我上面所说的，查清自己的问题在哪里，你只是完成任务，安慰一下自己罢了。

P.S. 说一下 7 选 5 这个题型。这种题其实和完型差不多了，考察的是上下文的联系。而且最损的是，如果一个空选错了句子，总会有一个连带出错的。而且一般有这种题的卷子，做到这里剩下的时间并不多了，一般就是囫囵吞枣赶快选完了事，所以我也没有怎么多研究过。还是那句话，如果觉得这种题型做不好的话，就先拿几篇出来当范例，研究清楚之后去做其他的。将这些文章多读读，注意前后文的提示，千万不要钻牛角尖。

E. 写作

这个由于每个省的情况不一样，我也不清楚别的省的情况，反正必须给写作留出充足的时间，必须要有时间去谋篇布局，不能拿到题目不管三七二十一先写一堆再说，这样到后面想改都没机会了。

另外在完成写作任务的时候，注意自己的文章是否与题目要求相符合，也就是自己是否真正写出了通知、信或者申请的感觉，还是在写一个流水账。前者一般会拿到更高的分数。而且看图写一件事情这种作文，一定要详略得当，将事情还原清楚，不要丢掉里面的要点，丢掉要点肯定是要扣分的。

自己平时积累的词汇、短语、固定搭配、语法等等可以在作文中适当使用，但是千万不要为了用而用，这样会使文章变得很别扭。用的时候要保证知道其最正确的用法，而不是胡乱用，聪明反被聪明误。一般来说，简单句和从句结合，长短句结合，再出现一些非谓语，就已经很不错了。

而像那些很明显的一个事情引起一个讨论，有正方有反方，最后让你表达观点的作文，一定要注意结构，一般都是三段论。开头无论什么种类的作文，都不能喧宾夺主，一定要简练，开门见山才好，自己的观点要表达清楚。

平时老师会安排很多写作任务，如果还想提高，可以写写英语日记，练习一下自己刚刚背过的词汇语法。

自己不知道作文为什么分数不高的，最好每次写完都去找老师当面批改，当面问清楚问题在哪里。多看看分数高的作文也是有好处的。

另外作文也有一定的模板，但是能不能运用自如让人看不出使用模板的痕迹，就是门学问了。可以去网上看看，尤其是写那种表达观点的文章。

P.S. 另外，有改错、翻译之类这种题型的省份的孩纸们，有问题的可以再来问我。因为没做过太多练习，所以我也不太了解这些题型应该怎么做更好，可以共同探讨一下。 不过想说的是，这一类的题型，一定要细心，做的时候一定要注意力集中了，要仔细看清楚每个词每个句子有没有问题。翻译的话，就得努力去背会考的那些词汇句型了，这个就需要你平时多花功夫了。

说了这么多，其实特别想强调的就是，别拿英语不当回事儿。特别不喜欢看到一些高一高二的考了个还不错的分数就号称自己多么牛，号称自己从来不听英语课也能考这么高。等你高三能继续保持再说吧。吃老本？总有你吃光的时候。

英语学习一定要有计划性！比如你一天要背多少单词，要做多少练习，这都是要你去坚持的事情，绝对不是一两天能做完的。所以在你觉得自己不行需要提高，但是又觉得自己坚持不下去，觉得纠结的时候，我就想说，拜托啊， 你到底想要什么啊，又轻松又拿高分么？很多人明明知道自己三天打鱼两天晒网，还是不知道改，而且还到处问别人应该用什么方法。一旦觉得别人的方法自己也坚持不了，就去攻击别人的方法不好，拜托你先端正自己的心态好吗？因为自己的懒惰就忽视别人一次次给予的帮助，真是请问你还想问到什么呢？

没有恒心没有定力，哪一科都学不好的，别想了。日积月累吧，这是你需要去做的最重要的事情。

【文综】

首先想说，文综综合起来考和分开考的难度不是一个档次的。分开考也许能考个八九十分，但是合起来能得到这些分数的几成，那可就没准了。所以高一高二的同学，千万不要觉得考试一直保持一个八九十分的状态就可以高枕无忧了。你们每次考的只是一部分罢了，真正合起来的最综合的，等你们做到了再说自己能得多少分吧。

然后想说，不少人，或者是在老师的建议下，或者是根据自己的情况，想要先着重抓语数英三科大课，然后再来主攻文综。关于这个说法，我觉得还是有一定依据的。毕竟三门大课的分数更多，学的内容也更多。而文综最后着重突击的话，还是会有一定效果的，只要方法得当。不过特别想提醒大家，在你们主攻语数英的同时，也请不要完全扔掉史地政。老师课堂上讲的，课下要求做的东西希望你们还是能做到。只不过就是如果你选择主攻那三门，那么这三门就没必要再拓展深入更多的东西了。

所以文综部分的结构大致就是先说史地政三科各科的建议和方法，然后总的来谈谈文综。因为分开的话篇幅估计就要更长一些了，之前一直没怎么分开细写过，写起来还是有点困难，速度也不会太快，大家见谅。

【历史】

作为历史专业的学生，其实也没什么特别好的意见，因为高中历史和大学历史是两回事，就只能说说我在高中是怎么做的。

1.课外书

这块主要针对高一高二写的。如果在前几年，历史题中的材料出自哪里其实并不是很受重视，只不过就是老师偶尔提到几句，基本没什么人会去看。而现在就文科吧里的贴子情况来看，很多人也都知道应该去看看材料经常会出的那几本书，以《全球通史》和《中国近代社会的新陈代谢》为最普遍。这两本书吧，如果有兴趣可以看看，但是如果为了提高成绩而逼着自己看，可能会看不进去，而且效果也不算好。还是看大家个人情况吧。

现在最火的莫过于袁腾飞老师了，以前只要见到这位我就要开黑的，不过现在也能客观点看待了。他没做错什么，作为一个老师，让学生对历史产生兴趣，让历史更加通俗化、幽默化，他确实达到了目的。受学生欢迎，能让学生提高分数，这就是个成功的高中老师。《历史是个什么玩意》可以看看，有个貌似叫《袁腾飞教你轻松搞定高考历史》的书，其实和一般的辅导书没啥区别，不太建议买。当然当年明月的《明朝那些事儿》更是精品，毕竟得到了专业人士的指导，而且花的功夫更多，读起来趣味性很强，里面的史实、哲理还很丰富。多读读其实也有利于积累语文的作文素材，比如王阳明这样的人物。

学文科的孩纸里，有很多都是因为历史，所以，也许不用我多说了，大家也该知道看什么书籍。如果真的有兴趣想深入读书的话，吕思勉、钱穆、陈寅恪、陈垣四位的书都是精品，傅斯年、梁启超、张荫麟等人的也不错。

2.历史课到底应该怎么听？

有些同学会有这种情况：历史课听着可开心了，老师就跟讲故事一样，听着觉得特别有意思，但是一节课就这么嘻嘻哈哈过去了，考试还是不行，或者没记住啥东西。

历史确实是文科里面比较有意思的一门课，而且我一直觉得历史充满各式各样的故事。尽管我现在不能将历史等同于历史故事，但是一度我是这么认为的。

如果是为了长见识，一笑听过也没啥，但是我们的目的是为了考试拿高分的，所以绝对不能放过那些要点。上课的时候，如果老师有ppt、有板书，就算你来不及记完所有的内容，也要把大概的框架记下来。如果老师带着划重点，一定要放下不管你干的什么其他事情，好好划出来。笔记如果课上整理的不好，下课了可以根据教材里的内容来补充整理。虽然有点麻烦，但是每次上完课如果有这个过程，那么最后基础是很牢固的。如果上课记得就很清楚了，可以在做题前拿出来翻翻，或者考试前翻看复习。

历史可不是故事，可不是笑话，想要学好这门科目，课堂以及前后的功夫是要到位的。首先老师上课讲的内容要先弄明白，要真的理解了，而不是稀里糊涂的，不懂的赶快去问。然后教材，老师讲完一课，你就得将这课大致的内容印在脑子里，怎么能做到呢？课前自己就要看看书，老师讲的时候跟着走，课后要再看一遍。最后就是课后自己的笔记整理总结功夫了。

也许你觉得这样太苛刻了，不过我想说，学习从来靠的不是捷径，而是勤奋。如果你想为自己最后背书减轻点压力的话，最后做好每一步。

（关于纠结历史笔记做在书上还是笔记本上的，如果你是高一高二还在上新课的，我是建议记在笔记本上的，至少过了一次手，多少有点印象，而如果在讲新课的时候就直接记在旁边，书上很多内容其实也是重点，你觉得已经在书上有了就对它的印象不会很深了。总复习的时候，可以记在书上，毕竟时间宝贵，再去整理也有点多了。这个阶段就属于把书上划的、老师补充的记住就好。之前的工作自然应该之前学习某本书的时候就已经记完了，这个时候拿出以前记录好的笔记，自然是事半功倍。所以高一高二还是打好基础吧。）

3. 历史绝对不是只掌握知识就可以学好的科目

很多人说，我历史记得挺清楚的呀，什么事情什么人物等等，为什么考试的时候就是做不好呢，尤其是大题。我现在已经不会直接给出答案，而是喜欢多问一句，你平时学历史会做题么？大部分的回答都是不会，少部分是只做选择题，大题最多看看。这样的话，问题很明显了。

任何科目，都不可能离开实战，包括历史。由于很多人觉得历史很简单，就是那些事情故事，都弄明白答题肯定就没问题了，但是忽略了考试的时候的阅读材料能力、审题能力、分析能力等等。毕竟平时学习的时候是不会看到材料自己就主动想个问题回答一下的，所以这样的训练就显得至关重要。

4. 比较常见的 Q&A

A. 材料问题

很多人纠结于题目的材料，有的是压根看不懂材料想说什么，有的是看懂了但是不知道应该回答什么。

对于第一种情况，如果材料是文言文，你说你都看不懂的话，那就建议你，真得好好从语文文言文部分下手，好好提高文言文阅读水平，怎么提高？前面语文部分我说得很详细了。或者有个小技巧，就是你把教材上出现过的文言文材料，以及做题中碰到过的文言文材料先弄懂，然后看看有没有一些关键词，看到这个词就能明白整个材料的意思。之后在做题的时候也可以去寻找关键词帮助你理解。如果材料是现代文，大部分情况不应该存在读不懂的。如果实在有不明白的，就把自己卡住的那个地方好好看看，去和同学老师交流一下。

对于第二种情况，那就请你平时多练练了。自己理解的材料是什么意思大概理清楚，然后实在想不出来要怎么回答的话就去看答案，通过答案和自己理解的材料，来总结这个答题的思路，就是怎么从自己理解的材料变到知识。按理说，如果教材理解得明白，材料理解得明白的话，应该是没有问题的。如果出问题了，证明这俩有一个环节做得不好。千万不要钻牛角尖，觉得自己想的就是对的，这个答案就是联想不过去，这样是永远都不会有提高的。

B. 历史事件的时间问题

很多人说自己记不住那各种各样的历史事件时间。确实不算好记，毕竟不像意义影响这些东西还可以推导一下，还有个模式可以模仿一下。时间这个就是真得凭记忆了，但是记忆的时候也不是没有诀窍的。比如遵义会议 1935 年，你完全可以通过长征的起始时间以及发生的一些重大事件来推出遵义会议的时间。只不过，还是要求你或多或少要掌握些重大事件的时间。

很多人说要画大事年表，这也是一个方法，让你按照时间顺序顺下来，即使可能有的记不全了，也可以借助其他的记起来。

有些人也说要不要搞中外时间对照的那种表，就是一个时段中外都发生了什么事，这个表岳麓版的教材后面有。我觉得自己总结的必要性不大，可以照着现成的复习就好，毕竟高中历史这种比较的思维并不多见，也就是启蒙思想和明末清初的思想做个对比，再不然就是苏格拉底和孔子做个对比。

这种年表市面上也有卖的，可以买来复习用。如果实在觉得记不住的话，哪怕动笔抄抄也是好的。

C.历史事件又多又杂，应该怎么背书啊？

其实我从来没有背过历史，真的可以这么说，我都是在看历史。我可以理解那些同学的烦恼，一门那么多内容的课，以前完全没有接触，到考试前要当作新知识全部背下来，的确很强人所难。不过我这段话其实很明白，如果你平时不怎么好好听，到考前突击，那么难也不要怪其他因素，是你自己的问题。但是如果你平时老师讲课的时候有一个印象的话，也就不会那么困难了。

我的意见就是平时老师讲完一部分内容，你最好就，不说全部掌握，至少要将大概的事件了解清楚，在做完这部分内容的相关题后要了解这部分大概的考法。这样到考前你的负担会减轻很多。

如果说你真的现在来不及了，必须要突击，那么背书的时候，学会提取关键词。一定要找到关键词，而且注重句子之间的逻辑关系，自己背书的时候脑子不能只是记那些死的句子，而是要想到更加能够灵活运用、更为可靠的规律。

背书是为了什么，自然是为了能更好地答好题。所以在背书的时候，也涉及到了答题模板的一些东西，比如一个知识点，比如背景意义，你肯定得按照几个不同的方面答，也肯定得按这些方面来背，混乱地背书，最后答出来的自然也是混乱的。以我个人为例，这次大二上学期世界中世纪史考试就是闭卷考试，背的东西里也包括高中学的，文艺复兴的影响、宗教改革的背景等等，自然还是从政治、经济、文化等方面来答。

下面就举个例子，来看看什么是抓关键词，什么是找逻辑关系。

辛亥革命的评价：我标出来的就是关键词，背书的时候把这些词牢记，句子自己串起来即可。

好的方面：首先，由这个事件导致的最直接的结果：推翻清王朝的封建统治，结束了两千多年的君主专制制度。（注意此处用词，想想都能知道只是推翻了君主专制而不是封建，所以要加上清王朝的封建统治，结束的是君主专制制度而不是封建制度，之后的社会其实还是具有封建性的。在背的时候一定要动脑子思考这些用语都是为什么，避免你考试的时候答错。有的时候选择题出题也恰恰会在这些问题上。）

然后，在政治制度上的影响：建立了资产阶级共和国，制订《中华民国临时约法》，建立民主共和制度。（这是一连串下来的，三个事件互有联系。既然推翻了旧的，自然要建立新的了，孙中山为首的人是资产阶级，自然建立的是资产阶级性质的共和国。之后自然要建立制度，要颁布新的法律。这一连串就是一种逻辑关系。）

然后，在经济上的影响：促进民族资本主义经济的发展（这句话在很多近代事件上都可以用，包括戊戌变法、新文化运动，有点通吃的作用。只要是资产阶级搞出来的事情，中间肯定有一条，就是促进了民族资本主义经济的发展。毕竟政治上我们学过，政治是可以反作用于经济的。既然政治制度变成了资本主义制度，经济自然也是。）

然后，文化上的影响：民主共和思想深入人心。（这个也可多用，新文化运动也可以用，不过在那里根据具体情况还要加上个无产阶级思想。政治经济对文化肯定也是有作用的，三者是不可分割的。）

最后，对国际上的影响：影响了亚洲其他民族解放运动。（这点可能就属于辛亥革命比较独特的了。影响促成别的国家的民族运动，在苏联十月革命、二战等事件的影响中也可以用到。这样的用语往往出现在一个变动到性质的事件上，比如辛亥革命就是建立了资产阶级共和国，苏联十月革命不用说是建立社会主义国家。二战处于一个混乱的年代，这种年代往往蕴藏着变革，所以也可以用促进民族解放运动的发展。当然大家还是要在了解这些事件的情况下使用这种用语才好，不能滥用，也不要漏点了。）

局限性：资产阶级的软弱性和妥协性，革命成果被袁世凯篡夺，没有完成反帝反封建的任务，没有广泛发动群众。（这点便是结合之后民国的现实情况来说。资产阶级的软弱性和妥协性怎么得出来的呢？其实你不用管那么多，只要不是无产阶级做成的革命事件，那些阶级总是会被扣上这俩大帽子，比如农民起义也是一样的评价。总之就是和后来成功的无产阶级反着说。）

从这个例子我希望大家明白，背书的那些知识，看似是死的，但是真的有很多门路可以找，找到那种背书的感觉、规律，你答题的时候自然也就更加轻松。你们可以照着我上面的那个例子试试。

背书的时候，边把知识的关键词写下来，然后在这些关键词之间有什么联系也可以写一写，比如从这个推导出那个，还是这个是因为那个所以产生的等等（就像我上面的那个例子）。这样背书其实挺有成就感的，因为你得到了比死的知识更多的养分——一种学习性思维。

D. 为什么感觉题目会有不少内容在教材里面找不到出处？

有这种感觉无非是两种情况：一是真的在教材里面没有，课外拓展的。二是教材里明明就有，而你自己没有看仔细没看到的。

第一种情况如果遇到了，首先还是好好审题，如果有材料就好好审材料，从里面把关键词画出来，然后看选项或者构思答题。自己觉得如果能从材料问题里找到突破点能写出来点东西那就尽力写。如果觉得实在是不会，那也是没有办法的事情。考完试之后好好把这个点记下来保证下次不出错就行了。

另外如果是第二个情况，那就要对你看书的情况打个问号了。也许有的同学已经习惯了看辅导书的日子，毕竟上面的知识更系统、更清晰，但是这上面没有书上的细节内容，可能只有一些大的点，但是对这些点的解释解析并没有收录。所以这个时候还是要求大家多看看书，不只是大字部分，小字部分、图以及一些注解等等，都要看。不要求全背下来，那也不可能，但是肯定是得有印象。

E.怎么才能学好历史？背书还是做题还是什么？

我们得看看历史要求的是什么能力呢？

首先对史实的掌握，一个事情是什么就是什么，说到这个你就得马上想到这个事件的相关知识。事件的背景起因过程结果影响作用评价等等，如果有要求，都应该掌握。然后就是时间，这个东西是很重要很关键的。历史本身就是一个时空上的东西，一定要对时间敏感。这个就靠我前面所说的要动脑子背书来解决了。

其次，阅读文言文材料的能力，在上面我也提到了。

再次，表述的能力。这个问题，其实跟你的语文还是有区别的，怎么能用最少的字表达清楚自己的想法，而且怎么能切题能踩在点子上，这都是很值得研究的东西。

（这里说说表述的问题。有人问怎么概括？其实我的概括能力不强，有的时候概括一个东西我总是会写多了。不过想要得分的话，也不用逼着自己越简练越好，如果丢掉了重要的点也挺悲剧的。举个例子，如果是概括一件事情发生的原因，就从材料里面找到相应的点，连起来就可以了，保证不丢点才行。如果是一个事情，事情的前因后果中间过程人物时间等等要注意。这样的能力只能靠不断写、不断对照答案、不断去琢磨探讨才能提高了。主要还是要求你的思路是清晰的，最根本的不能乱。）

然后，总结反思的能力。真的很讨厌有人跟我问这种问题，“我历史只有多少分，老错多少题，应该怎么办？”从来没把自己的情况分析清楚，每题为什么错，到底是什么知识点还是其他的地方出问题了，没有分析总结清楚，你又拿什么去面对接下来的考试呢？

最后，做题的能力。举个例子，比如选择题，排除法都不想再说了，这是必需的。在不能排的情况下就要用自己的知识来解决了，或者在题目中还有些词你没注意到，导致你判断失误了。这些情况都可能发生。

上面我所说的这些，都不能少，历史考试里面都会涉及到这些能力，大家哪里有欠缺就去补上吧。

5. 接下来分选择题和大题再来说说

A. 选择题

首先！！！千万别直接问我“我历史选择题做不好怎么办”这样的问题了，真的是怕了，做不好肯定是有原因的啊。我先教教你们怎么分析自己选择题的问题吧。

首先在做的时候，把自己有问题的题目标出来。做完之后，错了的题目还有自己标注出来那些有问题的都应该在你反思的范围之内。这个时候在这些题上写好相应的考点，考察的是哪个知识点。

其次一题题分析，是这个题的知识点就是盲点呢，还是这个题目没有审清楚、忽略了关键词句呢，还是这个题当时思考的时候思路不对呢，等等。千万别分析出“就是两个答案犹豫了然后选错了”这样的原因，为啥犹豫，为啥会错，为啥你不选那个正确的而选这个错误的，这好像都是可以好好分析的吧？

然后，如果是知识点没有掌握清楚，那好办了，把这题的知识点再复习巩固吧，第一时间解决掉，以后考试前也要复习复习。如果是审题没审清楚，这就是经验教训，以后每次做题的时候暗示自己一下，每个字都要看清楚，该标该画该圈的都要做到。如果是自己思路出问题了，那么，最关键的一点，千万不要钻牛角尖！你也许可以觉得你这题没错，但是千万别固执己见，你要适应题目的思路，而且要想清楚为什么自己的想法会偏，写下来原因，以后每次考试前也要多提醒自己这些地方。

不明白不理解的地方一定要问老师！有的地方也许想的不是很明白，但是你自己有别的记忆方式能做对，可不能保证你下一次还能做对，所以老师讲题的时候一定要认真听。

无论那道题你会不会，错没错，各选项为何对为何错，希望你们都去搞搞清楚，不放过一个可能的要点。

做选择题形成自己的思路方法也是很重要的。有的题可能老师讲的有些官方了，你就可以用你自己的理解方式来做题。就比如说如果问到根本原因，一般都是回答经济层面上的内容或者生产力层面上的东西，这就可以用政治上的经济政治文化关系、生产力生产关系解释。再比如，牵扯到阶级性质的题，一定要看清楚说话的那个人是什么阶级立场，如果选项里面有不一样的，那么即使那意思你觉得可能对，但是你也可以直接想“这都不是一伙人，怎么可能对的”，然后直接排除，这样其实很有效的。一些自己的小暗示、小方法，做对之后还会很有成就感的，也会喜欢上做选择题的。

下面借用一篇文章来谈谈具体的情况，我觉得写的很好。

（此处参考《高中历史选择题解法新探》）中间括号内的是我自己写的一些附加点。

一、排除法。这是解题时最先用的方法，一般可以排除 1-3 个干扰选项。

首先是选项本身的表述与历史史实不符或不完全相符的情况。

然后是选项本身表述正确，但与题干不符，可细分为时间不符、地点不符、性质不符。这类题本身不难，但稍一马虎就会弄错。

（这些“不符”很锻炼你的细致程度。选项没问题，但是和题目说的不是一个事，绝对不能选的。）

例、列宁认为，既然俄国无法直接过渡到社会主义，那么就“应该利用资本主义作为小生产和社会主义的中间环节”，为此而采取的政策是

A. 新经济政策　　B. 战时共产主义政策

C. 工业化政策　　D. 农业集体化政策

A 和 B 都是列宁时的政策。但是既然要利用资本主义，B 明显不符（性质不符）。而 C 和 D 是斯大林进行社会主义改造和建设的重要政策，目的是建立社会主义的公有制（时间和性质都不符）。所以只有 A 是正确答案。

（最后在组合式选择题中，排除法很有用！有一个表述错误的，包含这个的选项就都可以排除。而且组合式选择里，有的选项是几个答案共有的，这种选项就不用再去考虑对错了）

二、乍一看与所学知识关联太少甚至毫无关联的题目。首先抓住关键字词，

认真分析题目所给的的信息，了解它所要表达的大概意思。然后在自己的知识储存里迅速搜索与之相关的信息，化未知为已知。最后锁定相关知识点再经综合判断得出正确答案。考察的就是知识的迁移。（这就是所说的觉得跟教材没啥关系的材料应该怎么办）

例、下列4本书中记载“甘薯所在，居民便有半年之粮，民间渐次广种”一语的，只能是

A、《史记．食货志》　　B、《梦溪笔谈》

C、《齐民要术》　　D、《农政全书》

分析可知，甘薯是明朝中期从外国引进的农作物，那么只有明朝及以后的相关著作中才能有记载。则题干相当于“下列4本书哪本是明朝或以后的著作”，从而答案（D）。

三、所有待选项都符合题干之意，但是之间存在包含与被包含的关系，则那个包含其它的选项是最佳答案。也就是说要找那个说的最全面的，这个也适用于做其他科目的选择题。（有的答案可能只能说到一个侧面，比如下面那题，既然是根本目的，肯定是最全面的那个选项了）

例、十一届三中全会以后，我国实行对外开放的根本目的是

A. 建立和完善社会主义市场经济体制

B. 扩大对外贸易，吸引外资

C. 发展我国的社会主义经济

D. 尽快加入世界贸易组织（WTO）

分析可知，四个选项所述均是我国实行对外开放的目的，但“发展我国的社会主义经济”明显包含了其它三个目的，由此确定C是正确答案。

四、在正面思考无法取得突破时，进行逆向思惟，“反其道而行之”。此法尤其适合否定式选择题。（换一个角度去想，也许容易得多。这也是我上面所说的那种小暗示。假设一下，如果这样，结果会不会是历史上那个样子，如果不是，必然不能选择）

例、鸦片战争前夕，英国对外贸易（含鸦片走私）所产生的影响不包括

A. 扭转了英国的贸易逆差

B. 为英国工业品打开了市场

C. 加剧了中国社会的矛盾

D. 危及清政府的财政

从正面来考虑，即使《南京条约》等近代第一批不平等条约签订后，英国工业品也不能打开中国市场，由此又发动了第二次鸦片战争。所以选择 B。

五、在做评价型、因果关系型、史论结合型和程度型选择题时，需要用点哲学的东西了。常用的理论有：原因和结果，本质与现象，必然性与偶然性，重点论，两点论，生产力与生产关系，经济基础和上层建筑等。（其实说白了，就是拔高到经济政治文化的角度找最本质的原因。）

（这种题其实很常见，比如说评价一个人，前三个选项都是说他做过什么事情，最后一个正确选项说的是这个人对那个时代对以后时代的长远影响。一般都会选最后一个。再比如说评价一个事情的原因，几个选项可能是背景或者导火索，有一个一定是从经济层面来说，无论是资本主义经济发展或者是生产力的发展。）

六、抓那个时代的特征。要站在全局的高度，抓住时代特征或阶段特征，然后在这个大背景下去判定正确答案。（全面，其实在历史和政治考试里的选择题上，这个能力要求的最高，不能片面，不能主观。有的东西要抓到内部的根源才行。主要、根本、基本等等字眼都有这个要求）

例、屈原被楚王流放的主要原因是

A、反对君主专制　　B、要求革新图强

C、主张抵抗秦军　　D、《离骚》触怒权贵

屈原所处的时代是社会大变革的战国时期，奴隶社会正向封建社会过渡。A 项明显超越了当时的时代特征，它只能产生在封建社会的末期，如黄宗羲等。B 项则明显符合当时的时代特征。屈原作为一个爱国的进步人物，正是由于其主张变革，触动了旧权贵的利益而遭不幸。联系到战国时代其他的变革者，如商鞅、吴起等人的悲惨结局，更能确定 B 项为正确选项。

B. 大题

大题怎么才能做好？又得提我那老套的三个步骤——基础 + 做题 + 分析总结（方法），或者也可以说是基础 + 审题分析 + 模板。

无论何时何地，基础知识是最最最重要的。我前面也提到了应该怎样去背书。

然后就是审题。我的意见当然就是要拿着笔，先把题目里所问的问题里的关键词画出来，回到材料里寻找相关的，然后在材料里画出来，作为答案的一个要点。参见底下的答题示例。

关于答题模板，我想说的是网上是有不少现成的，上百度文库，我相信你们知道应该怎么搜索，底下什么样的都有，总有适合你的。不过如果你想要更加有效实用的，那么你自己总结的也许才是最好的。怎么总结呢？一定要先把自己做过的题的那些问法分一下类，然后每种问法，比如问意义的、问背景的，都是从哪几个方面回答的，或者让你从材料里面找原因的、找影响因素等等的题，又是怎么把材料与答案联系在一起的。这些如果你有心，我觉得是肯定可以自己总结出来的。总结出来放在一个本子上，考试前做题前看看，绝对有很大帮助，至少不会看到一个题就发慌。

至于训练方法，如何表述，如何能踩到点上，我来谈谈我怎么做的。

把每年的高考真题或者模拟题拿出来，按部就班先审题，审材料，然后只写下要点，不长篇大论完整写，就写答案的要点和关键字词。然后与参考答案对照，看看自己是不是有遗漏的知识点，是不是有与标答表述不同的地方。这些都是你需要总结反思的，一定吸取答案中好的部分。

这个过程一定注意，一定要自己先思考过之后再去对照答案，绝对不能看了一眼题懒得做了就看答案，这就是在浪费题了，自欺欺人的表现。（如果你实在是累了，或者做恶心了，或者没时间了，建议你还是在脑子里过一下大概有个想法，然后把答案抄一遍，抄一遍至少让你熟悉一下这个是怎么一个答题流程和结构。）

要将自己没做好的大题都记录一下，旁边写下审题和踩点的要点，以及对自己以后审题分析的一些提示和思路。不同的题目要分类，或者你乱序记下来，然后标上这是哪一类的题，比如原因类、影响类等。

答题的时候不要写太多废话，考试没有那么多时间给你去写废话，这个自然也是平时就可以练习的，在做题里不断去体会的。多去模仿答案，精简语言。

不做题不思考，想要答好大题，我觉得不太可能。一直觉得背书是不够的，要用到实际中，还是要多和真正的考题相结合。

下面是我做的一个大题的答题示范，希望对各位有点帮助。

材料一

历代盛行的官营作坊，在明清时期受到冲击。江南附近农户不事农耕，“尽逐绫绸之利”，渐成风尚，城镇中“罗威机杼之声通宵彻夜”的情形亦载于史册。明万历年间，仅苏州丝织业中受雇佣于私营机房的职工就有数千人，是官局的两三倍。清初，在苏州复制官局，设机8000张，织工 230 名。至康熙年间，（1667 年）缺机 170 张，机匠补充困难，而同一时期苏州机民不少于 3400 张。“家杼轴而户纂组，机户出资，机工出力，相依为命久已。”

——摘编自许涤新、吴承明主编《中国资本主义发展史》

根据材料一并结合所学知识，概括指出明清之际江南手工业发展的特点。（8 分）

首先我们应该把题目中的关键词画出来。如上。知道答案应该来自课本知识和材料，不能忽视任何一点。另外注意时间和对象，在历史题中，时间是至关重要的，不可忽视。还有，题目要去概括，意思就是不需要大段的解释，只需用简练的语言写出特点即可。

再看材料一，画出关键的可以看出信息的句子。如上

所以答案就是：

答：官营手工业衰落；家庭手工业开始面向市场；民营手工业发展迅速；资本主义性质的手工业作坊产生（出现资本主义性质的雇佣关系）。

大家所答一定会比这个多，影响不大。但是这些意思必须要，一些关键词语要出现，否则是在做无用功。

大概步骤就是上面所看到的。希望大家做的时候，能学到一些东西吧。

历史对于我来说，是专业，而不仅是个爱好了，所以我在历史上很多东西归功于积累吧。但是不要觉得自己积累不多就肯定考不过别人，不是这样的。（尽管有些功利）我还是要说，对于应试教育，你就做一个熟谙考试技巧的学生就足够了。如果你是高一高二的，想要看看历史的课外书，我觉得还是来得及的，如果是高三了，那么还是一切以高考为重吧。

辅导书神马的，相信你们都有，我就不罗嗦了。大事年表、大事总结等等的书现在市面上也都有，建议你们还是去书店自己翻，不要轻易听从别人，跟着别人的喜好走，适合自己的最重要。五三、天利、金考卷之类的就不多说了，有某专题不好的可以做专项训练。

教材！最后还是想说教材，希望你能够达到说起一个知识点，你就知道在哪本书哪个位置这样的能力。一定要多看，能看多少遍就是多少遍！

【地理】

又是一门文科生苦大仇深的科目啊，这个刚开始学的时候我丝毫没觉得像别人说的那么难，没觉得是文科里的理科。不过随着学的东西越来越多，再加上初中并没有系统学过地理，到后面还是碰到了不少问题，不过幸运的还是克服过来了。

关于地理，我最近听到的最多的一个提问便是："自然地理真的好难懂啊，书都看不懂，怎么办？"相信不少人有这样的问题。那我就想问了，你学不懂你咋不问啊？不要跟我说不敢、老师讲不清楚等等这样的理由。这点问题都不敢问还能学成什么样子？老师讲不清楚那别人是怎么弄清楚的？

还是那句话，不懂一定要问啊，不然你指望自己能把这些自己看不懂的东西琢磨清楚么？？？你们能不能不做事倍功半的事情呢？如果有谁再说质疑付出没有回报，那我只能说，你觉得你这样的付出怎么可能有回报？

高考地理，考的不只是高中的东西，还有初中的。如果初中没有重视没有学明白的、情况比较严重的同学，一定拜托你们把初中地理书也好好学学。这几天听到一个搞笑的说法："我初中地理就没学好，但是觉得高二了再去看初中教材有点丢人。"这个时候你嫌丢人啊，那每次出分数的时候你难道不觉得么？这个至少还是自己私下学习的事情，到时候你考试的结果那可是大家都知道的事情。高考完你有的是丢人的机会，那会儿就别抱怨了，你没有付出，当然就没有回报。

自然地理，考点可以很灵活，也可以很老套，但是里面的原理都是一样的，就是书上那些，没有超出范围的。觉得困难也就是觉得那些计算找不到方法吧，或者是直射点移动等等这样的。人文地理，难点就在于答题容易漏点，而且表述容易出问题，其他的还真没觉得怎么难。区域地理还有选修和人文地理差不多的问题。然后中国地理和世界地理，很多是初中的知识，总复习的时候突然冒出来，你还满课本地找就是找不到，毕竟是初中时候的了。等高线、等压线等一堆线是我觉得比较难的，不懂那些线题目就很难了。还有各种看图定位，这种能力要求还是很高的，看不出来肯定悲剧。以及世界各种比较特殊的地方的具体知识，这个是很繁琐的，记不准肯定要错。

有些大家觉得比较难的，像铁路图、行政区划，像世界大洋大洲的分布情况等，我觉得这都应该算在常识里面，根本没啥难的。大家只要多看看中国地图、世界地图，真心没问题的。

1. 学地理必备的东西

地图册！！！！！我推荐《中学地理图文详解指导地图册》，其他北斗系列的都不错，老师肯定也会提到的，或者都给你们定好了。如果在几年以前，高中里地图册还不算流行的话，现在可以说是人手一本了，但是这个地图册到底应该有什么用？

首先当然是看各种各样的地图，老师讲过的或者没讲过的初中的内容，这里面都会包括。然后很喜欢看的就是图片旁边的文字，课本里的知识这里都会有，而且还是很清晰地呈现在你面前。比如分析荒漠化现象，从原因一直到治理措施都会分点列出来，对于很多苦于答题的同学，这无疑是个好工具。

那么应该怎么运用呢？

首先，这本地图册肯定是得前前后后翻过两三遍的，所有的图都要认真看，有的图看不懂一定要标注出来，和同学讨论或者去问老师，不能自己迷迷糊糊就放在那里不管了。图里的东西光看看不明白门路，不过一到做题的时候就明白了。

然后，这本书上很多知识其实书上也找不到，所以各位可以好好把这些教材上没有的整理下来，就比如答题的要点这种。即使教材上面有的，但是这上面整理得更明确的东西，各位也可以着重记一下。就比如教材上一些知识点都是文字表达出来，而这上面都是用表格、用图，看上去会更加清晰。

平时学习、复习的时候，其实一本地图册就可以搞定了，有空余时间就拿出来看个几页，肯定会有帮助的。

家里也可以在墙上贴上大的中国地图和世界地图，平时可以多对着看看，这样对国内基本的区划、铁路线等知识就有了解了，世界上大洲大洋分布也就有谱了。地球仪这个其实就没有太大必要，我家地球仪就是用来被我没事的时候转着玩玩的。

2. 地理应该怎么背书？

学地理，学会掌握规律很重要！何为规律？比如你算时区时间这种题，那个是加或者是减的公式便是一种规律。比如你算太阳直射的相关题目，太阳直射的相关规律自然要熟记在心。你做题的时候，怎么分析怎么答题都是有规律的。

在背书的时候，一定要自己想些好记的口诀，让自己第一时间能联想到的那种东西。举个很有个人特色的例子，也是独属于我的，别人听了肯定理解不了或者觉得很无聊。

以冷锋为例。怎么记住冷锋那个图，阴雨天气到底是在锋线后还是前？我自己的记法就是冷锋阴后，阴后联想到了东汉光武帝皇后阴丽华，这样说起来就好记。既然涉及到皇后，那么也可以联想到冷宫，所以肯定是冷锋。这个例子其实挺无语的，但是我一直就是这么记的。大家也要多寻找能让自己印象深刻的记法。（我真心觉得自己好奇葩～）

很多知识如洋流、气候图等等，可以编些好记的顺口溜，多画示意图，方便自己记忆是很必要的。而且如果有个知识记不得了，要及时调动脑子里其他部分的知识来帮忙解救，其实肯定是可以的，就看你当时能不能想到了。

比如在洋流有个地方记不清楚的时候，我用这个方法：

因为我知道北海道渔场，这个肯定是寒暖流交汇而产生的影响，也就是说这块肯定有北方来的寒流以及南方来的暖流，所以就能将这个图大概画出来，如下：

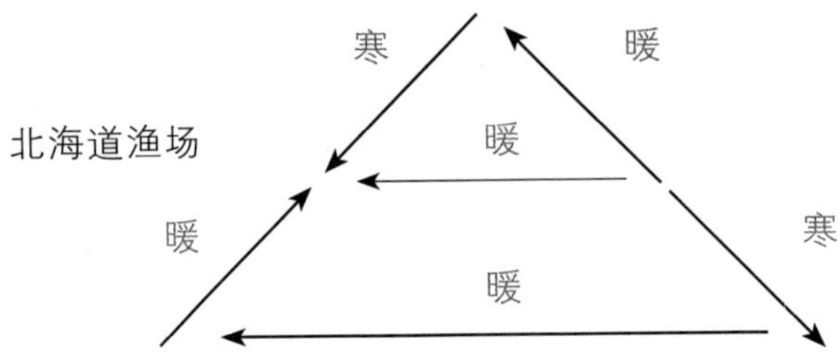

这样一来，太平洋的大概洋流走向已经被我记得清清楚楚的了。

既然说到了洋流，那就具体以这个为例来看看背书，其实也是在教你怎么答题、怎么总结。以这个为例希望大家以后学习有个借鉴。

例：形成渔场的几个原因有什么呢？

这个一共有几点，很多同学都会漏掉其中的某一点以至于答不全。和在背书的时候，资料内容来源不全也有关系。教材上几会出现条，更多的是考试里扣过分后的记录。所以考试后的总结是多么重要！

老师在讲课的时候讲到的某个知识点，如果这个知识点涉及到一些经常出现的题目的话，肯定会多说那么几句，这个时候就看你是不是能集中精力记录下来了。

这个问题的回答有以下几点：（渔场需要什么呢，当然是需要鱼类种类丰富，海水里养料充足，饵料充足这些条件。按照这些条件去记忆，回答的时候也是扣紧这些点作答。）

位于大陆架，海水较浅，光照充足，饵料丰富。（这个很明显，是教材上所没有重点提到的，可能会有一句话带过，但是并不是我们看教材时候的主要注意对象。如果第一次你没写出来这点，那么你就要记录下来这点，第二次绝对不能错了。）

江河的入海口，养料丰富。（这个也是书上不会提到的。一般都用于长江入海口舟山群岛那附近的渔场，视题目的具体情况而定是不是答上这条。）

寒暖流交汇处，水温适宜，海水搅动，养分上升。（这是渔场形成老师最强调的一点，一定要提到，但是后面几句就是靠大家在听课的时候抓住老师的重点了，毕竟书上没有，或者在做题中自己总结。）

那个地区的生物种类丰富。（这点其实万能，无论哪个渔场你都可以扯上这条。）

这些最基本的要知道，到时候就套到题目里结合材料就行了。最怕的就是这些基础的你都不清楚，到时候就算想套也没法写。

而我还是想强调所谓的关键词，像上面这些要点，都可以通过记关键词来记忆，而且有些都是可以靠别的东西推导出来的。大家记忆的时候一定要学会抓重点，答题的时候也是一样的。

3. 图的能力

对于地理这个学科来说，能不能清晰地识别出地图，能不能读懂这个图的含义何在都是非常重要的能力。刚上高三的时候，面对大量的等高线、等压线图，面对大量的世界地理、中国地理的图，还是让我觉得有点手足无措。刚开始有的东西也都不太懂，尤其是那堆线，运用到做题就是等高线判断山脊山谷、悬崖之类的，或者等压线判断天气系统、风向之类的。而在要求定位的时候，我总是要想好半天才能找出来这是哪里，甚至有的时候找不到。

怎么提高？两个步骤，多看，多画！

前面说过了地图册的重要性，里面很多图就希望你多看看，像等压线、等高线更是多看看上面的图，而且会有一些例子，注重一下那些例子里的线是怎么排列的，都有什么规律。里面往往还会涉及到一些计算题，这样的公式其实在地图册这一部分都会提到，所以都是可以复习到的。像中国、世界的各区域地图，更是要自己多看，这个地区是什么样子的，各方面条件又怎样，对着地图册一个个看是必须的。

另外就是画，自己动手画画才会掌握的更清楚。老师总会在上课或者作业的时候给我们发空白的中国地图、世界地图，让我们自己去填上各种信息。中国的就画好地形、区划、气候、铁路等等内容，世界的就画出大洲大洋以及界限，各大板块等等内容。各位练习的时候就可以多准备一些空白的图，时不时拿出来画画，真的是挺有用的，也不会觉得枯燥。

另外在定位的时候请各位一定要记住重要的经线、纬线，比如回归线，比如南北纬30度，比如零度经线等等，这样的话就能比较快依靠自己的推导定出相关位置。

4. 关于计算题

计算题说难也难，说容易也容易。难是因为要动脑子，要先分析出这个题需要运用什么公式，然后应该怎么去算。说容易其实就是个套公式的情况。

有的人大声喊冤：书上哪里有那些公式啊，根本就不知道应该算什么应该怎么算。我想说的是，即使书上没有，老师上课一次都没讲过么？你一次都没有做过这方面的题么？你的辅导书上没有这些公式么？如果你还是坚持自己的观点，觉得没见过，只能说你没有认真做过。

比如我觉得难点之一的晨昏线，又是俯视图又是正视图，要算晨几小时昏几小时的，要确定直射点等等这样的题，明明就是见过很多遍，而且每一遍之后我肯定都会去弄明白为什么会算出这个结果，绝对不会蒙一个，蒙对了之后就觉得庆幸然后其他的都不管了。按理说，每种题型踏踏实实研究清楚一道题之后，这个题型就不会是问题了。不会的请一定去请教老师。而且这个时候，地图册的好处又体现出来了。地图册上这些相关部分其实都有这些公式，有的时候还会举几个例子算算给你做示范。只要你看得够仔细，就 ok 了。就是先看基本原理，然后多练，最后要善于总结。

5. 关于地理的答题模板

答题模板这种东西对于地理更是常用，各种辅导书还有地图册上其实都会有整理。网上有一个很著名的文档，名字大概是地理 31 个大题的答题思路，差不多是这个，可以去网上看看，肯定找得到。我高三有一段时间一直不知道还有这种东西，所以有的时候回答问题总是答不到点子上。后来偶然的机会想在网上搜搜看这方面知识，结果就看到了答题模板这样的东西，总结的真心是很全面，至此之后每次考试之前这东西我都必看。那些问题，比如渔场形成原因、选港口的因素、修水电站的因素、河流航运价值的评价，真的都是非常常见的，在平时考试里总会碰得到。在我不知道有这种东西之前，我答题每次都是靠自己那模模糊糊的记忆再加上随口乱扯上几句，分数自然是有些拿不出手的，但是看了这些之后，我就觉得答题有思路有想法了。

这种模板，看网上的也可以，但是肯定不能覆盖全部内容，在碰到新题的时候，希望你自己也能在笔记本上总结一下答题要点，继续填充自己的答题模板。

6. 一定要善于记录笔记

这点貌似对每科都一样的。不过对于地理来说，因为教材上的东西毕竟都是基础，一些延伸性的东西，一些规律方法，毕竟是老师在课堂上讲的东西，课本上是见不到的。

我自己的亲身经历，有一段时间，老师的板书特别混乱，每节课下来我都不知道自己记了些什么，不过觉得没关系反正还有书还有辅导书在。但是考试的时候就明显觉得自己缺要点，明显觉得答的不顺畅。而那些笔记记得好的，上课好好听的，分数自然都比我要高。

如果老师上课讲的很混乱很快，你最好把他讲的东西大致都记下来，先不要管好不好看，混不混乱，总之全记下来就对了。然后下课之后，自己按点按条给整理好了就行，争取不要错过老师说的一个要点。这样的笔记，就给你复习减轻好多负担，看着清晰又全面，给自己也增添了不少信心。

7. 一定要认清自己的问题在哪里

每科我都巴不得说八百次这句话。很多人来问的时候，都说我自然地理什么都不会啊，我世界地理不懂啊等等这样的问题。求求你们了，多问自己几个为什么吧。

自然地理为什么不会，教材上的就不懂么，还是做不来题，为什么做不来题，是不会运用知识么还是根本就没有思路等等这样的问题。是基础问题就补基础，是做题问题就做题，是欠总结欠整理就多总结整理。人就是得这样，先发现自己的问题，然后想办法解决掉。

找到最根本的问题，才可能找到解决这问题的方法。真心希望各位不要再笼统地对待自己的学习了。

8. 考试之前一般都复习什么？

越临近高考，你掌握的知识就越多。地理的话，一般复习我都会直接看地图册。在比较重要的考试前几周就要开始复习了，不能拖到后面，否则负担太大。要看地图册复习基础，要看以前做过的题，尤其是错过的题，还要适当地做些新题。具体的安排，还是看大家的个人情况了。到考试前一两天，就挑自己脑子里那些不是很有印象的知识复习，这样也算是查缺补漏了，会有一定的效果。

下面结合选择题还有大题来谈谈建议吧。

A. 地理选择题

这些题往往都是很有含金量的，没有什么废话，就是考察你对地理事物的知识掌握如何。用技巧可能做出来个别的题，大多数都是要靠自己对知识的掌握来解决的，这种题目就得看基础了。各位的基础知识一定要记牢，在做地理选择的时候才不会感觉困难。对地图的熟悉感也要在平时多加训练。

文综的选择题最恶心的就是连续性，有点像连坐的感觉，如果一个出错了，下面一系列的题有可能就都错了，所以在做的时候大家是会有心理压力的，会想如果这个题做不对底下全错了这分数肯定会悲剧了等等等等。很理解这种心态，毕竟关系到那么多分呢。但是大家还是请相信自己，只要你平时做了不少相关练习，知识掌握得不错，那就大胆决绝地去选择吧。而如果你还欠缺不少，那么也请不要太害怕了，错了也没什么大不了，只要不是高考，你就还有时间补救。不要给自己太大的心理压力，该选择的还是要坚定地选。

选择题的一般方法（此处参考高考资源网课件）

1. 仔细审题

第一，明确题目结构。

第二，搞清基本信息。

a. 明确试题要求和提示信息。理解题干的关键指导语言，如“最多（少）的是”、“最合适的是”、“最主要的是”、“正确的是”、“错误的是”等等。

b. 明确试题意图和提取对解题有用的信息。明示条件：题干中附有明确的解题条件；暗示条件：多潜隐在题干提供的材料中；限制性（或特定）条件：在题干中出现的数量词、方位词或特定名词等；转化条件：用同一事实的不同说法给出解题条件。

c. 分析选项本身叙述的正确性。

误为因果，如“在副高控制下，长江中下游多雨”；

表述绝对化，如“迎风坡的降水一定多于背风坡”；

前后矛盾，如“赤道地区盛行下沉气流”；

以偏概全，如“以雨水补给为主的河流，汛期出现在夏秋季节”，等等。

2. 认真筛选

“排错项”。排除有知识性错误、观点错误的选项。

“排异项”。常针对有多项条件限制的题型，虽然选项观点或内容本身正确，但与题干的规定性无关，这种试题选项的干扰性比较大，是否排除的唯一标准是“是否符合题意”。

3. 相信直觉，第一选择！不要空题，怎么着也蒙一个！

其实有的时候，相关联的选择题也是在给你提供解题的方便。如果下面几道题里有比较简单的题你确定的话，你可以看看和你刚刚那道不确定的答案是不是相悖的，如果一样那么就可以确定，如果不一样也可以通过下面的答案推出上面那题。

有的选择题确实是比较难，或者说让你思考量很大，或者让你犹豫不定，说明这些题都是非常有价值的题。这样的题每一个选项都值得你去研究研究。

B. 地理大题

想做好大题，我之前也说过很多遍了，和历史一样，还是那几个要点。

基础知识很重要！你如果最基本的知识都没有，那还提什么做题？做梦吧！那些提问的时候问我，我就是没背书，那怎么才能提高的同学，真心想跟你说一句，自作自受。

答题模板，对于地理来说尤其管用！很多问题，比如盐场、渔场、修建水库等等的区位因素都可以整理出来一套答题方法。答题模板里就有这些，上面也都提到过了。

总结，分析，反思，一定要做！当然我这么说，到底怎么做还是看你们的了。训练方法和历史大题的训练方法一致，见上面的，我就不再复制过来了。自己的和答案有出入的一定要搞清楚是哪里有出入，是哪里出问题了，为什么会出问题。

有的同学说思路来源。这个思路，必须自己多做题去总结。老师上课的时候肯定会提到一些问题的解决方法。这个就得自己用心了，要是上课喜欢走神，不管不顾的，下课想自己闷学，一定会错过些知识点。

每次考试完了之后，自己错误的思路就赶快对照标准答案修改好吧。

其实这些思路，最主要的来源还是教材上的东西，在给出一个概念的时候都会有一些分析的语言、引例，这些东西可以多重视一下。

下面是一个答题示例：

葡萄的糖分含量越高，酿制出的葡萄酒酒精度越高。葡萄生长过程中，特别是成熟期的光照及昼夜温差与其糖分积累呈正相关。图 5a 中甲、乙两地均为优质葡萄产地。图 5b 为乙地典型的葡萄种植园景观。世界上酒精度最高（16.2 度）的优质葡萄酒就是使用乙地及其附近所产的葡萄酿制而成的。

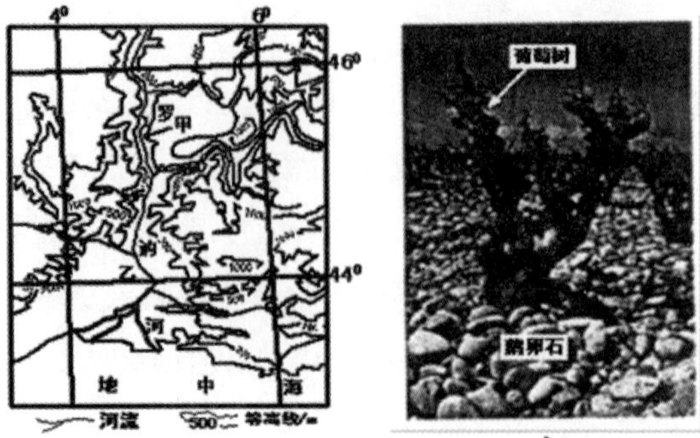

a b

图5

简述乙地气候类型和特点，并说明气候条件以及葡萄种植园地表鹅卵石对葡萄生长的影响。（16 分）

首先把题目中关键词画出。这里想提醒各位考生，简述和说明是两个概念。简述意为将要求答的答出即可，不用带解释，而说明则是要求详细的说明，具体区别看下面的答案。另外看清楚题目一共问了几问，有层次的去答。

首先简述类型和特点。第一考察识图能力。从图中可以看出乙地位于地中海附近，根据地理所学应该是地中海气候。然后是考察课内知识掌握，应准确说出类型和特点，不能用错词。

然后对葡萄的影响。这个可以看看前面的一段材料。由材料可知光照和昼夜温差是很重要的因素。另外也要考虑到农业的区位条件：气地水生土。从这些角度去答。抓住光照热量和昼夜温差的因素。

答案：乙地（临地中海）为地中海气候；冬季温和多雨，夏季炎热干燥。

葡萄生长季节光照、热量充足，鹅卵石利于保持土壤水分（利于地表水下渗，防止土壤水分蒸发）；鹅卵石（白天受到太阳照射）增温快，夜间降温也快，增大气温的日较差，利于葡萄的糖分积累。

这题提醒各位同学，我所说的答题模板，在地理中尤为常见。像问葡萄生长的题目，也可以和瓜果生长联系在一起，有时出题问新疆的水果生长的区位因素，即可对照这题回答。所以说，大家在做完一道题目后，一定要及时反思，并且举一反三，仔细研究答案并记录下来，形成自己的答题模板。

其实地理这部分我说了很多重复的话，只能说我觉得这些太重要了，所以在不断重复。希望大家有所借鉴吧，有地理相关问题想问的，请一定说明白了，自己到底是什么具体问题不会。

【政治】

这是让猫猫曾经质疑过自己到底有没有能力学文的一门科目，真心是觉得这门课不简单。因为你背了，就算你背了，好像什么知识的大概都清楚了，但是做起题来，简直就是悲剧，你也不知道这些题应该怎么答，你在答的时候很多也是在猜，在赌运气。所以说，如果你是这样的情况，你的政治肯定不可能学好的。因为你并不知道政治考试在考你什么，你也并不知道那些知识是怎么一回事。

说说我个人经历。高一上学期的期中只考了66，看着有的人考到80、90，很是郁闷。之后便过起了一手拿着课本，一手拿着辅导书、练习册的日子，一课课看书，一课课做题。到最后上课的时候，老师只要给了自习时间，脑子里都是政治。那时候学的是《经济生活》，最后做到第11课、12课的时候觉得真心是想吐了。结果期末拿到了90分，全班第一。但是那次期末有附加题，是一道大题，对一个经济现象联系教材内容进行分析，由于我只是死记硬背或者说只是做了辅导书上的传统题型，所以这种题型就悲剧了，分数不咋样。

高一下学期《政治生活》也是期末，只考了69分，那个时候郁闷到家了，化学老师还一个劲撺掇我学理。但是文科是我小学一年级起就定下来的，我现在学不好没关系，相信高考一定会考好，所以还是过上了跟上个学期后半段一样的生活，最后考出了全年级前几名的分数。满分是150，我考了138。

之后的《哲学生活》、《文化生活》，我再不敢有所松懈，基本都按照之前的提分经验在学习，也很顺利地一直把成绩稳定在80-90分左右，因为我们平时做的题难，文科实验班最高分一般都上不了90。

其实政治怎么说，靠的就是勤奋还有多动脑子，多背多写多思考。我觉得政治才是三科里面最难背的东西。历史好歹有事儿在那儿，稍微有意思点；地理好歹是些点，比较好背，或者是图可以多画画；而政治就是死的句子，如果你就这么死背，真的是会很痛苦。所以背的时候真心要给自己找点乐趣才行，找点诀窍。

在这里希望各位真心不要抵触这门课，虽然你可能觉得这课程又红又专，你可能觉得跟你的思想相冲突了，但是请把这个单纯当作一门学科来学吧。无论你觉得是洗脑还是对你思想的玷污还是什么其他的坏事，都请你淡定下来，想着提高分数就行了。更何况，书里确实有说的对的地方，并不是一无是处。观点还是要客观一些吧。

1. 先按照四本教材和选修来说

A.经济

这本确实难学，大部分人的难点都在这里。也许你刚开始第一个学期学的时候还没觉得多难，那是因为只是高一。到了高二下学期高三，你开始复习了，知识越来越多的时候，你就知道这个其实真的有难度。而且经济是比重最大的一本书，内容自然是逃不过去的。

那么难点在哪里？首先开始会涉及到计算，会涉及到一些公式图像，这些是经济所离不开的，但同时也是一些文科生很薄弱的地方。怎么应对这些题？和我在地理那部分说到的一样，首先你要弄懂原理，公式为什么会是这样要搞清楚，然后找几道不同的题目当示范，自己研究一下是怎么看到题目里的条件然后想到这个点，然后再算出来的，最后自己也多练练这些题就行。

然后就是最头疼的大题部分。真的是有的经济大题，你看到了题，看到题后的分值，你就感觉慌了，真心是不知道应该怎么答了，这么多分数，又感觉自己没那么多话好说，肯定都有这样纠结的时候。但是如果你对这种大题的答案有印象的话，就知道是按点给分，有的时候一点两分、三分甚至四分，所以把你想答的答出来就好了，没必要担心。

大题的答题模板也是有的，自己做题做多了也会有经验的。比如答市场，那么市场作用、缺陷等等都要答出来，然后还要和材料相扣，这样才是拿满分的答案。比如遇到发展经济的题目，教材里“又好又快发展经济”的那几条就是必答的。而且到最后，每份文综卷子的答案里肯定都会有涉及到这一部分的。“科学发展观”也是喜欢考的东西，现在应该是“中国梦”吧。具体的很多我现在也记不起来了，希望各位在做题的时候善于总结。

B.政治

这一块是能把人写得爽死的！我记得当时只要确定了这道题的主体是什么，就不管一切先把这个主体有关内容全部写上，同时带上两句分析材料。最后的分数还好，写了就差不多有分数。其实这一部分，最重要的就是分清主体！

选择题很多人爱错，就是因为主体不清。比如说，明明问的是政协的职能，下面出现了政府、人大的相关职能，这是肯定不能选的。大体也是一样，最关键的就是在读完题和材料后先确定问的主体是谁，然后再上来写要点。

这个地方其实还有容易错的一类题就是，选项表述是没有问题的，但是题目和这个选项没有半毛钱的关系，就是所谓的不符合题意。这样的题一定要慎重，不要觉得说的挺好的就选了，谁知道符合不符合呢。

C. 文化

这一块的知识应该说是最通俗、最好理解的。开始学会觉得真心不难，知识都浅显易懂，但是学久了之后就会发现并不是这样的，尤其是到你做题的时候，总是会漏点，或者总是答到和题目没什么关系的点子上去了。

造成这个的原因，就是你对题目的问法还不熟悉，对知识的迁移能力还欠缺。在经过训练后，你需要做到的就是，看到这个问题之后，马上就能想到相关的知识块。比如文化创新的部分，其实不能只答到文化创新的相关点，还要根据题目情况答上文化多样性、文化发展等知识点。那种发散性思维，要经过一段训练后才能达到，所以一开始出的问题，到后面其实是会得到解决的。

D. 哲学

我知道很多人想说，这叫什么哲学。如果有人把高中政治里的《哲学生活》叫哲学，那就是最好笑的笑话了。但是这个是不是哲学，跟你有半毛钱的关系咩？你难道可以因为这不是哲学就拒绝学习？就鄙视这科目？好好学吧。

很多人又说了，觉得这个特别难懂。我想说，老师在上课的时候会解释不少东西，如果你说都不明白那只能说完全没听讲。如果听完还有不明白，那就去问老师问明白呗。而且有些概念，你联系到生活里就很好理解了呀。比如认识论，认识和实践的关系，确实要经过实践才能知道认识到底是对还是错。又比如价值，发挥你的作用，得到社会的认可，这就是在实现你的社会价值。又比如矛盾，确实事物都是有两面性的，那么多被称为双刃剑的事物，用这个道理能解释得非常清楚。

这里面会有种题，就是有一些古诗词或者谚语或者寓言故事，让你选出与这个故事相符合的哲理，这种题就看你能不能读懂了。如果读懂了选对了就没问题，如果没读懂或者读懂了选错了，就值得好好总结了。每次碰到这个题就积累一下，以后碰到就知道应该怎么分析，怎么选了。

再说答题，很多人说就是难啊，而且要写的也多，要么就是看不出应该答什么。但是这些只要你能看懂材料，知道大概用什么作答，把那些原理 + 方法论一写，再联系材料，分数就到手了。其实哲学的答题套路是最死的，关键就在于，怎么看懂题目里想要你回答的那些原理方法论是什么。这个就得靠你做题来练习了，肯定不是凭空得来的。后面我会提到。

选修就不多说了，因为真的就是两道选择题的事情，或者是大题里的某个小问，难度并不大，而且一般都是和前面必修有关联的点才会考。重点掌握必修就好了。

2. 政治怎么背书

这个实在是多少人的问题啊！

我再重申一下我的背书方法，那就是“关键词记忆”。

举个例子吧：我这个学期有门课叫《世界中世纪史》，最后考试是闭卷，我所做的并不会把那些词条死记硬背，而是先将这些知识读了一遍，将里面的关键词，比如事件名字、某种制度、影响等等，抄在一张纸上，抄的同时，脑子里面想着刚刚看过的这段知识，想着这些关键词是怎么组合到一块的。

做完之后，对着关键词这张单子又看了一遍。之后过了几天，在图书馆对照着完整的知识，又将关键词在电脑上打了一遍，等于是巩固了一遍。

之后闭上眼睛想这些概念的时候，发现已经记得差不多了。

其实纵观这个过程，我也就看了两三遍，但是找关键词这个工作，真的是很巩固记忆。你在找关键词的过程中，你就在思考了，你就在获取一段概念的最主要观点了。所以，这种思考过程是会将知识印在你的脑子里的。

高中我背政治的时候，旁边肯定有一张白纸，边背，边在上面写关键词，我也不知道到底会有多大的用处，就觉得写一写感觉更踏实。事实确实如此，经过这个过程记下来的知识比坐在那里死死地背效果要好得多。

而其实这样的记忆是需要不断巩固的，怎么去巩固，那就靠做题了，这个是必须经过的一个过程。理论在实践中运用的同时，将会在你脑子里更加牢固。

3. 教材

政治教材，我想我翻来覆去看了得有四五遍，这都是必须的，真心是必须的。因为政治不像历史、地理，有的东西老师可能要拓展给你你才知道，但是政治真的是，除了考试里联系材料的部分，其他的都是书上可以翻到的知识。所以闲的时候就去翻翻教材吧，无论辅导书上写的如何好，教材一定要多看！！！

还有看教材的时候也要注意教材里的那些图片、那些小字，以及里面提出的一些问题。更重要的是，老师给我们划重点的时候，不是一般都会画出一段第一句或者比较重要的概念么，那个确实是很重要的知识点，但是这一段的其他内容不代表你可以不看。相反，这些没有画出来的，其实是对这个重要知识点的一个解释，或者说是一个延伸。有的时候答案里面出现的知识点，你觉得有点陌生但又有看到过的印象，这种往往就是除了重要知识点外的那些大字部分。

所以高考前老师要求我们，作业就是看所有大字部分，而不仅仅是画出来的知识点。即使你可以不十分熟悉，但是要你写，你还是能写出来点。

4. 框架

很多孩纸说，看到题目不知道问的是什么，不知道应该答什么，觉得没底……这时候，你就需要那个叫框架的东西。

什么是框架，其实最简单的框架就是教材最前面的目录。根据那个你就可以总结各课的知识，虽然有的像在抄书或者在抄辅导书的知识总结部分，但是这毕竟也是你自己按照框架写出来的东西，至少过了一遍脑子，那么就还是有用的。或者就是教材里面每一课、每一个大标题、每一个小标题，也构成了框架。

再复杂点的框架是神马呢？也很简单，就是人教版教材，每个单元前都会有的那个像蚂蚁要回家的那个图，有好些洞，每个洞里都是知识点。那个也是框架。

再高级点的是什么？就是打破了每课顺序的框架。就比如经济生活，分成宏观调控、市场两个部分，然后再往下细分，争取覆盖到全部的知识点。

最高级的是神马？那就是打破各本教材之间的界限，将相关的问题串联起来。这种框架对于综合题很有用，毕竟综合题都是同样的材料但是问出好几本必修的内容。

前面简单的框架应该怎么做就不说了，因为谁都能做好。后面的两种应该怎么做呢？第一，可以去请教老师。我相信如果你去问老师，老师会很高兴地给你梳理全书的知识，会给你画出个大概的图来，然后你照着那个大概的图，自己回来往里面填充知识。在这个过程中，你就必须思考哪部分知识是属于这个点的，哪个又是另外一个点的，就让你加深了对知识的了解。第二，就是自己在看各本教材的时候，先把教材看得滚瓜烂熟了，把每本教材的知识要点大致都列出来，然后思考思考哪些是可以凑到一块的，再开始动手画。

我当时上学的时候，老师每个期末都会抽一节课时间给我们画一个大的图，然后让我们自己往里面填充知识。当时觉得是很好玩的任务，因为如果填得全面，填得多，就会被老师表扬，也会得到其他同学的赞赏，会有不少人拿你的去复印。这样确实很管用！

5. 知识的理解

政治其实有的概念确实不好理解，也有点拗口，不好背。

但是肯定还是有解决方法的，你一定要给自己找到相应的比较好理解的例子才好。

比如主次矛盾，还是主次方面，这就是很容易搞混的东西。但是你可以这么想：主次矛盾，其实是不同的事物。就比如，怎么学习和怎么玩，对于学生来说，当然怎么学习才是主要矛盾了。主次方面，有一个典型的题，是拉牛鼻子还是牛耳朵牛才会走，这个就是矛盾的主次方面了。还要记住，主次矛盾关乎事物的发展过程，主次方面关乎到事物的性质。

比如市场的缺陷那三点，完全可以通过现在市场上一些为了谋利的虚假产品的事件来让自己记住这三点。而像宏观调控和市场调节都需要，则可以通过西方经济危机来记忆，就是因为缺了宏观调控，才会出现经济危机，所以两者都不能少。（虽然有些主观了，但是对于理解知识来说，非常必要！）

6. 现在分选择题和大题来说说吧

A. 选择题（很多是前面罗嗦过的，不过再强调一遍）

政治选择题和大题尤其注重主体！看清楚一个题问的是哪个主体再开始作答。

在哲学的选择题里，常会看到些小故事、漫画、名言，让我们说从出中发现什么哲学道理。这种题我有一段时间也做不好。后来就是看到一个这样的题，就把题干和正确答案记录下来，整理完后发现对待其他的题就容易很多了。

然后计算题，其实就是那几个公式。一定要清晰记住哪个和哪个变量有关系，不要记混了！然后，就是要把基础知识搞清楚，这样你才能知道哪个能去算，哪个不行。

做完选择题，请各位千万不要钻在牛角尖里出不来了。也许你觉得这题明明就应该选你所说的那个哲学原理，但是正确答案却是另一个，你就必须去搞明白为什么，必须去反思自己思路出现的问题。知道很多人觉得自己不能被说服，其实不是别人说的没道理，而是你太认为自己说的有道理了。

下面看看一些方法，这个是我借用的网上一篇文章，应该是位老师写的。

“三审”和“九排除”（此文参考政治选择题解答有妙招）

（一）“三审”

1. 审题干——领会题意

一要全面理解题意。题干是一个完整的内容，审清题干，就要全面、仔细、正确地理解题干所提供的各种信息，弄清题干的中心思想。

二要准确地把握“题眼”，即找出关键词语，因为它确定了题干内容的特殊规定性。养成搜索关键词和关键句的习惯，才能准确理解材料的意思，使思路迅速地进入到试题中去。

例题　商店里的货品有标价，如一支钢笔标价为6元。在这里，货币执行的是（　）职能。

A. 价值尺度 B. 流通手段 C. 贮藏手段 D. 支付手段

该题的关键词，即“题眼”是“标价”、“货币”、“职能”。从这些词知道，本题是考查货币的职能，选项必然与此有关。而“标价”进一步说明了考查的是货币的哪一个职能。故答案选A。

三要明确题意所指的方向。题意所指的方向规定了答案的选择。如有的要求选对的，有的要求选错的；有的要求选原因，有的要求选结果；有的要求选本质，有的要求选现象；等等。

2. 审选项——缩小范围

认真、准确地理解每一个选项，搞清楚各个选项的确切含义，直至掌握各选项之间的细微差别，判断每一个选项本身的说法是否正确。在一般情况下，如果选项本身说法错误，可先直接排除（逆向选择题除外）。只有这样，才能依据题干的规定性对各个选项进行正确的鉴别。

例题　中国有13亿人口，多小的问题乘以13亿，都会变成很大的问题；多么大的经济总量除以13亿，都会变成很小的数目。这个“乘除法”表明：

A. 事物发展的总趋势是前进的

B. 有了量变就有质变

C. 中国的改革、发展必须从中国的基本国情出发

D. 我国仍处于并将长期处于社会主义初级阶段

该题B选项“有了量变就有质变”是不符合哲学逻辑，本身就是错误的。所以，可首先直接排除，A选项尽管本身正确，但与题干不相干，

D选项是C选项的具体表现之一，A、D均应排除。正确答案C。

3.审题干与选项的内在联系——确定选项

首先确定选项本身是否正确，把那些本身错误的先剔除掉；其次确定哪些选项与题干有关，把那些虽然本身正确，但同题干无关的剔除掉；最后是辨明哪些选项是与题干相符的，相关而不相符的或无关的都不选。

例题 意识的能动作用突出表现在意识能够

A.反映事物的本质和规律

B.指导人们通过实践改造客观世界

C.直接作用于客观事物，从而引起客观事物的变化

首先发现C、D两个选项本身就是错误的，可直接排除；而A、B两个选项本身说法正确，题干考查的是意识能动作用的“突出”表现，根据这一规定性发现A选项“反映事物的本质和规律”只是意识能动作用的“首先”表现之一。而B选项是符合该规定性的，故选B。

（这里就要注意，怎样排除那些看似正确，但是和题目没有关系的选项，就靠仔细审题了。这个要求其实并不高，就看大家能不能细心。审题的时候拿笔把关键部分都画出来，以免漏掉了。）

（二）“九排除”

解答选择题从解题，方法方面可以有九种，即 “九排除”。

1.排误法：即排除内容本身全部错误或部分错误的选项。

2.排异法：即排除内容本身虽然正确，但与题干规定性不相吻合的选项。

3.排重法：即排除与题干变相重复的选项。

4.排倒法：即排除与题干因果关系颠倒的选项。

5.排混法：即排除正误混杂的选项。

6.排间法：即排除与题干为间接联系的选项。

7.排不完全法：即排除与题干要求不完全一致的选项。

例题 全国人大常委会法制工作委员会负责人明确表示，《反分裂国家法草案》的适用范围不包括香港特别行政区和澳门特别行政区。其哲学依据是

A.矛盾具有普遍性，我们要一分为二地看问题

B.矛盾具有特殊性，我们要具体问题具体分析

C. 物质决定意识，要一切从实际出发

D. 实践决定认识，认识对实践具有反作用

该题D选项前半句符合题干的规定性，但后半句与题干不相干，A选项与题干无关，故应选B、C。

8. 排正法：即反向选择题应该排除与题干正向联系的选项。

例 下列对农村税费改革认识错误的是

A. 有利于增加农民收入，维护农村稳定，促进农村经济发展

B. 有利于启动农村市场

C. 有利于激发农民生产的积极性和创造性

D. 将减少国家财政收入，不利于国家宏观的发挥

该题A、B、C三个选项虽本身正确，但与题干都是正向联系，只有D选项与题干的逆向要求相一致，故应选D。

9. 排非理性法：即相信第一选择，除非有理性依据充分证明的确搞错了，否则不要随便改动。

方法只是一种技巧，其前提是基础知识得扎实，课文内容非常熟悉。所以，要想答好选择题，首先要在平时的学习中注意准确把握概念和原理，以扎实充足的知识为基础。一定要在广度和深度上加深理解，尤其要弄清知识之间的内在联系，弄清相关知识的异同，力求融会贯通，既能在理解中加深记忆，又能在理解的基础上学会运用。好的思维是锻炼出来的，凡事要多思考勤动脑。同时，有必要建立错题集，对反复出错的题进行重点分析，不断总结选择题的解答方法。

B. 接下来大题：这个更头疼

筒子们最头疼最头疼的就是政治大题了。

其实我也一样。刚开始大题真的是，二十分的能拿到一半就不错了，就是不知道应该怎么去分析一个题目。

其实每次发现自己有问题之后，都是靠多做题多琢磨思路去研究的，也没有什么别的更好的方法。

很多同学真的不咋做题的，就知道背书，结果最后背的也不知道去哪里用。所谓实践与理论结合，就是该做的还得做，该用的还得去用。

题目一定是要去做的！不做你就永远不知道该怎么做！

学习宝典

各科方法

很多人都问思路，说实话，我也不知道什么框框架架的思路。我自认为有自己的一套，但是非要一板一眼地说出来还是不太容易的。

能说的只有：

一、背基础，死去活来地背。

二、做题。高考真题，肯定有你做不完的题可以去做，不用担心没题做。

三、自己总结经验教训。每次考试练习完了之后，我的试卷都会被自己修改得乱七八糟，到处都是圈圈画画箭头之类的标志，这些就告诉我哪里的知识写的不对，为什么，哪里的题目没有审清楚，为什么？哪里的点漏了，为什么？这些都是你要在每次考试后仔仔细细问自己的问题！不要总想着从别人那里拿现成的，自己做过总结过的才是最真实可靠的！

答题的时候，如果你真的不知道应该怎么办，真的不知道有些知识点是全部答上去呢，还是只答一部分，那你就用最快的时间堆砌知识点吧，就是把相关的知识点全部堆上去。这样虽然有点傻，但是你没思路的时候这样做是最有效的。每个知识点用一句两句把原理方法论说清楚，再结合材料，然后扔上去就好。等到做完之后再对照答案接受正常的思路，改善自己的。

下面是我的答题示例，可以参考一下，看看我的思路，做个借鉴。

1. 我国非常重视并积极推进节能减排工作，先后颁布实施节约能源法、可再生资源法、循环经济促进法等法律法规。“十一五”规划纲要提出，2006-2010年单位GDP能耗要降低20%左右。为落实规划纲要，国务院制定节能减排综合性工作方案，由中央财政支持十大重点节能工程和重点工业污染治理项目；通过财政补贴方式实施节能产品惠民工程；国家发改委等部门联合举办2009年中国国际节能减排和新能源科技博览会。

作为十大重点节能工程之一的绿色照明工程，将逐步使用节能灯取代白炽灯和其他低效照明产品。通过对消费者的财政补贴，国家在2009年推广节能灯1亿只，直接拉动社会消费10多亿元。与此同时，我国绿色照明产业也得到长足发展。截至2009年5月，我国绿色照明企业总数已突破3000家，年产值近700亿元。

（1）结合材料，说明我国推进节能减排工作体现的政府活动原则，以及履行管理经济职能的具体内容。

在做题的时候。应该先把设问中的一些关键词画出来。如上面红字标出。以此来确定自己的答题内容和答题层次。该题可看出有两个层次要答。一是政府活动原则，二是经济职能。

然后回到材料中寻找与此有关的。用蓝字标出。接下来看答案：

活动原则：保护环境，实施惠民工程，体现了对人民负责的原则；制定法律法规，依法行政，体现了依法治国的原则。

具体内容：制定节能减排战略规划和工作方案；制定并监督执行相应经济法规；部署节能减排重点工程；运用财政补贴等经济调节手段，汇集和传播有关经济信息。

利用自己所学的知识，结合材料，写出答案。一般都是按点给分，只要出现关键词加上材料，就会给分，所以各位千万不要忽视了审题材料这个环节。

这种训练就可以用我说的方法完成。把每年的高考真题拿出来，只写下要点，然后与参考答案对照，看看自己遗漏的知识点和自己与标答表述之间的不同，吸取答案中好的部分。

【文综】

千万不要把所有的知识都堆到考试前，然后还异想天开想用超短的时间记住所有的知识，不可能的。平时该记该背的，在老师讲完这部分之后，你就应该开始了。

如果你在考试的时候，几科的大题实在没有把握应该写什么，那么就像我刚刚说的那样，堆砌上去吧，很有用，抓到一分是一分。

一定要把要点写清楚了，前面一定加上序号！！！这样才好看清楚。到文综的时候，字就会写的比较次了，这个时候，就要看你能不能让老师第一眼看到你的知识点了！

大家都喜欢问，应该怎么安排时间。我们这里是 35 道选择题，5 道大题。我的方式就是按部就班做下来，不颠倒顺序。因为我的想法是，既然是这么排列的，那么肯定有它的道理。当然如果你有比较充足的练习机会，那么换顺序做一下也未尝不可，最后挑选最适合自己的那种来做。一切以分数为准。

另外选择题，我一般 30-40 分钟搞定，不能再多了，后面那些大题可都不是小角色，厉害着呢，选择题你就筋疲力尽了，怎么对付后面的？

大题，记住差不多 20 分钟一道大题然后就换吧，不然时间绝对不够，尤其是政治题在最后，你必须要留出足够的时间写，因为字最多！千万不要一道题抓着不放，觉得自己会，觉得有好多可写的，你就一直写着不放。也不要因为一个问题卡在那里，先往下做才是明智的选择。当然也不能图快，忽略了正确率。那些有些题没做的人也许最后的得分都会比只看重速度全做完的人分高。

平时你需要做的就是限时训练，次数越多越好，一定要限时哇！

到这里，我的语数英文综（史地政）的方法就全部结束了。这个过程就是我在整理自己想法的一个过程，很难得的机会，并不是想让多少人学着一起做，而是希望能给大家一些借鉴，让大家在学习中慢慢摸索到自己的方法。

第二十章 作为文科生，我们应该如何记忆

其实我觉得，记忆能力，无论是文科生还是理科生，都很需要，而且文理科没有哪科更强之说，都很需要这项技能。

很多人觉得，文科生就是天天背背背……小比伯的baby成了文科生的“真实写照”曲。

就我个人来说，记忆不等于背。

纵观我的高中，当然也包括现在在大学，可以让我称之为背的次数屈指可数，除了为了应急没办法会死记硬背一下，其他时候我更喜欢称之为记忆。

首先要弄明白的是，无论你是看几遍就记住了，还是要背几遍才能记住，共性是什么？

那就是这些东西在你脑子里留下了印象，等你再想到的时候，会自动反应出这些东西，可谓是一种条件反射吧。

如何最快速度并且准确性高地反应出来？那就得追根溯源，看看如何才能让这些东西留下更深刻的印象。

所以重点就在于这个留下印象的过程。

很多人选择死记硬背，硬给脑袋里塞入这些知识，效果如何呢？可能是不错的，毕竟在强制之下，即使不会出来最好的效果，也会有些用。

也有不少人选择记忆，就是俗称的理解记忆。先用自己的想法理解这些概念，用自己的方式将这些知识在脑袋里留下印象，当再次要求唤起这些记忆的时候，就可以自然而然根据自己的想法解释出这些概念。

也有不少人觉得没什么可记的，重复性地多看几遍，自然就有印象了。

究竟是将这些东西原封不动塞到脑袋里面好，还是通过自己的想法将这些东西翻译后在脑袋中留下印象好，还是通过重复来记忆？

因人而异，也因情况而异。

也欢迎大家一起来讨论讨论，每个人都有自己的特殊性，我只不过谈谈自己的做法罢了。

先说几个大问题，然后我准备分成各科来谈谈怎么记忆。

第一就是，有个记忆曲线，我至今记不得那曲线的名字，看很多人都在用。怎么说呢，我觉得如果想要急于出效果的话，那就去按照那个曲线的记忆时间和要求来记忆。

不过挺可惜我高考前从来不知道这个东西，现在也觉得自己的记忆还足以应付学业，于是自己也没有去试过。我还是比较详细地谈自己的方法吧。

第二就是，我其实并不相信人与人之间记忆力有多么大的差距，真的不相信，就跟智商一样。

差距肯定会有，但肯定可以靠努力和方法来弥补。很多人我们看上去觉得，这人记性真好，这人又没有怎么背就记得这么清楚，真羡慕。说真的不用羡慕，因为你也可以做到的，只不过你还没有意识到该怎么做。

第三就是要发挥意识的能动作用，发挥主观能动性。

在你记忆的时候，很明显，你想记的东西，或者你感兴趣的东西，你总是会记得比较快。比如对历史感兴趣的，就觉得那些白纸黑字的概念是一个个有意思的历史故事，在脑海里留下了很深的印象，脱口而出。又比如觉得有意思的故事自然是会记得很牢固的，而自己觉得很枯燥的，自然就有抵触心理。

应该怎么做呢？无论是什么，都尽力想象成很有意思的事情去做。

比如记成语的意思，就多记记这个成语的相关典故。比如英语词汇，也可以当作一种乐趣，每天记一些，只要想着可以增加自信，可以提高分数，也就不觉得那么枯燥了。又比如政治的概念、哲学，记的时候和现实生活中一些确实发生的事情联系，自然脱离了本来枯燥的样子。

有的孩纸总是吐槽，为什么总是记不下来，一遍遍记为啥就是记不住？这点我相信，如果一开始你不将这个视作必须完成的无聊的强制任务的话，效果会更好一些。想想自己记住之后的好处，动力可能会更高一些。

而且，主观能动性同时还意味着什么？意味着需要用心。

好多人都说，这个概念好抽象哦，你总是说没用心，但真的不知道怎么用心，不知道什么算是用心。

一般我会不厌其烦地说，用心就是真的想把这个记住，真的想高效率记住等等，但其实在自己看来也都是很虚的话，因为我也不知道怎么能表达清楚。

如果要我说的话，记东西最完美的状态，就是能做到别的都不想，就看着要记住的东西，踏踏实实一个个看过去，不管最终效果如何，自己都觉得看得差不多了，大概的内容脑子里都有印象了，这就差不多了。

很多人也花了好多时间去记，但是其实中间水分真心不小，比如看着看着就走神了，想别的去了，或者打瞌睡了，或者又做别的作业去了，或者觉得烦躁了等等。

其实记忆的时候，脑子里还是要有点刺激自己继续坚持的，比如说告诉自己记住之后分数就会有提高，记住之后自己就会轻松不少，记住之后自己就会更有成就感等等。

但是还会有不少人说，我背了又忘怎么办？我们当然不可能把你的过去挖出来痛斥一顿，只能希望你，如果不能靠一次留下深刻印象，那么就靠主动地不断重复加深印象吧。

真的不要嫌麻烦，不要觉得浪费时间，有的东西不记或者记不清楚，后果真的非常严重，到时候真的超级后悔，就比如某个文综选择，自己因为没记牢选错了，连带其他几个也错了，一下就十几分没掉了。换谁都不能淡定吧？

第四个也挺重要的，就是你要知道自己在记忆什么，而且尽量让自己记忆的那些东西处于一个很有结构层次的局面。

我是比较提倡自己在记忆什么，一定要知道，最好是要理解了。如果应急的话，那也没办法了，不理解也没关系，但是一定要知道自己在记什么，这块知识和别的部分有什么关系，是处在一个什么样的地位上。

最好将一大段一大段的纯文字转换成任何形式的稍微有条理一点的东西。比如换成表格，换成树状图，换成一个大结构等等。这种转换的过程，第一让你记忆的时候方便看，让脑袋更能接受一些。第二，将大段文字转换的过程，你的脑袋已经在记忆了。

作为文科生，我们应该如何记忆

比如历史，不要东看一条西看一条，一点联系都没有的两个东西扯到一块记，当然不如有关系的两个东西更容易记住。所以，做个大事年表，或者把历史知识都搞成通史结构的，上下顺序分明，方便记忆也方便自己做题的时候回想相关时间发生的事情。

比如地理、自然地理，确实概念神马的看上去很枯燥，也不容易记住，但是为什么不试试将这些概念画成一个表格呢？这样看上去也美观有层次，自己记忆也方便。所以推荐大家看地图册，上面的知识很少有成段的描述，而都是表格或者树状图等等方式表现出来的。

比如英语，单词也许光看上去一个个都是独立的，不好记忆，那换成例句呢，换成文章呢，这样出现的时候是不是会更增加大家对单词的理解呢？语法也是一样，成段的概念肯定让人觉得无趣，那就画画表格，将各种用法列出来，这种归纳总结的过程也是一种记忆。

可见我们都是可以做到将这些换成自己较容易接受的东西来记忆的，就看你愿不愿意为了记忆付出些时间和精力了。

第五就是记忆的方法不仅仅是坐在那里，傻傻地看着，尽力往脑子里输入东西，还要靠动手、动嘴来记。这点相信大家都不会陌生，也都不会反对的。

俗话说，好记性不如烂笔头，我真的超级喜欢说这句，因为遵循这点，我自己就收到了极大的回报。

记得高三记政治的时候，老师每节课要给我们只印有知识点的纸让我们默写概念。当时其实真的挺愁的，那么多概念，而且其实真没多大意思，怎么可能晚上记一遍，然后就 ok 了呢？我妈就跟我说，你觉得记不牢有困难的时候，你就动笔写写，在纸上写写画画，效果不会差的。

后来我就按她说的，看了多少概念，就拿笔在纸上写写关键词，写写各条知识点之间的关系等等。结果发现第二天默写真的就自然而然随着自己前一天在纸上写的那个思维出来了，不会打磕绊，很顺利。而且过了很久之后，即使已经遗忘了个别字句，但是大概的思路、知识点的框架，大概概念的用词我还是很清楚的，考试的时候就可以根据这些组成答案。

动嘴嘛，当然就是多读读了。不一定要出声，但是也要默念出来，不光是看了，要让自己的脑子使唤自己的嘴念出来这些东西，那样就有两遍记忆过程了。多读课文，多读单词也是这个原因。

第六个，就是记忆需要的相关准备工具了。

不同颜色的笔，这个很重要。荧光笔也就是记号笔肯定是要的，然后红笔蓝笔黑笔或者可能还有紫色的绿色的棕色的等等的中性笔或者圆珠笔，这个看个人喜好了。

然后是本子或者纸。本子的话，如果是为了记忆，比较推荐活页本，毕竟可以换芯，而且中间忘了点东西都可以再加张纸放进去。当然我最推崇的是纸！不一定是雪白雪白的A4纸，可以是各种类型的草稿纸，或者宣传资料的背面等等，这种最好的优势就是方便写写画画的，而且有种废物利用的感觉。如果是用纸的话，最好有个夹子，这样自己写写画画的东西也不至于随风而逝了。

然后便利贴或者小本子。这个挺有用的，可以用来增增补补自己记忆的内容，而且也可以用来设定每天需要完成的目标。

第七就是，一定不要太相信自己的记性了。

我知道很多人不屑这点，但是你真的确定自己全部没问题么？

看到一个单词，你觉得没问题了，大概这个意思我记清楚了，大概怎么拼写我记住了。但是真在考试里碰到这个词，你脑子里只有个大概，没有具体的东西，这就太悲催了……

所以在记忆的时候，看到自己似懂非懂、似记牢了非记牢了的东西，要特别注意，这就可能是你的漏洞之一。

一定要敢于面对自己。这个跟承认自己有错一样，其实不容易，也有的人为了好面子就说，嗯，我都看完了，挺简单的，以前就会了。但是自欺欺人后果真挺严重的。

下面来看看各科。

【语文】

语文需要记什么？无非就是那些基础的东西。字音字形、成语、文学常识、文言文相关知识、一些诗词文言文篇目。

字音字形怎么记？

第一个过程，那就是标注和抄抄写写，至少我是这么认为的。

当然并不是全部都要抄抄写写。一般老师都会给常考字音字形的表，或者辅导书上都会有那个表。

先说字音，如果上面已经有了正确的读音，那就把那列遮住，自己看字，如果有哪个字的读音犹豫不决或者是与正确的不符合，那么就请把这些标注下来，之后再去抄下来集合到一起。

如果没有写好读音，那么就请自己查找各方，填上正确的读音，之后再按照上面的做。

再说字形。看到一个词，我相信以大家的水平都应该知道哪个字是容易搞混的。这些词里面自己含糊的就应该标注下来，然后抄抄。或者也会有那种常错字的表，如果你觉得自己就喜欢犯那里面所列举的错的话，就也抄下来吧。

P.S. 这个过程中，我相信，我真的相信很多人，会看到一个就觉得自己没问题的，无论怎样都不会出错，毕竟是中国人，觉得肯定没问题。但是你会发现总有一些是你把握不准的，那其实就是你的软肋所在。所以在刚开始看的时候，哪怕有一点含糊也请标注出来，抄下来。

第二个过程，就是读和看。

抄的那些如果不看，那你岂不是浪费了时间么？这些东西是可以利用零碎时间看的，课间或者是自己学其他东西累的时候。这样你最后会发现，功夫都用在平时了，就不用在考试前还专门花好多时间来背这些东西，还不一定能记得住。

读的话尤其是字音，最好能出声读读。平时说话的时候也可以多注意一下发音，虽然有点神神叨叨的，不过规范一下发音也挺好，就比如绯（一声）闻。

第三个过程，就是做题。这个我不用多说啥了，练习自然是要做的。在掌握了基础的时候就要做题，而且也要掌握做题时候的小技巧比如排除法，相信你们都懂的。

成语

这个记例句是最有用的了，有的时候记不正确的例句反而利于我们记住这个成语的正确意思，毕竟高考里面要求的只是考察在句子中是不是用的对，也不是默写具体的意思。

就比如在演讲比赛中，他口若悬河，侃侃而谈，最终获得了冠军。口若悬河这样的词马上就能记住到底应该怎么用了。

其实说到底，成语题说是记倒不如说是靠技巧。因为我个人的感觉是，你看一大堆的成语的意思和用法之后，其实记不住太多，只是个别的。但是在句子中间看的时候，往往就更能明白地看出来了。

所以不多讲什么了，就是例句，还有如果想了解一下典故也挺好的，最高境界就是看到这个词马上就能想出正确用法和错误用法。

不过千万不要凭感觉，有的东西真的不是表面看上去的那个样子，比如人浮于事，我曾经就很傻地理解成人们都很浮躁，不好好做事了……

文学常识

其实我觉得这是基础里面最好记的一个了。

因为讲课的时候，最喜欢听的就是作家还有作品背景内容介绍神马的了，从小就喜欢找作者的相关资料，所以自然就很熟。（我果然是个学历史的。）所以说其实觉得高考里那些文学常识真的挺简单的了。

一般也都会发文学常识的那些东西让你去记。我的意见就是多看看就行了，真没必要死记硬背的。看到自己不熟悉的，觉得自己肯定会搞混的地方画出来，多看看就 ok。

我觉得这个如果觉得无聊的话，可以多了解一些和作者作品相关的故事，这样就会记得比较清楚了。

下面貌似就是诗词还有文言文的记忆了。

其实这个题吧，分数也就那么多，真的，但是每次复习语文发现都在复习这部分，翻来覆去背，有的人就能背得超级超级熟悉，有的人就得反反复复看才行。

我其实大部分时候是想在理解透彻诗词或者文章的整体意思之后再背，但有的时候时间紧迫就只能直接开背了。

拿我小学时候背《琵琶行》为例吧，就只有两三天的时间了，那么长的诗，至少小学的时候觉得太恐怖了……我记得当时数了一下，有 48 行，我就分成 16 行一天来背，过程就是不断地读，不断地盖上，自己想着来背。

我发现了最难背的是中间那段银瓶乍破水浆迸那块，因为上下文联系并没有那么紧密，故事性并不强，所以我的记忆度就不高。而前面描写让琵琶女出来弹琵琶还有后来讲她悲惨身世的地方记忆就清晰一些，因为上下句因果或者转折关系很明确，就像一个故事一样。所以在背诗词文章的时候，还是要在不断读的过程中掌握大概的意思，搞清楚每句之间的联系。我觉得大抵能够背得特别顺溜的，除了是真地背太多遍了，习惯性往外冒这些字，就是脑子里有整篇东西的内容在，上下联系搞得很明白，于是就很容易冒出来了。

那如果是没有啥情节的地方肿么办呢？我觉得你可以试试记首字，因为一般提醒第一个字你就能想起后面的了，所以建议你把首字都写出来，在记得大概的情况下，就用首字来将整个诗词或者文章串起来，到后面就会发现轻而易举不看首字也能记下来了。

其实这部分的题，翻来覆去考的也就是那么几句，记记每篇目里的名句也就差不多了。但是万一碰到个不是名句的肿么办？这部分的分数我是认为一分都不该丢的，所以各位平时也多下功夫吧。

那么我们在做文言文的时候，那些课内的字词句式等的用法又应该怎么记呢？

这个我在原来的贴子里面也说过，一定要在刚开始学这篇文言文的时候，就分成字词句式不同的用法整理清楚每篇的所有要点，并且考试前都拿出来看看。如果以前没有做，那么在一轮复习的时候如果有余力可以去做做。

然后比如像诗歌鉴赏里面还有阅读理解里面有一些答题时候的固定用语，我觉得就不用特别用心去记。平时没事的时候多做做诗词鉴赏和阅读理解的笔答题，那些固定用语多写两遍就差不多能自然而然写出来了。楼主上语文课没事干就做题玩，抄答案也挺有意思。

然后也就是作文的一些东西了。

比如素材，我觉得完全就当作故事看就好了。很多人说积累素材，就非要去强记。我觉得就是把这个故事大概记住了，然后作文的时候有意识地用出来就好了，所以关键还是自己有没有心啦。很多人说看了感觉跟没看一样，也不知道咋用。我觉得应该是这个故事并没有真的让你留下印象，总会有那么一个很有特点的会让你记住的，然后用在适当的地方就好了。

然后一些好词好句，这里的记忆主要就是靠多实践来增强脑袋中的印象啦，我就不用多说什么了。

【数学】

数学的记忆嘛，无非就是概念、公式、公理定理啥的。

其实很多东西在当时老师上课的时候，好好听，好好看例题，然后大概就能记住了，毕竟概念还有公理定理啥的也不会考察默写，只要理解了就好。

就想说两个方面的记忆。

一个是函数方面的，一个是立体几何的，这两大块应该是需要记忆更多的地方了。

函数方面一定要画表，几个基本函数依次列开，下面列好函数公式、图像、定义域、极值等等内容。然后这个表不时拿出来看看，再加上做题练习，也就差不多了。

三角函数也一样，一定要列个这样的表。

再说说具体的三角函数值。如果记不起来的时候，一定要画图，三十六十四十五角度这样的三角形，代个值，一算就 ok 了。

立体几何，分成证明线线平行，线线垂直、线面平行、线面垂直、面面垂直、面面平行，在下面列出各种定理公理。

要文字形式的，图，还要有字母形式的。这些其实书上都有，大家只要总结下来就可以。

这两个方面的整理完了之后就会发现也没有多难记，自己有点忘的时候画个图就 ok 了。

其他的东西也可以这么弄。有的公式记不起来了就自己推导，也是挺不错的。

【英语】

这个苦大仇深的部分哦，也就说说单词和语法的问题啦。

单词。

我真的真的没有看着那个单词，看音标，或者怎么怎么用那种普遍的方法记过。

对我来说，更愿意在很多文章里见到之后自动熟悉这个词。就跟我在方法那个贴子里说过的，看小说的时候，出现了一个“海洋的”形容词，第一次查了，第二次查了，第三次有大概印象了，但不确定又查了，第四次就完全有印象了，而且相关的海洋性的一些词也都认识了。所以重复见是很有用的。

如果没有那个能力读那么多文章，多读读课文也行。单词如果一个个死记，肯定不如在课文那个环境下记得清楚。

我从小就自诩为没背过单词的人，其实自己想想也真的可以这么说。

很多单词，也许第一眼看到单词表的时候确实是陌生的，但是当你抄过、读过、写过、用过之后，就变成自己的东西了。

当然其间也需要有些技巧，看个人的喜好了。我记得最清楚的就是 appreciate 这个词，当时在中考的英语课外班上，老师说了极度的否定就是肯定，appre 代表啊呸，ciate 和 shit 差不多，所以双重否定就是赞赏啦。这词自从那时起就没有忘记过。

如果是为了快速，那么就用这个方法吧。

拿出你需要背的单词表来，或者是课文后面各单元的单词，或者是市面上卖的或字母顺序或乱序的词汇书。

一定要记住，如果你一个个死背的话，真心效率不高。

我的想法就是，如果是自己熟悉的，那没问题，直接 pass。如果是自己但凡有一点恍惚的词，或者哪怕是一个你熟悉的词的用法意思你没自信的，也要标注出来。

然后要抄下来，英语、中文意思、相关的用法。

我现在四六级的单词也是这么背的。不用特别背，因为里面肯定有不少自己已经认识的单词了，所以没必要所有的都抄都背，那样时间确实太长。就每天看两个或者再多的 list，一百多个单词的样子，里面有问题的标注出来抄下，然后等这一遍全看过了之后再着重看这些单词。

也要及时检查自己的效果，多拿着单词表来对着排查自己依旧还有哪些没背下来的再去努力。

我知道这整个过程很麻烦，但是我真的觉得慢工出细活，就算你要逆袭，也得踏踏实实做点事情吧。所以各位一定要用心点！

语法。

很多人觉得太繁杂了。我的想法就是先看语法的概念和用法，再做选择题练习。平时考试里面遇到的长难句多分析一下也就该记住了。

前面也提过，如果是死气沉沉的表述这个语法应该怎么用，肯定不如列一个表格，写一个例句上去。除了基本用法，特殊用法也是需要注意的。

我相信现在的语法书上都会有很多例句，也会有表格神马的帮助记忆，大家就选择自己认为容易记忆的方式来记吧。如果没有，那么可以根据网上的资料，自己做一下这样的表格。

前面也说过，整理的时候也是一遍记忆的过程。

英语总的来说，我不喜欢背，就喜欢多在英语的语境中去见，比如多读读课文，多看看阅读完型，多看看英语文章，这其中总会碰到的，至少对付高中的考试绰绰有余了。

不要有抵触心理！强调过好多遍了。记东西想要有效率，就一定要放到一个最好的状态去。

【文综】

史地政三科，最大的通法就是我前面说过的。

看概念，自己在纸上把各个关键词抄下来，并且是要经过自己思考的，比如这俩关键词之间有没有什么联系，然后再去看这张纸，会事半功倍的，希望你们可以试试。

绝对不是全部照抄哦，当然这样不否认会有点用，但是不觉得真的很费时间和精力吗？而且抄完之后估计会觉得抄了这个又忘了那个。

【历史】嘛，我真的也不知道该说神马了……

如果很多基本史实都不清楚的，我建议你看看《上下五千年》、《中国通史》或者袁腾飞的那些书，好歹补充点常识，培养点兴趣。

如果觉得知识点碎的，那么我在吧里发了的那个资料想必可以给你一个提示，要总结整理应该用哪种方式，想直接用也没问题。

很多人说那么多事情到底怎么记，但是我真的也表达不清楚自己怎么想的…

因为大多数事件，我在小学就已经非常熟悉了，各类的书，《中国通史》看过好多版本了，所以大概的事情都知道，就是可能时间记的不是很清楚，但是高中考试让你写出具体年份的不多，所以具体时间方面我也是有一定缺漏的。

但是时间可以靠推导啊。比如中国现代史部分，那几次大会，十四大十五大神马的，很容易就忘记是哪个年份了，但是可以推导呀，五年一届，2012 年是十八大，就往前推就完事了。又比如抗战，知道八年抗战，知道起或者止的那一年，也就记住了起止年份了。

时间真的是可以通过做一个时间表来记的，就算有的地方记不清楚了，根据前后大概也就能推断出来了，不至于犯太大的错。比如抗战过程中发生的那些战役事件神马的，你就一个个列下来呗，列的过程是一个寻找并排列的过程，这个阶段如果用心一点，仔细看看前后年份时间有什么可以找的联系没有，会事半功倍的。后来看的时候也就会更有效率一些。我自己在世界史实在很混乱的时候也列过，就是二战后的那一堆冷战相关的事件，列过之后发现就方便多了。

一个事情各方各面的东西怎么记？至于时间地点人物具体的过程我建议就当作一个故事来记，多看看相关的资料，一些小段子可能更能帮助你记住。至于影响意义方面的，真的就是我说的就那几个块，政治经济文化军事外交民族交流等等，逃不过的。有的连带的东西都是应该自己在看的时候多注意去关心的。

就比如说我在看的时候，还不是准备记的时候，我就会把比如政治里写了是资产阶级革命，下面经济影响里面有资本主义经济，文化思想方面有民主共和，有资产阶级思想，这些都应该圈出来，联系在一起，以后答题都是一连串的东西。

一定！不管你喜欢不喜欢历史，其实对于任何一个学科都是，一定要找这些白纸黑字间的联系！所以说文科学习绝对不是背背背，而是思考思考思考！

我上面说的资产阶级革命是个例子。下面再举个例子，关于新航路开辟意义里面，有价格革命和商业革命。我相信很多人看到这里要混淆。商业、价格，价格不也是商业的一部分么，感觉俩都没啥区别一样。如果只要求答新航路开辟的意义的话，还好，只用把这俩写上去就好了，但是如果考细致了就糟糕了。

这个时候就要想，价格革命，自然是跟价格有关系的。白银流入欧洲，造成了通货膨胀，所以按照传统方式收租的封建贵族的收益就受到很大损失，而新贵族资产阶级就会得利很多。而商业革命，自然是从商路贸易中心、商品品种数量、世界市场等各个方面来想。这样每次看到这俩词，自然而然就会想起来了。

所以想要记得牢，光看着概念是不可能的，一定要自己多思考中间的联系。

历史有些地方喜欢做比较，老是会列些表格出来，做个中西对比或者美国和英国的对比。这类表格自己在复习的时候其实就可以归纳整理一下，经过自己思考做出来的表格肯定比辅导书上的要更容易记住。（或者把大概框架抄下来，具体内容自己总结。）

【地理】

图、图、图！真的是图……

自然地理，需要记忆的其实挺多的，但你不觉得像水循环、洋流等的都可以用图来解决掉么？而且洋流更容易，季风环流神马的，顺着印度洋的季风风向一想也就清楚了。寒暖流神马的，附近有个渔场立马就大概能记起来了。

像岩石那几种岩性、冷暖锋等等的，不觉得列个表格把大概东西对比一下就很清楚了么？

不要看着干巴巴的概念发愁，多想点能突出知识点的形式来记忆吧。

如果不会的话，任何一本好点的地图册上都会有各种图各种表各种树形图，欢迎借鉴！

然后嘛，人文地理和区域地理。

先不说世界地理中国地理识图问题哈。这两部分简直就是各种典型案例，记住那些区位因素就差不多了，然后遇到稍微新点的，根据具体情况一分析就ok啦。我就不信气地水生土，然后那些人文区位因素你就会记不住！

区域地理里面什么荒漠化、水土流失等等，也是典型案例，记住这些的原因、危害、防护措施等等，碰到相关的往上套再分析下具体条件，也就拿下啦。真没那么难。

至于容易丢点，这个也许就不是记忆的问题了，在不断答题不断完善自己思维的路上，我们还要下更多的功夫~

中国地理世界地理，这就只有图了……

不仅要看图，还要多填图，多画图，这是一定的！

而且看的时候确实也要多思考，比如看美国，东西中部气候为什么会有差异，跟洋流地形等等因素也都会有关系，这样的思维会帮助你解决不少新问题的，就算碰到一个新的地方，你也可以通过分析美国的思路分析别的地方。

还有中国的区域图、地形图、气候图、铁路图，等等，真的没那么难，这是你的祖国，从小到大好歹都要有点积累了，慢慢来记，多画画多看看肯定是没问题的。（说实话，这部分我真的没有记过，因为从小到大看了那么多次了，该熟悉的都熟悉了。）

根据经纬度定出一个区这样的记忆。我只能说，对地图要有一定熟悉度，而且要对该记住的重要地区有深刻印象才能保证准确无误定出来。就比如北纬40度，如果具备上面两个条件的，就肯定知道是北京同纬度的地方，知道世界地图情况的画个简图，也就知道其他地方大致都在哪里了。

我觉得也许说的这些都是废话，不过我已经尽力用自己可以表达出来的语言在写了，各位见谅。

还是那句话，一定要注意概念之间的相关性，就算没有什么相关性，用自己的思维编一个好记的联系加上去，这样至少也能确保记清楚了，至少在你可能有点含糊这个东西是什么的时候，好歹还有你自己想的这个联系在，就能帮忙记忆了。

【政治】

这科我觉得自己还算有发言权。

高一的时候期中向来只能拿个六十多分，但期末都会靠自己的努力逆袭到全班第一。

唉，那个各本书的框架真的是力不从心，找不到了，所以只能干巴巴地来说了。

首先，课本的所有目录，一定一定要很清楚！因为目录其实就是这本书的知识体系，很多人不知道最后的大知识框架怎么列，那么我说目录就是最简单的一种知识体系。如果再精细一些，就会发现其实目录的安排有的时候不一定就是很科学的，自己按照自己的理解调换一下，完善自己的知识体系，就很棒了。

记忆的时候一定要联系现实！一定！

比如经济、价格曲线、波动，那其中的原理，用当前社会上发生的通货膨胀和过去发生过的通货紧缩就可以来解释了。比如经济里面的消费观，想想自己身边符合的那些人，自然就记牢了。

比如政治，国家的各种制度神马的，看看现在的新闻联播，看看报纸，想想自己多年来受到的教育，也就该清晰不少了。

比如文化，文化创新需要继承与发展，与取其精华去其糟粕一联系，ok了。

比如哲学，你做那么多题，也许一时看不出效果，但是最后考试分数却明显上升了。既可以说是量变导致质变，也可以说前途光明过程曲折。

这样就会发现，原来觉得很枯燥的东西，一和现实联系，就很清晰的感觉了。

一定要抓关键字词！

比如主次矛盾和主次方面。主次矛盾的关键词就在于多个矛盾中决定发展方向的。而主次方面是一个矛盾里决定性质的。多个、一个、发展方向、性质等，这些就是关键字词，记住这些，考试的时候自然而然串联起来就 ok 了。

政治中抓住知识之间的联系其实是更加重要的，因为政治大题真的就是让你从各本书里找相关知识来回答，一本书里有可能还是不同地方来回答。所以，一定要注意思考这些。就比如说上面说的，做题多到考试终于见到了效果，马上就可以想到相关的哲理。至于为什么能想到，那就是在学习复习的时候是不是真的对这些概念思考过，是不是真的联系过其他方面的知识了。比如看到市场就自然而然答出各种和市场有关的知识，看到科学发展观就自动蹦出和这个相关的概念，都是需要自己在记忆的时候就多找找相关知识点。因为这些都是常考的，所以还是比较有普遍性。

当然也有经验因素，做题做多了，看到自然就会直接下笔毫不犹豫了。

除了大字部分，一定要看小字部分。除了大字部分中被列为重点的句子，其他的也都要看， 会帮助你理解的。有的时候考试时发现没有想到这个角度，也许就是课本里的东西你没有注意到。

文综的三科，大概就这么多吧。

另外有一种帮助记忆的方法，就是只有框架和知识点，其他都是一片空白。在开始学习复习的时候，可以照着书将知识都补进去。不过要多复印几份，到后来都弄完之后用来检测自己的成果，即使是只写出关键词也都算过关了。

记忆其实有的时候是不值得相信的，所以我们要多借助别的方法来巩固它。除了记忆，一定要做题，一定要付诸实践，只有这样才会更加确定你记住的那些东西的用法，印在脑子里才会更加深刻！

记忆绝对绝对不是死记硬背，真的不是。如果想提高效率，一定要动脑子！各方各面之间的联系，一定要有自己的见解，哪怕不是什么正统的想法，只要有用就 ok 了！

第二十一章 高中生们总是感到困惑的地方在哪里?

1. 我现在 ××× 分，还有救吗？还有希望吗？

其实对于这种问题，我还是很无奈的，如果我说没救了，没希望了，你就要放弃吗？！这只不过是在找一种心理安慰罢了。对于这样的孩纸，我觉得心无旁骛、一心向前怕是最好的办法了吧。

不求结果，只求问心无愧，这应该是最重要的吧。

在你们面前的只有两条路，一是学，二是不学。赶快下定决心吧，如果学就坚持到底吧，如果不学就提早找别的出路吧。

但是我觉得大家都是想学的，所以这种问题还是不要再纠结了，先努力再说吧。

2. 我考试时老错，平时练习做得挺好的，这是为什么？

面对这种问题，我想说的是，不要拿平时的练习来概括你所有的学习状况。

一般这种情况出现，要反思一下平时练习有没有好好做，反思一下自己是不是在努力过程中还有偷懒的过程在，反思一下自己有没有高效率地完成复习。

对于结果，一定要把考卷的错误一题题分析清楚了，这样才能看清楚自己到底是哪方面的问题，这样才能对症下药。

认清自己，对于一个高三学生来说是至关重要的，不要盲目学习。

3. 我总觉得有人说我坏话，觉得自己在班里不好混等等，这些事让我分心，不能全心全意学习。

对这种问题，我就提醒你想清楚自己最后要什么。要同学关系？要同学对你的好评？对你的尊敬？都不是，最后高考看的是你的分数，你只有靠自己不断的努力来取得一个好的分数，这样才会让别人对你刮目相看。

很多时候，这种感觉都是自己莫名其妙安上的，其实可能根本就没有这样的事情，心理作用罢了。我觉得大家一定放宽心，想想自己最后的高考，高考后美好的生活，为了学习而努力吧！

其实孤独也没什么大不了，我个人觉得现在没有的朋友以后肯定可以找回来的。上天是公平的，以后肯定会有的。要对以后充满希望！

4. 我总觉得最近进入疲劳期了，效率特别低，看到书就烦躁，怎么办啊？

这种同学呢，首先你还是想学习的，还是对自己的情况着急的，还是比较好办的。

对于这样的情况，我当时其实也有过，办法只有一个，坚持。

我有一段时间也是什么都不想干，复习刚看了一点就不想看了，后面就走马观花地看看，回家后啥都想干就是不想学习。

其实这种时候就需要逼一下自己了，人的自尊心和虚荣心就应该发挥作用了。想想自己现在做的事情，想想最后高考的结果，想想别人笑自己哭的场景，想想自己本来能努力却没有的那种后悔惭愧，感觉对不起父母的心酸，你自己就会知道努力学习了。

订立目标，增强紧迫感吧，各位加油啦，坚持下去就是胜利，哪怕效率低一些，只要在学肯定有收获，因为大家都一样。

5. 我到底有没有希望，我上一本/某学校有多大可能性?

这种问题其实是很为难我的。我不知道各地的高考情况，也不知道你们的具体情况，让我做一个预言家是不现实的。

但是我知道那些好高骛远、一天到晚只知道做梦的青少年是不会达到自己目标的，那些一直在努力、一直在追赶的同学还是有可能的。

所以说，少说多做，用最后的结果来证明自己吧!

6. 上课犯困怎么办?

其实我也有这样的时候。

前几天我大三的学姐讲经验的时候也提到了这点。

保持自己在一个忙碌的状态，记笔记，老师讲的全记下来，或者做题，自己找题做，总之让大脑动起来，保持在一个兴奋的状态。

或者就是课前看几道难题，犯困的时候多想想这些题。

还有就是课间多用凉水洗洗脸，清醒清醒。

有的时候太困了，可以眯一会儿，但是一定记得让同桌几分钟后弄醒你。

7. 好烦躁啊，看到别的同学都在进步，好多人都不咋学考的都比我好等等的问题。

个人觉得，考的好肯定有原因，只不过你不知道罢了，所以不要妄加评判别人没咋学就考好了。凡事都有因有果，相同的，你没考好肯定有你的原因。

然后这个时候就不要再和别人比了，毕竟高考你的对手太多，还不如多和自己比比。每次的进步退步都应该欣然接受，然后一定要分析清楚原因来改进。

8. 道理我都明白，我就是控制不了自己，就是离不开那些纠结的东西，就是不能舍弃手机等等诱惑。

对于这类问题，其实我也是很束手无策的，因为我高中的时候也有这种问题。我只能说，控制不了的话，还是得自己下功夫，毕竟这个事情必须自己想明白了，这样之后就能明朗一些了。

总之还是靠自己吧，坚定的信念，坚定的信心，坚持到底吧。

我在这里说的一切也不指望有什么大的作用，因为毕竟是我一家之言，说很容易，最难的就是做了。

9. 对于大学专业的忠告

文科生们，选专业的时候一定考虑到专业的数学难度，否则会很受不了的，感觉跟要挂科了一样，痛苦，头疼。

而且注意了，虽然我是学历史的，但是想告诉各位，千万不要以为自己喜欢的东西和你想把这个当作一个专业来学是一样的，肯定有不一样。你要弄清楚是想真的当作专业学，还是当作爱好。毕竟专业会有很多的限制，无法按照想的那样来做。

10. 理想和现实的差距

这俩没有差距就怪了，高考阴差阳错还是很多的。各位趁现在还有机会抓紧时间吧，考后后悔的感觉太不好受了。

即使学的不是自己喜欢的专业，不过还是去适应吧，找机会实现自己的梦想。

11. 关于学习中的那些个诱惑

学习宝典

高中生们总是感到困惑的地方在哪里?

能摆脱就摆脱掉吧，让家长帮忙也可以，千万别被电脑、手机、电视这些东西耽误了学习。

高考完了有的是时间看，能让你们看到恶心，所以现在先忍忍吧。

12.说与做

说是很容易的事情，就像贴吧里众多的签到帖、励志贴一样，但是真正能做到的又有几个?

我还是比较相信那句话，好学生在高考前一般不会怎么刷贴吧。

好学生绝对不是那种上网次数很多的人，而一定是最刻苦的那个人。

这里特别想说一句，那些现在提不起劲、没动力、天天浮躁、啥都不能踏踏实实干的，却还侥幸地以为自己能考好，奢望个好结果的人，你们扪心自问，你们凭什么?！你们有资格吗?！这样都能考好，那些努力的亏不亏?！

浮躁、不踏实，这种人是不可能成功的，那些能踏实下来学的人才会是最后的赢家。

永远不要骄傲自满，永远不要因为自己某次考试考好了就断定以后会怎样，以后该做什么还是得照做。

一旦做出了决定就不要犹豫不决，很多事情不试试怎么能知道?做决定的时候要好好考虑，做完了决定就别顾忌太多，放开去做吧！你要为你的决定、你的选择负责！每种选择就是一种放弃！

习惯很重要！所以开始培养越早越好！好的习惯能事半功倍。

态度很重要，整个人如果是垮的，谁也救不了你！一定自己认识到自己到底要什么，别到最后的时候软绵绵的，白浪费你这12年的学习生涯。

对家人的爱

回京，有感于我的家人们，顿觉有他们我此生无憾。

2012/2/7

回到北京了，这个假期也就差不多过完了。

在飞机上，看到了窗外灯火通明的城市，看到天空中不断出现的烟花，这一定不是北京吧，估计是河北的某个城市，现在还有过年的气氛吧。这个城市也许并不大，并不发达，但是让人感觉很有人情味。看着窗外，眼泪竟然流下来了，总是想要逃避那些忙碌的生活，却还是得回到这个大城市来，还是想和家人在一起。

这个寒假，大学后的第一个寒假，第一个没有作业的假期，第一个很长的假期，早就想好要回深圳和大家一起过年。去年因为高三，哪里都没能去，就和爸妈待在北京，麻将没打成，压岁钱没拿到。

到今天，在深圳待了三个星期多一天，真的感觉日子过得好快。这种日子过的，怎么说呢，觉得无聊却又特别安逸。人有惰性吧，每天在电脑前，和一群高中生聊聊天，听听最新的韩国音乐，看看视频，晚上出去散散步，看看电视，吃吃零食，挺幸福的小日子。

刚去的第一周，和舅妈去看了《福尔摩斯2》，和初中同学去看了班主任，在家吃到了姥爷做的好吃的。等待爸妈和小姨一家的到来，等待春节的到来。

第二周，那就是很充实了。开始过年了，打麻将，购物，逛街，没少玩。又一次到莲花山公园去看了看小平爷爷的塑像，我一直对他很崇敬。去了趟香港，买了些衣服、文具和书。还来了个广州两天一夜游。

第三周，一切恢复平静了。小姨家走了，父母也相继回京了，剩我还住在舅舅家里，过着安逸的日子。姥爷天天有好吃的给我。去了趟书店，买了点单词书，上了一次“三天一层楼”的国贸，去了趟华侨城的新项目欢乐海岸。不过这周，在和高中生关系处理上，发生了让我很不愉快的事情，让我觉得很痛心，很难受。

星期天舅舅从叙利亚回来了，我也算是赶上见他一面再回来。叙利亚动乱的新闻，每天不停在播，一般人看着也就觉得很混乱吧，但是像我这样有家人在那边的，看着的时候就会想到各种凶险的环境，想到舅舅的人身安全，全家人都为舅舅操心。真的挺希望局势赶快好起来，无论什么结果，都不希望舅舅再去叙利亚工作了，期盼家人团圆，平平安安。

今天在飞机上，看着窗外的那个还在放着烟花的小城市，我觉得真的，比起北京，我宁愿待在一个二线城市，一家人，完整的一家人都在这个城市里，平常也能多见面，都能多聚聚，团团圆圆的多好啊。何必现在这样，每年要不就是见不到，要么就是都要飞回深圳去，待几天又都走了。记得高三时候老师说，寒假串亲戚啥的就不要干了，我在底下想，我也得干的了啊，在北京哪里有什么亲戚？

每次离开深圳，我都觉得不知道下次什么时候才能回去了。那里是我成长的地方，是我生活了8年的地方，度过了最重要的8年的地方，我热爱那个地方，即使蛇口比起北京来说也就是个乡镇级别的，但是我爱那片土地。我深深地怀念在那里的每分每刻。走在每条街道上，我都仿佛回到了多少多少年前的那些日子。对这里的感情，不是一两句话能说得完的。我想在这里生活，我贪恋这里的所有东西。

就像我上面说的，我是一个注重家庭气氛的人，我希望一家人能常常在一起。唉，可是，哪有这么幸福的事情，或为了求学，或为了工作，我们分散在各地，见上一面虽不说难，但也不算容易。但还是喜欢过年大家都在一起的感觉。

不管如何，我都感激我出生在这样一个家庭。我们家不是官二代不是富二代，就是一个普通的家庭。我们靠自己的努力赚来今天的一切，我们相信天道酬勤，在各自的道路上不断拼搏向前，我们无论身在何方心都会在一起，我们为了自己的事业在各地努力奋斗。

无论是天天在我身边的父母，还是所有在背后支持我、每次我去了都热情照顾我的家人们，我感谢你们，我爱你们。今天走的时候，和姥爷说再见的时候，姥爷说下次来再做好吃的，在飞机上看着那个小城市的烟花，眼泪就下来了。真的很感谢我拥有这样一个幸福美好的家庭。

希望所有的家人能平平安安、幸福、健康、快乐地生活。我爱你们。有这样的家庭，能有缘和你们成为家人，此生足矣！

附录2

Appendix.2

A people's congress, the growth of the girl's note

转专业有感

给充满变数的这一周，也许是改变我走向的一周。

2012-05-12 22:48

先对汶川地震遇难的同胞们表示默哀。逝者安息，生者继续奋斗！

这周，我自己都觉得变得快，也很突然，上周和这周，都不一样了。

周四，看到对方学院审核通过之后，心里真的感慨万千。无论如何，我一直都在坚持自我，走自己的路！

前几天，还发了一个羡慕同学转专业成功的贴子，结果现在自己也转了。

不能不说是命运，让我赶上了这趟车。

无论如何，这是我自己的choice，无怨无悔！

劳人院to历史学院，人力资源管理专业to历史专业，大家都觉得我疯了吧，呵呵，多数人肯定这么想的。

前一个是就业很好的专业，以后出路不会差的。后一个，呵呵，俗称没饭吃的专业。

没办法，从小学一年级就开始的历史梦想，学文科就为了这个历史梦想，虽然中间爬到国际关系后来又爬回来的历史梦想，在自主招生面试的时候当着考官大声说出的历史梦想，现在，我又要重新拾起来了！

一年前的五月，我亲手放弃了，如今我又捡回来了，这也许就是命运吧。

这一次，在知道我的决定后，身边的人没有打击我、讽刺我，给予我的都是鼓励和赞赏，赞赏我的执着和坚持自我的勇气。只有我自己知道，为了这个决定，我和我的家人付出了什么。

这几个月来，一周总有那么几个晚上因为专业纠结难受到痛苦流涕，总有那么几个晚上要和父母聊天后才能睡去，总有那么些时候想到历史就会心痛。

我不知道自己这样的执着究竟是不是真的适合学历史，但是我知道，我这样的执着和热爱，会让我在前方可能遇到的困难面前昂首挺胸，大步向前！

还是坚持自己的梦想吧，虽然这是一件很难做到的事情。真的很难！

太多的人一问专业就是好就业好赚钱的，当然，很多是因为家里条件限制，这样也是应该的，很多人就是喜欢这些也无可非议。

但是有些人，却浑浑噩噩地跟随着别人的爱好、别人的评价去选择那些所谓的好专业。

不知道在以后的日子里，夜深人静的时候，他们是否会想起自己真正的梦想？

当时我对人大三位面试官说的就是，我相信无论什么专业，只要学得够好够精，就一定会有好的未来！

《老男孩》和《倔强》这两首歌，这两天反复在听。

“当初的愿望实现了吗？事到如今只好祭奠吗？任岁月风干理想再也找不回真的我。”

我不想成为这样有遗憾的人，我要去追求自己想要的。

“我如果对自己妥协，如果对自己说谎，即使别人原谅，我也不能原谅。最美的愿望，一定最疯狂，我就是我自己的神，在我活的地方。”

不想再犹豫，是时候做个了结了，我有自己的路要走，绝不对自己说谎！

“逆风的方向，更适合飞翔，我不怕千万人阻挡！只怕自己投降！”

无论多苦多难，我自己选择的，这辈子和历史为伴，无怨无悔！

周四晚上老妈告诉我，她一直都支持我学历史，转专业成功也是送给她母亲节的最好礼物。看到这儿我就哭了。父母永远是这个世界上独一无二无条件支持我、无条件爱我的人！

我不知道这个决定能如何，我也知道去了历史学院，我的大二会很忙。不过就算忙，也不会累，不会痛苦。

今天院里组织部和文艺部出去烧烤了，部里最后一次活动了。回家路上，真的很想哭。

选择了历史，我也就等于放弃了劳人的各种。伤感，舍不得。

我爱劳人，从开学一直到现在，我爱劳人，以后也会一直爱劳人。

我在人管一班当班长，我在院里做过的事情，都是不可磨灭的美好回忆。

院里的同学，各位师兄师姐，各位老师，都永远不会忘，都是很让我感激的人。

接下来的日子，尽情享受在劳人最后的时光吧，珍惜和各位良师益友相处的时间。上完接下来的课，画上圆满的句号。

想感谢很多人，所有支持我、反对我、鼓励我、打击我的人，都谢谢你们，是你们让我一直坚持着自己的路。

劳人的筒子们，永远不会忘了我去年暑假过后一个个认识你们的过程，今年假期在群里继续 high 吧~

学长学姐们、老师们，谢谢你们的帮助，劳人的时光真的很幸福！

感谢赵一洲童鞋，你的转院成功可以说是让我纠结专业的开始。感谢黄玮童鞋，你的转院成功让我最终下定了转的决心。

说的我现在要走了一样——呵呵，这两个月会好好度过的。

无论如何，我会坚持我卑微的梦想，无怨无悔！加油！

附录 3

Appendix.3

A people's congress, the growth of the girl's note

2011 年高考后，我在网上进行答疑活动的汇总

下面所有猫姐的称呼都是指本人。因为qq名、百度id以及微博、博客名都带猫，因此被如此称呼。

想说的是，当时在贴吧上做这些的人很多，人大的筒子也有不少，不过能坚持这么久做下去的，恐怕只有我一个了。

我从不后悔我做过的事情，我在做自己喜欢的事情，我在实现自己的价值。

没能考上北大是我一直的遗憾，不过这个并不完美的自己、有缺憾的自己，其实才更有意义吧。

和贴吧的清北大神无法比，但这份真心，恐难有人能比。

百度（不完全统计，有些没计入）

帐号：Li1999360143

【高考吧】

分享一下自己的高三经验，欢迎各位文科生互相交流

http://tieba.baidu.com/p/1169154783?pn=1

回复贴 3155

2011 年 8 月 8 日

【人大】人大的学长学姐集中贴。介绍些人大的情况

http://tieba.baidu.com/p/1287777179?pn=1

回复贴 1707

2011 年 11 月 18 日

【文科吧】

2011 级人大学姐在文科吧的常驻贴

http://tieba.baidu.com/p/1281746806?pn=1

回复贴 286

2011 年 11 月 13 日

如果不嫌弃，准大一学姐来分享下文科的经验吧，欢迎各位同学提问

http://tieba.baidu.com/p/1169890348?pn=1

回复贴 474

2011 年 8 月 9 日

帐号：ruc 猫猫

【高考吧】

【文科生进】大一学姐答疑进行时～尽力帮助你们提高～

http://tieba.baidu.com/p/1326163819

回复贴 5337

2011 年 12 月 16 日

【纪念来吧一年】猫姐重拾旧业，暑假文科答疑进行中！

http://tieba.baidu.com/p/1699218719?pid=21442577317&cid=0#21442577317

回复贴 214

2012 年 7 月 2 日

【拒绝逆袭，脚踏实地】猫姐姐给 14、15 届的答疑贴子，欢迎提问

http://tieba.baidu.com/p/2302551671

回复贴 3753

2013 年 5 月 2 日

【文科吧】

【正式开贴】猫姐的文科方法（2013 年版）

http://tieba.baidu.com/p/2090120277

回复贴 1755

2013 年 1 月 8 日

【纪念来文科吧一周年】干老本行 ... 暑假答疑 ...

http://tieba.baidu.com/p/1696767303

回复贴 370

2012 年 7 月 1 日

重新更新了我的文科复习方法

http://tieba.baidu.com/p/1569136498

回复贴 626

2012 年 5 月 3 日

请记住：出来混的，迟早要还的

http://tieba.baidu.com/p/1546603646

回复贴 112

2012 年 4 月 23 日

作为文科生，我们应该如何记忆？

http://tieba.baidu.com/p/2211232392

回复贴 384

2013 年 3 月 14 日

【高三吧】

给新高三的话（一个快大二的学姐送上，给有心人）

http://tieba.baidu.com/p/1646767387

回复贴 359

2012 年 6 月 9 日

另: 百度搜索中输入 RUC，在相关搜索中会看到 ruc 猫猫。证明 id 搜索次数高。

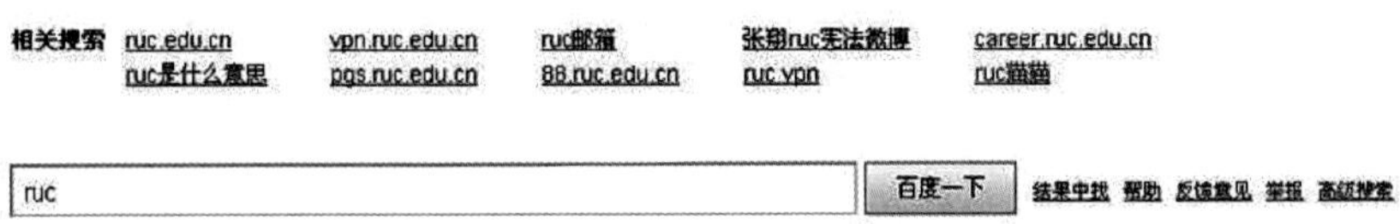

贴吧中，ruc 猫猫这个号为中国人民大学贴吧吧主，创办了 2013 文科吧、2014 文科吧、ruc 猫猫吧，是文科吧、高三吧小吧主。

新浪微博

Id 号：中关村大街 59 号的一只猫（原名 chanzuimao）

http://weibo.com/u/1189400843

从 2011 年高考后便开始答疑

目前粉丝数量 5600，大多数都是高中生

与高考快讯（新浪官方高考咨询微博平台），高考直通车等大型微博平台为互相关注好友

2012 年、2013 年夏，成为新浪高考专业咨询大学生答疑志愿者

http://edu.sina.com.cn/gaokao/2012-05-25/1148339579.shtml

qq 群

加过很多 qq 群，在里面和高中生交流过很多。

网络上其他方面

【学而思旗下的高考网】

在经过我的同意下，转载了我的学习方法

http://www.gaokao.com/e/20120613/4fd8687c4c7af.shtml

后来此文被京瀚教育、中学学科网等网站转载。

在高考吧、文科吧发的贴子，也被各学校、各网站转载过多次。

P.S.

除了与高中生交流学习问题，也解答过很多想来人大的孩纸的问题。

自主招生期间给几十位高三生提供过建议和帮助，在微博以及贴吧上。

2012 年、2013 年高考后，也给不少准备报考人大的学生提过报考建议。

2012 年、2013 年中国人民大学新生导航网新生咨询员。

与朋友一起办人大新生群，人数最多达到近千人。

附录 4

Appendix.4

A people's congress, the growth of the girl's note

与青岛新闻广播《教育新观察》节目电话连线

预告：

8 月 23 日预告：

怎样有效地去学习？如何养成好的学习习惯？自主招生面试有何诀窍？高中阶段学习有哪些方法？

本周五晚八点新闻广播 FM107.6《教育新观察》对话高考学习方法网络红人李鲜。欢迎关注。

参与方式：热线电话：85701717， QQ 群 56465914，或者微博 @ 青岛新闻广播教育新观察。

【李鲜同学】：【新浪微博：中关村大街 59 号的一只猫，百度 ID：ruc 猫猫】因为连续三年在网络上总结高考学习方法、解答高考生学习方面的问题而被广大高考生追捧，成为网络红人。中国人民大学贴吧吧主，创办了 2013 文科吧、2014 文科吧、ruc 猫猫吧，为文科吧、高三吧小吧主。

音频：乐学网

教育新观察：网络红人李鲜谈高三学习（音频）

http://news.alexue.com/gaokao/beikao/2013-08-26/2537325373.shtml

做完节目后我的感想：

我不知道我所做的一切是否有意义，真的很难说。

前几天大晚上突然觉得自己这样好像不太对，跑去跟爸妈聊了很久。

我说了我的看法。

“如果我是有一个身份，比如说是负责这方面的工作人员或者是相关部门的人，我所做的事情那就是业绩，对以后会有作用。而如果我只是一个普普通通的人，这样做，觉得只是自己爱心大爆发，并不一定会得到什么回报。”

其实自己冷静下来想想，的确如此，我这大学的两年多，做了很多上面说的那种事情。

昨晚做电台节目，其实真的很巧。我从来没有想过自己有一天会被电台连线，还是整整一期节目的唯一嘉宾。

就是在上周，青岛广播新闻台的主持人在我的微博给我私信，问我有没有兴趣做节目的事情，问了我的电话，后来便敲定了这期节目。

当时的感觉就是，机会是留给有准备的人的，量变会促成质变等等。该来的总会来。

做节目刚开始还有点紧张，后来说开了完全没有这样的感觉了，还觉得有点意犹未尽。

节目里人大的同学给予了强大的支持，所谓的粉丝团把那个节目的 qq 群都快刷爆了。

我不知道在理想与现实、感性与理性之间，我到底会怎么选择，或者说是在自己的心和现实利益里我会怎么选择。无论我是帮助高中生，还是帮助人大的新生，我能获得的，对我的未来，到底有什么样的意义和价值？

这注定是一个纠结的问题。因为我是个感性的人，是个理想化的人。

幸而我的书在准备出版的状态中，最近还在谈合同的事情。前两天重读了一下，觉得那会儿自己脑子还真是清晰，一天写几千到一万字居然能保持清醒……

很多人问这是什么方面的内容，我都比较笼统地说，是教育方面的。

现在可以具体地说一下：第一部分，是我从小到大这么多年接受家长、社会教育之后自己的感受以及建议。第二部分，是我在接受了这些教育后，自己在教育方面的尝试，也就是我的学习方法总结以及网上答疑文章的汇总。

无论如何我就是一个最普通的普通人，我不是清北不是港校不是世界名校的学生，我没有多么傲人的成绩，我只是平平淡淡在书写自己的故事。我不是什么网络红人，我也不是什么教育专家，我只是在做自己想做的事情。

再次感谢所有人的支持。这两年，我虽然不知道是对是错，但是我不悔。谢谢你们。

大三，为了我的未来，我要更加努力才好。加油！也许我终究想要些实在的东西，而不是虚无缥缈的。

附录 5

Appendix.5

A people's congress, the growth of the girl's note

网友对我的评价

【学生反映】

网友 chenyafen5555：谢谢猫姐！感觉很有帮助，后面的话都仔细看了，都快哭了。我一定会好好努力的，用你的方法，不断前进！目前高二，浙江的。猫姐人大很霸气呢 ~

网友从来都专注：

我一直跟随着你的进度，极少回复罢了。

其实最让我感动的是你教会我们的价值观，关于高三的价值观。这一点在我行进着高三的过程中一点点地感受到了。在别人人生轨迹偏离的时候，告诉别人你该怎么做，什么是对的，我想这份价值比任何包办式的帖子要贵重得多，毕竟高三是自己的，高考从始至终都是件甘苦自知的事，需要我们不死心的跋涉。我以为，价值观、态度高于一切。

你的学习方法是潜移默化式的，看后的结果常常是不知不觉接受了你的学习习惯与学习上的取舍。诚然，形式上与其他帖子大相径庭，他们大多是手把手地教三四百分的同学具体做什么工作。但是我真的想说你的方式是好的，只不过没有去迎合不劳而获的捷径心理。能游离于贴吧并看到你的帖子的，有几个能心平气和地去接受循循善诱呢？毕竟你面对的群体有自身的局限性，错不在你。那些逝去的欢呼声不要也罢。他们不识货是他们自己的损失。追逐不劳而获的急功近利者最终得不到太多，只能说咎由自取吧。

总之猫姐，谢谢你。

网友藤小挚67：实话说，关注猫姐挺久了，无论是QQ、贴吧，还是微博，都有很细心地学习你，很佩服猫姐对学习认真的态度，一直都很敬佩你。知道你每一次的无私奉献，好心好意都会遭到一些人的伤害，但是我觉得无论做什么事情，都总会有人质疑有人嘲讽，但也总会有人支持有人鼓励有人加油有人崇拜有人敬重，所以猫姐姐不要太在意那些不好的评价，反正不是自己什么特别在乎的人，认真又何必呢？看到我们给你的鼓励和支持及一切正能量，学会拥有抵制负能量的超能力，做自己的，我们一直都会是支持你尊重你的。猫姐姐加油，打算把你的方法打印成纸张，还是觉得看纸质的才能够静下心来慢慢领悟，谢谢你那么久以来的帮助，真心很谢谢很谢谢，你是我最好的榜样，加油噢，心情不要被一些无关紧要的东西影响，我相信猫姐姐的，加油。

网友Dear虚情我不要：从11点看到现在2点了，终于看完了。(我能告诉你我在用本本记录吗？)好佩服猫姐姐的爱心和睿智。在此留个爪印，以后继续看。高考过后两年了，东西还是记得那么清楚，姐姐你是怎么做到的……*^_^*

网友乌斯怀亚的日落：看完以后真的哭了，那分明就是在说我，再也不会迷茫了。

网友小天使飞扬：看哭了，很迷茫，这个帖子比那些个说空话的有用很多！突然觉得热血又回来了！

网友烟挚茗：我第一次进这个贴吧。刚刚搜了给新高三的话，看到那一点就突然哭了，不是我矫情而是太符合。“关于上网、手机、小说、电视、追星等等等等。我本人也追星。

哈韩。”我也是追星，哈韩。一模一样，写的真的一模一样。上网小说电视追剧！罪恶感！我就是整天说的好听不去踏实去做的货！说过要努力！像我爱的明星那样努力！但是整天看他们的新闻消息，自己对着电脑傻笑流泪，我什么也没做！是应该舍弃点什么吧，暂时的舍弃。为了变成更好的人，去爱他们。谢谢猫猫~

网友胡家小精灵：又一次很认真地看了一遍，好吧，我承认有一些我觉得我不需要的被我略过去了。看得出来，猫猫姐是付出了很大心血的，打字也很累，这个我亲身体验过，只是打了一点手都酸了。所以希望大家好好对待吧！嗯，其实我是想看一遍这个帖子，然后彻底开始我的奋斗之路。就当是个分界点吧！身为一个准高二的孩子，我相信并且坚信我还是有希望的！有些东西或许真的是你不尝试一下都不知道自己还是有潜力的。我自认不是很聪明，可是我相信自己努力也可以学好，至少可以缩小些差距。我有我的骄傲，我还要去征服那些困难的东西，比如我的数学。至少我还有勇气，或许这就是笨鸟要先飞吧！猫猫姐，真的很感谢，你的付出，我们有目共睹，不要伤心，世界这么大，总会有懂你、欣赏你的人。愿你永远快乐！你永远是我可爱的猫猫姐。

网友Sophia_风早love爽子：猫姐，你知道吗？高二那年，我确立了我的梦想——人大。对当时的我来说，人大是个模糊不清的目标。直至我在文科吧遇见了你，看到你的高三历程及介绍的学习方法，从此决意一步一步走近人大。即使最终我无法触及那所梦想中的大学，但是我不后悔，因为当年那个懵懵懂懂的少女已懂得了为梦想奋斗的意义。

网友forejay：谢谢你哦，我不是那些来问你怎么怎么样怎么怎么办的人。我感觉和姐姐你在性格、为人处事、观念上也蛮多共同点的。很感谢你这个帖子，因为我迷茫于方向！你是好人啊~贴吧是个好地方，蕴藏着很多知识，归根到底，还是因为有猫猫这样的好人。感谢啊~不要太在意别人的看法，不然就和你在帖子里面所说的方法背道而驰啦，怎么能够让人信服？！羡慕你能做自己爱的事情，龙应台的《给河马刷牙》里面也有这么一段话，大概意思是，父母并不是希望你能考试多好，而是希望你有能力去选择自己喜欢的事情。再次谢谢猫猫姐姐，我快高三了，有能和自己一起奋斗的兄弟，我也很幸福，让我们一起享受人的幸福吧！！！

网友 Vengier · L：猫姐，我坚持人大这样一个志愿是从初三开始的，现在我高二。但是今天打开人大贴吧，打开文科贴吧才看到你。亲爱的猫猫，多希望2014年的夏天可以在人大见到你。看到你的总结，莫名觉得很亲切呢，觉得很窝心，同时又很有实践性。贺舒婷的文章鼓励了许许多多的学生，但是今天，猫猫，你打动了我。之前好后悔没有经常关注贴吧，不然就能更早认识你了喵。

网友无衣灬：猫姐，我也是你无数粉丝中默默的一位，看你这么用心不为功利去做这些让我甚是感动。在这过程中你面对过质疑谩骂免不了几分委屈，我想现在的你只是笑笑了。你写的东西真心的人会收下，高考及第之时必然满载对你的感谢。你的粉丝会支持你，感谢你的一切！

网友优雅的女子 nice：本来我还不屑看这种方法帖的，因为我觉得每个人都是不一样的，每个人都有不同的适合自己的学习方法。而且，有的帖子翻来覆去也没有讲什么，有的方法我都在用只是没有用文字表达出来而已，有的资料书上都有讲。但是看猫姐的帖子真有不一样的感觉！

【家长反映】

网友 bzjw1013（家长）：仔细地阅读了，挺感动，很感谢。作为高中孩子的家长，我们特别希望看到这样的好贴，指导孩子的学习和生活，特别是关于如何看待学习的问题。您讲的就是我们想和孩子说的，但您讲得更透彻，而且孩子更能接受。希望您以后继续发这样的好贴。收藏了。谢谢！

网友还颜：你不仅仅是个懂得方法、乐于助人的好孩子，更是一个成熟的孩子。祝福你的人生道路一帆风顺！

网友 zhong0809：你是个善于总结、又有公益心的孩子，相信你的将来会非常美好！

网友 kxbtj：谢谢猫猫，我家孩子刚上高中，想学文科，打印下来给她看。周六就去买中国地图和世界地图，挂在墙上。

后记 Postscript

A people's congress, the growth of the girl's note

第一部分，写于 2012 年暑假

打完正文的最后一个字，我并没有像以前想的那样，大喊大叫地庆祝终于截稿了，开心地到处叫喊，反而流下了眼泪。这是写作途中我第二次流泪，第一次是在过十万字的时候。

真的很感动，第一次这么系统地写出属于自己的东西。以前从来没觉得自己有写东西的能力。坐在电脑跟前，写下这些东西，真的很不容易。还记得每天看着题目和提纲不知所措的时候，还记得因为思路打结而无比烦躁的时候，还记得遇到自己不想写的章节那种不爽的时候，还记得自己每天打完一章节的时候，这些时候，我想是我这个假期最美好的回忆。

写作过程还算是顺畅吧。因为我需要做的就是反思总结一下这些年来父母对我的教育，以及提出自己的看法。理论性并不强，只是自己的感受更加重要罢了。本来以为不是太困难的事情，在途中也会因为一些话题不好写，或者因为自己疲惫懒得敲键盘，或者就是烦躁不想写，因而耽误一会儿。不过大体上还是在能写的日子里，保持每天一章的进度。

写作的过程，也是对我这些年经历的不断反思。而在我大学这几年和高中生打交道的经验中，我也感到了自己受到的教育是个性十足的，和很多人的家庭是不一样的。这种说不清算开明还是传统的教育模式，培养出了今天的我——自己觉得不怎么样，但是别人总是觉得不错的一个人。同时在和人大 2012 级新生的交流过程中，我也明白了教育方法是各种各样的，因人而异的。所以在写这些东西的时候，我也总会纠结——自己的这些东西是否具有普遍性，是否有拿出来写的意义；别人看到我的东西会不会觉得就是废纸一张，没有什么参考价值。就在这些纠结中，我明确了自己的独一无二性，明确了自己写东西的目的，那就是和大家分享，而不是想让所有人都像自己这样。写出自己心中所想的，也许比想要符合众人的口味，做到大众化来得更重要。

在怀疑自己是否具有代表性的同时，我也在不断反思自己，反思自己成长过程中有哪些优点，有哪些缺点，父母有哪些做的到位的，又有哪些不够到位的。很感谢文科吧里的吧友们的大力支持，我提出的一些和书有关的教育方面的问题，他们都能给予很完整的回复，的确让我受益匪浅。

作为一个学生，我虽然没能达成目标考上北大，却也来到了人大这个很好的学校。在追求理想的路上，我毅然决然放弃了人力资源管理这个全校就业率第一的专业，选择了自己的梦想——历史专业。在做学生的路上，我已经做得很好了。

在做人的路上，我还在不断摸索。很多人说我是好人，是很善良的人，是很热心的人，我也的确感觉到自己的优点。但是人性中的弱点和缺陷，却也总会让我觉得改善自己的任务十分艰巨。不过有时候又觉得，还是做自己最重要。

我一直推崇读万卷书、行万里路、阅万种人的思想。教育最高的境界就在于此吧，不只是局限于书本，而是要走出去看看，多和人打打交道，学到些真东西。我这些年跟着父母外出旅游，到处去看，我独特的经历让我认识了不同地方的人，而且在网上也认识到了这个社会上的各种人、各种学生。不能说尽知人间百态，但是至少对社会上的东西有自己的了解和看法，所以不会轻易做出什么极端的事情，总是喜欢多考虑考虑再说。

包容性更是一直跟随我的最好法宝，无论在哪里都能让我尽快融入到新的人群中去。在网上，各种各样的人都有，和这些人打交道的时候，我还是谨守本分，喜怒都不会露于言表，可以说对每个人都很客气。可即使是这样，我也受到了两三次的伤害，或是被背后中伤，或是被刷屏骂，或是被当面骂无耻。当时让我感觉到很痛苦，很难以接受，但到后来，也不知道是什么样的力量，让我一直坚持了下来。

其实在网上和那些孩子们交流，也有很幸福的时候。当一群孩子围着你叫学姐的时候，当很多孩子在节假日和你的生日为你送上祝福的时候，当很多人在你不开心的时候关心你、在你生病的时候担心你、在你有好消息的时候祝贺你的时候，我觉得我没有白做这些事情。我的辛苦大家都有目共睹。所以我更加相信有付出就会有回报这一点，只不过回报的多少和早晚的问题了。

在这件事情上，父母和我也没有少冲突。他们觉得我在做浪费时间的事情，觉得我应该以学业为主，不能天天操心这些事情。有些同学也这么劝我，不要再做费力不讨好的事情了。但是现在看来，正是因为这些经历，我才能锻炼到现在这么能写东西。

我也不知道这段经历到底带给我什么，我又为什么要执着于此，不过有一点是确定的，就是我一直都是个执着的人，不会轻易放弃什么。我认定的事情，就一定要做完做好了，如果有不好的地方还是会尽力去弥补。在网上答疑解惑也好，在专业的选择上也好，在帮助新生到处打探消息也好，都能看出我这个特点。真不知道是好是坏，暂时还是认定为好事吧。我一直相信，自己经历过的，无论美好与否，都是最宝贵的财富，是其他事情换不来的，所以我一直不后悔现在做出的这些事情，想起来也是挺美好的。

做网上咨询，也许刚开始是想告诉大家我是人大的，让大家听我说的东西，让很多人能仰慕地来跟我请教问题。但是后来却发现，自己的心告诉自己不能敷衍，要好好做，既然开始了就要有始有终，而且越做自己的耐心也就越大，接受的咨询也就越多。在这个过程里，我明白了——也许我做这些那么开心、那么快乐，就跟政治书里面说的实现自己的人生价值是一个意思吧。我做这些，是在实现我的价值，即使没有任何报酬，即使是花费时间的。不过我的努力，大家能看得到，我自己也能体会到。教给别人东西，不就是我的价值吗？

综上，我从网络上认识到了很多，受到了不少的伤害，但是也明白了实现自己价值的那种满足感是多么舒服，也更加磨砺了我的性格脾气，让我更加懂得什么是忍让。无论如何，我感激这几年在网上的经历。

感谢新浪微博 chanzuimao/ 中关村大街 59 号的一只猫，百度 ID ruc 猫猫、li1999360143，qqID 馋嘴猫 / 一只奇葩的猫，这些都是我在网上的代号，我很喜欢这些名字，看到这些就看到了我的青春。

我也得感谢我这几年上大学的经历。大学跟别的地方还是不一样，没有家长的照顾，没有老师家长的包围圈，让你远离那些或大或小的麻烦。很多事情要自己去面对，而且要比原来的生活现实很多。在这个小社会中打拼的经历让我知道了父母有多么的伟大，有多么的可敬，明白了他们工作的压力有多大，增加了对他们的理解，自己也更加喜欢将生活中碰到的一切告诉他们，让他们来给我一些建议，让我更好地走过这段路程。

大一的班长生涯，让我觉得很累，当官不容易，这还只是一个小小的大学班长。在当的过程中不乏闹腾的时候，不乏痛哭流涕的时候，也不乏因为看到自己受到大家的支持而感动的时候。父母总是告诉我，过去了的就会是你的财富，你会怀念的，当你不当班长的时候。那时我一点都不相信这些话，我就是觉得很痛苦。但是现在看来，不当班长倒有点空落落的，好像少了点什么。这确实是我宝贵的经历，教给我太多东西。

我真的没有想到，自己在教育这个话题上能有这么多话。妈妈还说，你别学历史了，去学教育好了，以后肯定还会有更多的想法可以发表出来的。今天还有一个人评价我，很能适应社会的生活，热心、有爱心、有责任感、有耐力、有参与热情等等，其实这也是我，但不是完全的我。我是一个很喜欢犯二的女生，总是让一些很理性的人觉得很无奈。因为我很感性，想哭就哭，想笑就笑，也会因为一点小事就不开心，也会因为一点小事而欣喜若狂。我也许就是这样一个单纯天真的女生，喜欢热闹，喜欢有人能陪着自己聊天、听自己碎碎念。这样简单的日子，我也就觉得满足了。这就是独一无二的我，就算会被别人说二，说傻，我也会坚持。

我一直都觉得自己很幸福，有幸福的家庭，有朋友，有我何德何能能够得来的那些有缘分的同学、老师还有网上的网友们。我相信明天一定会更加美好，我有这样的信心。我也希望每一个女孩子都能够拥有幸福快乐的生活，做自己！

第二部分，写于 2013 年暑假

没想到一个后记，我都要分成两个部分来写。

2012 年暑假写的那些东西，今天看来依旧是极其亲切的。

本来很开心地跟同学说我要出书啦，和老妈一起合写一本《母女教育反思录》，后来老妈因为身体原因、工作原因又因为她自己觉得自己的想法已经跟不上时代的潮流了，所以就没有写下去。但她鼓励我独自写出书来，于是我在完成第一部分“教育之我感”后，于 2013 年寒假又开始写“教育之我行”。

之后就开始了一段找出版社的日子，最后非常幸运地遇到神级畅销书《好妈妈胜过好老师》的编辑郑建华老师，他愿意帮助我出书。

现在，这本书终于要和大家见面了，希望对家长和学生有所启发。

在此希望今后我的学业事业一切顺利，父母家人一切平安，认识的人都能有一个美好的未来，希望更多的孩子得到更好的教育。

最后希望书能够早日问世，能让我的努力和付出有一个结果。再次感谢所有一直在我身边的人。

这里有必要附一个感谢名单：

也想像颁奖典礼一样，罗嗦一堆自己想要感谢的人。

首先当然是自己的爸爸妈妈。感谢他们一直以来的教育和培养，也感谢在大学这几年里面能忍受我动不动就打电话发短信的骚扰，而且有时还是深夜。也很感谢他们对我当班长的支持和帮助。最应该感谢的是，转专业的时候，他们最后能毅然决然地支持我转到历史专业，让我不再纠结；感谢自己所有的家人，爷爷、奶奶、外公、外婆、姨妈、姨夫、舅舅、舅妈、姑姑等等。感谢从小到大他们在我身边的陪伴，也感谢他们给我带来的各种影响。是家人让我觉得自己活在一个幸福美满的大家庭中。最喜欢那种全家团圆的感觉，这才是幸福快乐的生活！希望所有的家人都能平安健康，幸福快乐！

然后是感谢我的朋友们。

当然最开始是我的哥们。从小学的那些男生，到初中的属于我的鲜帮帮众们，高中北京二中高一七班的那些哥们，很感谢你们。和异性的交往有时也是不容易的，感谢我们的互相包容吧。尤其是高中的哥们，肉哥、之仔、帆爷、玮玮、谷雨、kun哥、holy、谋队、鹏鹏、珲儿、四百等等，是你们让我觉得在北京的生活充满希望，让我完全融入了这个城市，让我觉得在学校除了学习还有其他的乐趣，也是第一次有自己主动去学校的冲动。

还有我的各种姐们。小学的君儿子，初中的锡梅、傻雅，高中的扇贝、凯哥、三水、婧婧、雪莲妹妹、土豆泥、罗宋汤等等，虽然我的姐们儿不算多，但是感谢这些能一起聊聊天、一起出去聚聚会的朋友们。

然后就是我的老师们。这些老师对我的影响真的很大。小学的钟老师，背唐诗、写小说、看很多书写读后感、写诗等等，都是这位班主任教给我的。初中的梅老师、刘老师，让我有了当班干部的信心，也让我一直都自信满满。高中的初老师，真的改变了我对语文老师看法，他说的话让我有诸多思考，人也是一流的好，最后还送了我一本书做纪念，感触很深。李老师让我更加热爱历史，并且以历史为专业、为职业的心更加坚定了。老师是我人生路上的指路明灯，这些老师的殷殷期望，我不会辜负的。记得初老师说过，我以后一定是有大成就的人，希望我不会让他失望。

然后就是网友了。这些网友大多都是我指导过一两句的高中生。感谢新浪微博上我的微博 chanzuimao 的各位关注者，感谢百度贴吧上面一直支持 ruc 猫猫的朋友，感谢文科吧给我一个平台让我来表达自己，谢谢那些大神吧友们，很温暖的地方。感谢各种各样的 qq 群，至少让我在某段时间里面能够找到自己的一个安身之处，感谢那些 qq 群友。无论最后是把我踢走了还是我自己选择离开，我都会记得自己付出的那些心血。

在写作期间，很感谢在我的人人、微博、贴吧、qq 上，所有给予我鼓励和支持的同学、学长学姐、老师、网友们，你们每次的加油都让我觉得很有力量，每次说出来的要我的签名赠书都让我觉得自己一定可以做到，一定可以达到自己的目标。谢谢你们。

在大学里，需要感谢的人就更多了。

感谢劳人院和历史学院的所有同学、学姐学长、学弟学妹还有老师，毕竟这是我的家，在这里很温暖，谢谢你们的帮助和鼓励。很感谢劳动人事学院的周石书记，一直对我非常关心，在转专业这件事情上也对我给予了最大的支持。每次见到我都要跟我握手，是个非常和蔼可亲的人。

感谢人大所有的同学、学长学姐、学弟学妹、老师，人大就是我最温暖的家，我爱人大！

感谢我亲爱的吊丝光棍联盟的三个盟友，坤哥哥、绵羊锅锅、洋洋，真的给我了很多力量。2011 级的各位同学朋友也是非常非常感谢，晴儿每次叫猫猫我都很开心，还有一起当团校辅导员的帅气的键盘乐团的正昊，等等，还有很多我就不一一说了，总之感谢所有在我出书过程中帮助我的人们。

2012 级、2013 级新生群里的所有孩纸们，谢谢你们。无论是哪个专业的，无论你来自哪里，感谢那些永远很和善地叫着鲜姐的孩纸们。我不会忘记在自己写得很难受的时候，总会冒泡吐槽两句，而这个时候总能得到大家一致的鼓励，让我更有动力继续写下去。而我大二的这一年，也感谢有你们的相伴。特别感谢每次都不厌其烦听我吐槽的博洋哥哥、小二、森森、穆童鞋等等。感谢知二 1516 宿舍的孩纸们，我的脑残粉智障粉。也感谢在我旅途中接待我的孩纸，比如济南的泽泽和源源，感谢大二一直相伴的 2013 级的保送生孩纸们。

当然还要感谢我的编辑郑建华老师，他是我的伯乐，在我人生比较稚嫩的起步阶段，极大地影响了我的人生走向，让我今生第一本书能够如此快地面世，相信我会以此为起点，陆续出版我的第二本书、第三本书……谢谢他使我自信坚定地走上学习实践、著书立说的人生大道！

最后感谢亲爱的自己。我爱你，你一定会走得更远更好的，相信未来吧，相信明天，相信自己的梦想，用最好的自己去回报所有关心你爱护你的人！

如果您有更多问题想与我交流，可以通过以下方式跟我联系：

新浪微博 ID：中关村大街 59 号的一只猫；

百度 ID：ruc 猫猫；

邮箱地址：aistudy93@126.com

希望能跟更多同学、家长交流。

图书在版编目（CIP）数据

我成长，我快乐：一个人大女生的教育反思录 / 李鲜著. -- 北京：作家出版社，2014. 5（2014.09重印）

ISBN 978-7-5063-7414-9

Ⅰ. ①我… Ⅱ. ①李… Ⅲ. ①高等学校－入学考试－经验 ②高中生－学习方法 Ⅳ. ①G632.474 ②G632.46

中国版本图书馆CIP数据核字（2014）第115269号

我成长，我快乐：一个人大女生的教育反思录

作　　者：李　鲜
责任编辑：郑建华　李　雯
装帧设计：梦　石
出版发行：作家出版社
社　　址：北京农展馆南里10号　　**邮　　编**：100125
电话传真：86-10-65930756（出版发行部）
86-10-65004079（总编室）
86-10-65015116（邮购部）
E-mail:zuojia@zuojia.net.cn
http://www.haozuojia.com（作家在线）
印　　刷：北京明月印务有限责任公司
成品尺寸：170×240
字　　数：300千
印　　张：22.25
版　　次：2014年7月第1版
印　　次：2014年9月第2次印刷
ISBN 978-7-5063-7414-9
定　　价：38.00元